暨南大学高水平大学建设经费资助丛书

暨南史学丛书

古文献散论

罗志欢　著

中国社会科学出版社

图书在版编目(CIP)数据

古文献散论/罗志欢著. —北京:中国社会科学出版社,2018.3
ISBN 978 - 7 - 5203 - 1708 - 5

Ⅰ.①古… Ⅱ.①罗… Ⅲ.①古文献学—中国—文集
Ⅳ.①G256.1 - 53

中国版本图书馆 CIP 数据核字(2017)第 313681 号

出 版 人	赵剑英
责任编辑	刘 芳
责任校对	周 昊
责任印制	李寡寡

出 版	中国社会科学出版社
社 址	北京鼓楼西大街甲 158 号
邮 编	100720
网 址	http://www.csspw.cn
发 行 部	010 - 84083685
门 市 部	010 - 84029450
经 销	新华书店及其他书店

印刷装订	北京明恒达印务有限公司
版 次	2018 年 3 月第 1 版
印 次	2018 年 3 月第 1 次印刷

开 本	710 × 1000 1/16
印 张	18.75
插 页	2
字 数	294 千字
定 价	80.00 元

凡购买中国社会科学出版社图书,如有质量问题请与本社营销中心联系调换
电话:010 - 84083683

出 版 说 明

一、本书收录作者 20 多年来研习古文献的部分成果，内容包括古籍整理、古典文献学、学术史与文化史诸方面。

二、全书凡 22 篇，略分为 3 卷。卷一收录文献与文献学家方面的文章，凡 9 篇，侧重于对若干稀见文献和几位重要文献学家的探讨；卷二收录目录与版本方面的文章，凡 9 篇，侧重于对古典书目以及地方文献刻印、传播的探讨；卷三收录史料与综述方面的文章，凡 4 篇，侧重于对专题文献的搜集、整理与综述。

三、图书馆古籍部乃收藏古文献之所，故以新著《暨南大学图书馆古籍收藏的历史和现状》为开篇之作，以供读者了解暨大图书馆沿革及其收藏古籍的情况。书末附《集外论著索引》，以备检索本书未收录之文以及作者在其他研究领域的学术成果。

四、本书所收文章除个别新作外，大部分已在《文献》《历史档案》《古籍整理研究学刊》《中国地方志》《图书馆论坛》等学术刊物以及论文集、研讨会上发表，文末均注明出处。凡合作所写文章，标题加注"＊"，注明合作者姓名及排名次序。

五、在结集时，原文摘要、关键词和所附资料索引，或因篇幅所限，或为格式不合，均予删除。个别标题或篇目文字略作改动，其他一般只纠正错字和标点，不做大的修改。

六、由于这些文章时间跨度较长，又是在不同书刊上发表的，所以注释、参考文献及版式等体例不一致，这次结集参考《中国社会科学出版社图书编辑体例规范（试行）》（2009 年版）尽量加以统一。还有部分注释为后来所加，故存在所引文献版本晚于该文发表时间的情况。

七、由于水平所限，时间匆促，书中讹误之处敬请方家指正！

目　　录

卷三　史料与综述

暨南大学图书馆古籍收藏的历史和现状

暨南大学是我国第一所由国家创办的华侨高等学府，是目前全国高校中境外生最多的国家"211工程"重点综合性大学，直属国务院侨务办公室领导。"暨南"二字出自《尚书·禹贡》篇："东渐于海，西被于流沙，朔南暨，声教讫于四海。"意即面向南洋，将中华文化远播到五洲四海。

暨南大学的前身是1906年清政府创立于南京的暨南学堂。1911年武昌起义爆发，清朝覆灭，学堂因而停办。1918年春在原址复校，改称国立暨南学校。1923年迁至上海，1927年改组升格为国立暨南大学。抗日战争期间，迁址福建建阳，1946年迁回上海。1949年8月合并于复旦、交通等大学。1958年暨南大学在广州重建。1970年春被撤销，部分系分别合并到华南师范大学、中山大学等校。1978年暨南大学在广州复办至今。

暨南大学图书馆虽随学校几遭劫难，文献散佚，但所存仍为可观。现藏古籍主要由暨南大学原有旧藏、原广东师院旧藏和章太炎、朱杰勤、黄荫普等名家藏书组成。馆藏珍品包括：章太炎藏书凡4000余册，书中太炎手批为国内罕见；明清善本近9000册，被《中国古籍善本书目》收录161部；入选国家级和省级《珍贵古籍名录》共163部。《暨南大学图书馆古籍普查登记目录》共收录7101部，约66970册。

一 南京初创时期（1906—1923年）

1906年两江总督端方在南京创设暨南学堂。1911年武昌起义爆发，清朝覆灭，学堂因而停办了六年之久。暨南学堂创办之初的四年中，校舍利用的是南京妙相庵的房屋，目前没有直接或间接的证据显示当初设有图书馆。其间相关的负责官员奏拨经费，主要用于建筑校舍，添置住宿、器具、图书等学习生活基础设备。宣统元年（1909）六月初九，端方奏《暨南学堂医药书籍等费请仍由闽海等关分拨片》称："本年全班学生一百七十余人，购办英文书籍，添置理化器具共需银二千两。"① 按常理，既然购买了书籍，就得有存放之所，在暨南学堂创办之初的四年中设置图书室是可能的。

辛亥革命后，暨南学堂在旧址恢复办学，改名国立暨南学校，此时始考虑修建独立的图书馆馆舍。1917 年 11 月 1 日，教育部派黄炎培筹办暨南学校。黄炎培等向教育部呈报《暨南学校五年间进行计划表并造送七年度预算册》。② 所谓"五年间进行计划"包括预备期（民国六年十一月至民国七年七月，共九个月）、民国七年至民国十一年（共五年）需要筹备和实施的事项。其中预备期筹备设施第一项是图书馆，民国七年开办的设施第一项也是图书馆，足见学校对图书馆的重视。

鉴于图书存放及学生阅读的需要，在图书馆未成立之前，1918 年 3 月 11 日暨南学校先行在"校内设学生阅书报室"③。同年 4 月 18 日，学校颁布《阅书报室规则》，④ 共九条，对开放时间、管理人员、阅览规定、借阅手续以及荐购、保护书刊等事项进行了规定。

暨南学校图书馆的建设基本按"五年间进行计划"推进。经过近一年的筹备和建设，1918 年秋图书馆竣工。10 月 6 日，图书馆行开幕式，计有图书 1213 册。⑤

① 端方：《暨南学堂医药书籍等费请仍由闽海等关分拨片》，《学部官报》1909 年第 94 号。

② 《指令暨南学校该校进行计画及七年度预算均准照办文（第四百二十七号，七年四月十六日）附暨南学校五年间进行计划表》，《教育公报》1918 年第 5 卷第 8 期。

③ 《暨南学校一年间大事记（1917.11.1—1918.12.31）》，《中国与南洋》1919 年第 5 期。

④ 《暨南学校各项规程》，《中国与南洋》1918 年第 3 期。

⑤ 《暨南学校一年间大事记（1917.11.1—1918.12.31）》，《中国与南洋》1919 年第 5 期。

二 真如发展时期(1923 年 9 月至 1937 年 8 月)

1923 年，暨南学校陆续迁到上海真茹镇（真茹后改作真如，即今上海普陀区真如镇）。是年秋，暨南学校真如新校舍落成，校图书馆同期竣工。① 图书馆竣工仅 1 年，1924 年 9 月江浙战争爆发，真如镇当兵火之冲，本校为营垒者两月，图书仪器荡然无存。

暨南学校图书馆经过三年的发展，藏书益增，但 1924 年图书馆遭到江浙战争破坏，原有馆舍已不敷应用。1926 年 3 月 31 日，校长姜琦在校董会议上提议募捐建筑图书馆，议决通过。"建筑费以一万五千元为度。图书馆的雏形为凸字形，占地六分零九毫四丝；分上下两层，上层全作阅览室及书库，可容纳一百二十人；下层分作教室及馆员办事室。"② 5 月 27 日，新图书馆奠基。6 月，举行图书馆募捐。校董郑洪年首先认捐 5000 元，并允将承担募足不敷之款。遂由校长提议，校务会议议决，定名"洪年图书馆"以为纪念。12 月，图书馆动工兴建，原定以半年竣工。

1927 年 2 月，沪宁路线发生战事，全校师生迁徙沪上，图书馆建筑因此停工。5 月 27 日，借本校 20 周年纪念之便，先行洪年图书馆开幕典礼，继续开工。6 月 14 日，国立暨南学校改组升格为国立暨南大学。9 月，兵复来校，馆舍为军人盘踞月余，工程受阻，延期复延期，直到是年秋天，图书馆始全部落成。遂安装书柜桌椅，布置馆舍。11 月 21 日，图书馆正式开馆。符大昺撰《洪年图书馆记》记之。

洪年图书馆建立之前，图书馆长期隶属于学校教务处图书课，由校长聘任许克诚主其事。郑洪年掌校后，对于图书馆的扩充不遗余力。1928 年 1 月 25 日，图书馆从教务处分离出来，改为独立机关，设馆长一人，由校长聘叶崇智（公超）为馆长，从此图书馆在学校的地位得到提升。当时馆藏中文书籍 15 万卷，精订 1.6 万余册；西

① 张一雷：《普陀区志》，上海社会科学出版社 1994 年版，第 786 页。
② 叶崇智：《国立暨南大学洪年图书馆之经过及概况》，《暨南周刊》1928 年第 10 期。

文书8000余册；日文书500册。每日平均到馆阅览在500人以上。新馆既成，时虽"为沪上各校图书馆之最大者"，① 但不久因学校教室不敷，馆中楼下房屋，强半被辟为教室，原规划馆内附设"南洋馆"等计划无法实现。扩充图书馆工程被纳入学校第二期建筑规划中，开工时间定在当年暑假期间。1929年夏，馆长叶崇智就职北平，聘张天方（凤）博士继任馆长。

1932年"一·二八"事变后，真如镇处于战区，学校再次遭受重大损毁。为安全起见，学校决定在学生较为集中的上海租界、苏州、广州三地分别办学。上海租界校区分为两院，第一院在赫德路，第二院在新闸路。奉校长之命，图书馆于2月21日开始陆续将藏书搬出，部分暂存华龙路中华职业教育社，部分存放于莫利爱路本校临时办公处。至25日，除报纸及尚未装订的杂志外，所有图书已全部搬出。后因临时办事处房屋不敷，再租新闸路1758号（位于第二院西侧）为图书馆，遂于3月27日迁入新址。原藏于莫利爱路临时办公处的所有图书也迁到新闸路图书馆。经过两周的整理，新闸路图书馆的全部图书整理就绪，并于4月25日起正式开馆。

嗣停战协议签字，1932年5月23日，暨南大学战后整理委员会校舍组开始接收和清理真如校舍，并从各处搜回书架30余件，往真如维持会搬回各类残缺书籍、杂志、印刷品等十数麻袋。7月，新闸路图书馆用房租赁期满，而真如馆舍的清理也大致就绪，遂于是月13日开始回迁，16日全部搬运完毕。回迁图书凡1991组（捆），分装木箱225个，麻袋117包。23日，搬回真如洪年图书馆的图书全部整理完。②

战后，本校各地面及各校舍，被日军抛弃之书籍，狼藉不堪。损失校产中"中外书籍杂志报章类5000元"，教职员"书籍类20000元"，学生"书籍类160000元"。相比师生个人的书籍损失，属于校产的图书馆藏书损失较小。图书馆藏书有幸得以留存，有赖于图书馆同人的及时抢运和妥善保存。战争期间，图书馆曾为日军占据，虽然

① 《暨大洪年图书馆增订开放时间》，《申报》1929年6月7日第27版。

② 《图书馆工作报告》，《暨南校刊》1932年第27期。

图书转运及时，损失无多，但图书亦多残缺，而中文善本及西文图书散佚尤多，尚存 3.4 万余册，约占战前之半。书架、阅览桌椅等器具和杂物则遭到严重毁坏。

1933 年 6 月，馆长张凤因专任教务，聘胡肇椿兼图书馆主任。12 月，学校发生驱逐校长郑洪年风潮。翌年 1 月，学校"驱郑会"以郑氏欺世盗名之由，将"洪年图书馆"易名为"暨南图书馆"。① 2 月，胡肇椿辞职。从第二学期开始，改约杜钢百为图书馆主任。馆务会议请求确定图书馆经费并增加预算，重新编订图书目录，补全残缺图书，充分添购报纸杂志等。9 月，主任杜钢百因故辞职，由查修继任。28 日召开馆务会议，讨论编制新图书馆目录，增购新书及杂志，清查未还图书，增加阅报室等事项。

1936 年，暨南大学搬回真如校区已四年，洪年图书馆已建十年，此时藏书已达 5.6 万多册。藏书日增，馆舍陈旧，不敷应用，校方复力事图书馆扩充事宜，多次提出图书馆重建或扩充建议。9 月，主任查修因到交通大学任事，另请林仲达担任。馆务会议讨论现有馆舍不敷应用问题，议决要求学校扩充馆舍，为研究室及阅报室之用。因书库爆满，遂将常用各科教本及参考图书分别陈放各院系研究室。

1937 年 1 月 4 日，校长何炳松在总理纪念周报告中再提图书馆的重造。2 月，图书馆主任林仲达因前往广东省立勷勤大学任教辞职，所遗职位由文学院院长郑振铎兼任。新馆长甫上任，即提出图书馆应"更注意南洋文献之特殊使命"的愿望。② 至 3 月，藏书达 6 万余册。8 月，"八一三"战事爆发，重建图书馆的努力化为泡影。战火再度殃及真如校区，校舍几被夷为平地。不仅是暨大，上海市区公私图书馆及学校图书馆也普遍遭到破坏。损失最大者如市中心图书馆、南市文庙图书馆以及同济、暨南、复旦、交通等学校图书馆，总计损失图书达 40 余万册。至于暨大图书馆藏书的损失，据战后编印的《暨南大学图书馆劫余书目》前言称："经八一三战役，中日文之杂志、日

---

① 《暨南大学晋京请愿代表返校》，《申报》1934 年 1 月 6 日第 14 版。

② 张契灵：《本学期图书馆第一次馆务会议纪录（1937 年 2 月 19 日）》，《暨南校刊》1937 年第 199 期。

报二万余册，全部毁失。中日文之图书亦丧失大半。惟西文之图书杂志及比较重要之中日文图书幸获保存。"① 9 月，学校奉令迁入上海公共租界继续办学，时间长达四年之久。

三　上海"孤岛"时期（1937 年 8 月至 1941 年 12 月）

"八一三"战事爆发之初，学校将"仪器图书装了两白多箱运往九江，以准备迁校江西"。② 部分重要图书仪器转移到法租界内的中华学艺社安置。大学部匆匆觅得美租界小沙渡路 826 号侨光中学的房屋，分租了一半为临时校舍，其中安置图书储藏室、阅览室各一所。学校迅速于 1937 年 9 月 20 日开学。由于时局动荡，1938 年，学校先后搬迁到法租界陶尔斐斯路四合里 38 号、威海卫路新寰中学、公共租界康脑脱路 528 号教堂等处上课。至 1939 年，学校稍为安定，渐次扩充了图书仪器，从江西运回来的书籍也启箱取出陈列，并且买了不少的新书。

四　迁址建阳时期（1941 年夏至 1946 年夏）

1941 年夏，日本南侵之心日益明显，且与美英等国家矛盾日甚，太平洋战争势不可免，战争若爆发，上海租界必将不保。有鉴于此，教育部强令暨南大学即刻办理内迁，遂由周宪文、吴修赴闽筹设暨南大学建阳分校，11 月正式开学。1942 年夏，总校迁闽完毕，暨南大学建阳分校的名称遂被取消。考虑到迁运困难，学校在南迁前，将图书设备、档案等装箱，分别秘密寄存上海某处，没有运往建阳。

在建阳，校址主要以童游文庙为中心，并借用明伦堂等处，且进行修葺改造作为教室、办公室以及宿舍等，将崇圣祠改建成图书馆。

---

① 《暨南大学图书馆劫余书目》，暨南大学图书馆 1938 年版，第 1 页。
② 谢章浙：《潜伏的三年半——母校迁入上海租界内的经历》，《暨南通讯》1941 年第 1 期。

在建阳初期，图书资料非常缺乏。后来逐步向江山、南平、福州等处商务印书馆搜集购买到少量书籍，还特派郭虚中驻福州专职搜集采购图书，经多方努力，才先后购得中文图书数千册，其中还有不少善本。另蒙在福州的外国朋友惠赠外文书数百册。① 经数年经营，图书馆略具规模。

五　复员回沪时期（1946 年 3 月至 1951 年 6 月）

1945 年 8 月，抗战胜利。暨南大学校务委员会决定准备迁回上海。1946 年 2 月，学校拟订《国立暨南大学复员计划建筑房屋之种类及造价估计（甲项）》。② 依这个计划，图书馆为独立的二层宫殿式中西合璧建筑，楼下书库，楼上阅览室，容纳 600 人，造价估计 8 万美元。3 月，全校师生携带图书仪器及随身用品，分乘多辆卡车，从建阳经龙游到兰溪，再换船到杭州，之后转往上海。6 月，暨南大学返沪之后，原真如校舍遭战火严重损毁，洪年图书馆也成一片瓦砾。因受内战影响，经费有限，原拟在南京建永久校舍的计划经年无着。在两难的情况下，经校长何炳松多方奔走，遂由行政院拨得上海东体育会路 330 号前日本第二女子高等学校及宝山路前日本第八国民小学旧址作为暨南大学返沪之临时校舍。

因系临时校舍，学校并未为图书馆安排独立的馆舍，图书馆与办公室、教室、实验室、礼堂等同在一幢办公楼。当时暨南大学分为第一院、第二院。第一院在东体育会路 330 号，原有楼房一大幢，为学校总办公处、理商两学院教室、实验室、图书馆及礼堂。第二院在宝山路，原有楼房一大幢，学校使用三分之二，为文法两学院办公处、教室、图书馆及礼堂。两院分别设立图书馆：理学院图书馆，除专置理商学图书外，又获教育部配给敌伪图书 3 万册。文学院图书馆，专置文法图书，除原有图书 3 万余册外，又应备《东方杂志》全份，各省通志，各大学学报，中央研究院地质调查所刊物，美国图书馆协会

---

① 白文：《暨南大学在建阳情景》，《建阳文史资料》1987 年第 7 期。
② 张晓辉：《百年暨南史 1906—2006》，暨南大学出版社 2006 年版，第 180 页。

捐送 1940 年至 1946 年关于文法类图书杂志多种，及交换到台湾省图书馆赠送南洋图书 20 余种。①

截至 1947 年，暨南大学图书馆藏书达 8 万余册，其中包括在建阳时购置的中西文图书 6000 余册、在沪先后接收日本女子高等学校书籍 7000 余册、教部分配陈群藏书 3 万余册、美国赠送教科书杂志 400 余册、日本岩波书店赠书 200 余册、教育部驻沪文物分配委员会分配书籍 300 册，合计接收书籍达 4 万余册。当时又添购中西文新书 5000 余册，杂志 100 余种。总计旧存、接收与新购之书达 8 万余册，杂志达 300 余种。② 因一、二两院校舍局促，书库及阅览室均显狭小，亟待筹建图书馆，以利扩充。这一时期图书馆主任为孙心盘。

暨南大学复员返沪后，国民政府虽有在南京建永久校址之规划，但因局势动荡，经费困难，迁校遥遥无期。故自 1947 年始，学校迭次呈请教育部，拟先就真如校址规划建造校舍，徐图恢复，以改变目前局促狭隘的困局。可是，直至 1949 年暨南大学合并于复旦大学、交通大学等校，在真如旧址建造校舍，筹建"宫殿式中西合璧图书馆"的计划最终未能实现，图书馆一直处于分置两院并与其他部门同楼办公的状态。

1949 年 8 月，暨南大学合并于复旦、交通等大学。1951 年，图书馆藏书除 2.8 万余册运往北京燕京大学外，其余 9 万余册移交华东教育部保存，后为上海各校领取分藏。据《华东师范大学具领前国立暨南大学线装古籍书清册》，1951 年 7 月成立的华东师范大学（筹备委员会），于 11 月领取了原国立暨南大学藏中文善本 2089 册，中文线装书 36118 册，共计 38207 册。1952 年冬，"上海停办高校办事处"将曾藏暨大之"泽存文库"遗书一批，拨交复旦大学图书馆。复旦、交通等校从原国立暨南大学领取的古籍数量不清楚，估计不在华东师范大学之下。据此保守估计，上海时期暨南大学图书馆收藏古

① 《暨大图书馆 馆舍分两处》，《申报》1947 年 7 月 19 日第 5 版。

② 《本校概况（七、图书/本校图书统计表）》，《国立暨南大学校刊》1947 年复刊第 1 期。

籍在10万册以上。

六　广州重建时期（1957—1970年）

1958年，暨南大学在广州重建。图书馆藏书来源主要有三个方面：一部分由中山大学赠送，一部分由中山大学所属的工农速成中学移交，一部分由教育部在有关大专院校中调拨支持。三部分共计图书43425册，其中包括部分古籍。

1962年编印的《暨南大学图书馆藏丛书目录》，著录丛书凡267部27329册。"前言"曰："我馆入藏的古籍共七万五千余册。"1963年编印的《暨南大学古籍目录》，著录线装书共6230部，75662册。这是有案可查的第一次馆藏古籍统计。

1964年7—9月，广东师范学院停办。原有44.3万余册图书，分别调拨给暨南大学、广州医学院（代表广州市）、教育心理学研究所等单位。其中线装书约56993册，一半（约2.8万册）调拨到暨南大学。

1970年春，暨南大学被撤销，部分系合并到广东师范学院（由华南师范学院改名），部分系合并到中山大学，部分系合并到广州外语学院，学校机关和直属单位合并到广东化工学院。仪器设备、图书资料也被瓜分。

七　广州复办时期（1978年至今）

1978年，暨南大学在广州原址复办。"文化大革命"时分散到各院校的图书，复办时仅调回56万册。

1979年11月，根据《全国古籍善本书总目》编辑组的要求，暨南大学图书馆编印了《暨南大学图书馆古籍善本书目》（油印本）。据统计，著录善本凡经部39部、史部82部、子部78部、集部156部、丛书4部，合计359部。1985年出版的《中国古籍善本书目》，收录暨南大学图书馆藏明清善本共161种，其中有珍稀版本21种112册。

1980年3月，暨南大学复办后第一届董事黄荫普（1900—1986）

捐赠古籍 750 册。

1984 年，暨南大学有幸收藏章太炎（1869—1936）藏书一批。编印有《暨南大学图书馆章太炎先生藏书目录》一册，著录线装书凡 290 部 3930 册。按四部计，则经部 49 部 832 册；史部 54 部 1173 册；子部 110 部 611 册；集部 62 部 408 册；丛书 15 部 906 册。章太炎藏书内容丰富，四部悉备，构成了一个较完整的图书资料体系。其中有《百川学海》等 11 部明刻本，加之清乾隆以前的刻本，属善本范围者凡 28 部。而散落于藏书中尚未公开发表的太炎题跋、批注等遗文尤为珍贵，具有重要的文物和学术价值。2005 年，"章太炎藏书题跋批注整理与研究课题"成功申请到教育部全国高等院校古籍整理研究工作委员会直接资助。2012 年 10 月，整理成果《章太炎藏书题跋批注校录》由齐鲁书社出版发行，2013 年 8 月，荣获全国优秀古籍图书一等奖。

1989 年，图书馆对古籍室的图书进行清查，经统计，凡 10325 种，约 117660 册。其中线装书（含古籍、影印古籍和线装民国图书）凡 8198 种，约 112970 册，普通图书凡 2127 种，约 4690 册。这是有案可查的第二次馆藏古籍统计。

1990 年，暨南大学历史系教授朱杰勤（1913—1990）病逝，其生前藏书归公于学校图书馆，总数约 3000 册，其中有古籍 280 部 1728 册。朱杰勤教授从事中外关系史和华侨史的研究 50 多年，著作等身，收藏专业图书颇有特色。

2007 年，暨南大学图书馆新馆落成，库房和设备的升级为古籍保护提供了有利条件。在设备方面，设独立的线装古籍书库，配备海湾火灾报警、自动灭火系统和 HF—80 风冷恒温恒湿空调机组，实现全年每天 24 小时自动调控。古籍书柜全部采用榆木和樟木材料，每个书柜放置"芸香草"，定期在书库投放鼠药。设独立的古籍修复室，购置材料设备，培训修复人员，采取有效的保护措施。

2008 年 9 月，暨南大学图书馆古籍普查工作正式启动。2009 年 6 月，通过国家古籍保护中心的考察和评估，被评定为"全国古籍重点保护单位"。馆藏 9 部善本先后入选第二批至第五批《国家珍贵古籍名录》，由国务院授权，文化部颁发证书。2011 年 10 月又被评为

"广东省古籍重点保护单位"，馆藏163部善本入选第一批和第二批《广东省珍贵古籍名录》，由广东省文化厅授权，广东省古籍保护中心颁发证书。2017年1月，本馆承担的"广东省古籍普查登记科研课题"顺利结项，至此，《全国古籍普查登记目录》之《暨南大学图书馆古籍普查登记目录》的编纂任务全部完成，6月，由国家图书馆出版社出版发行。共收录1912年之前所写、刻、钞、印各类版本之古籍凡7101部，约66970册。

（原题《暨南大学图书馆创立及沿革考》，原载《图书馆论坛》2017年第1期，收入本书时标题及正文略有删改）

卷 一

文献与文献学家

古文献散佚内因浅说

——以岭南地区为例

前人总结历代图书聚散情况，提出许多"书厄论"，旨在探讨书厄的社会历史原因。如陈登原在《古今典籍聚散考》中，提出"四厄"说：（1）受厄于独夫之专断而成其聚散；（2）受厄于人事之不臧而成其聚散；（3）受厄于兵匪之扰乱而成其聚散；（4）受厄于藏弄者之鲜克有终而成其聚散。① 这是历史上大量图籍遭受天灾人祸不断散佚的主要原因。很遗憾，这些"书厄论"多强调外在因素的作用，对古文献散佚的内因或甚少提及，或避而不谈。

历史上，由于战争等外在因素造成文献散佚和流失的例子不胜枚举，岭南地区的情况也不例外。原藏于粤秀山堂"文澜阁"的《皇清经解》等版片，由于咸丰七年（1857）英法联军的入侵而损失过半。② 存于番禺志局的邑人著作，亦因洋人入侵而毁于火，仅林伯桐一人的遗稿就占 20 种 224 卷之多，多于后来刻印的《修本堂丛书》一倍有奇。③ 岭南藏书家梁鼎芬殁后，在广东的藏书由其子学劬捐入广东省立图书馆，日寇攻陷广州后荡然无存。在北京的藏书售与伦明通学斋书店，后全为日本人买走，有诗为证："寒松零落栖凤空，南北书床浩劫中。"④ 番禺陈融有颙园书藏，专搜罗清人诗文集，数量在 2000 种以上，欲仿《元诗纪事》《明诗纪事》，以勒成《清诗纪

---

① 陈登原：《古今典籍聚散考》卷首，上海书店 1983 年版，第 16 页。

② 林伯桐编，陈澧续补：《学海堂志·经板》，广文书局有限公司 1971 年版，第 31 页。

③ 陈德芸：《广东未刻之书籍》，《广东文物》卷 9，上海书店 1990 年版，第 35 页。

④ 徐信符：《广东藏书纪事诗稿》，《广大学报》1949 年第 1 卷第 1 期。

事》。"自广州失陷，颐园藏书尽为强梁劫箧以去，《清诗纪事》，汗青无日矣。"有诗云："清诗纪事成犹未，谁识兵尘在眼前。"①

经战火后，不仅图书被毁，书版也遭严重破坏。广雅书局所刻诸书版片因屡遭敌机轰炸，受到不同程度的损失。陈澧有"东塾书楼"书藏，四部悉备，均有批评点校。民国十三年（1924），广州政变，城南木排头故居焚毁，东塾书楼与其祖传传鉴堂，均付之一炬，《东塾丛书》《东塾集》《东塾读书记》版片，全毁。②广州沦陷时，番禺叶恭绰曾想方设法营求徐信符南州书楼、李文田泰华楼、莫伯骥五十万卷楼等藏书，但最终未能保全，以致莫氏近50万卷藏书大部分毁于日寇战火，部分零落于市肆。③

日本侵略中国，有目的有计划地掠夺文物文献，造成中国文物文献的严重流失。1938年12月，日南中国派遣军司令部劫掠广州沙面黎氏家；1942年2月2日，日南中国派遣军在间谍的指导下，查抄了香港大学冯平山图书馆，重要文献文物被夺走。在香港劫去的文献中，至少有28种可称为"国宝"，损失惨重。④徐信符《广东族谱目录旧序》载："（广东族谱）幸前意大利驻粤领事罗斯，于粤罹兵燹之时，独能广为搜藏，至有数百余种，后皆为日人劫夺。杜（定友）馆长于复员后，留心访察，始得往港收回。"⑤

据严绍璗统计，广东被日本劫夺的书籍，凡公藏624008册，私藏13865册。数量为所统计的广东、江苏、浙江、湖南、湖北、福建六省之最。⑥

岭南地处僻远，地理环境独特，加之兵燹蠹蚀，不宜文献久存。岭南文献或散佚不传，或多成残本，损失极大。阮志《艺文略》著录岭南文献2076部，注明已佚或未见者达1392部，而著录存者只有

---

① 徐信符：《广东藏书纪事诗稿》，《广大学报》1949年第1卷第1期。
② 以上见徐信符《广东藏书纪事诗稿》，《广大学报》1949年第1卷第1期。
③ 叶恭绰：《五十万卷楼群书跋文序》，《五十万卷楼群书跋文》卷首，民国三十六年排印本。
④ 彭斐章主编：《中外图书交流史》，湖南教育出版社1998年版，第328页。
⑤ 广东省中山图书馆：《馆藏广东族谱目录》，广东省中山图书馆历史文献部1986年版，第125页。
⑥ 严绍璗：《汉籍在日本的流布研究》，江苏古籍出版社1992年版，第201页。

684 部，今存者不及散佚或未见的一半（参见表1）。明胡应麟《经籍会通》引《齐东野语》云："世间凡万物未有聚而不散者，而书为甚。"① 只是岭南文献散佚的速度和数量太惊人了。

表1　　　　　　　　阮志《艺文略》著录岭南文献统计

	汉	三国	晋	南北朝	隋	唐	五代	宋	元	明	清	合计
	种数	种数	种数	种数	种数	种数	种数	种数	种数	种数	种数	种数
著录数	12	11	45	2	5	57	15	215	15	976	723	2076
未见数	0	0	1	0	0	2	0	33	4	536	307	883
占著录数（%）	0	0	2.22	0	0	3.51	0	15.42	26.67	55.09	42.46	42.53
佚　数	11	11	40	0	5	40	14	160	10	210	8	509
占著录数（%）	91.67	100	88.89	0	100	70.18	93.33	74.77	66.67	21.58	1.11	24.52
存　数	1	0	4	2	0	15	1	22	1	230	408	684
占著录数（%）	8.33	0	8.89	100	0	26.32	6.67	10.28	6.67	23.64	56.43	32.95

我们再以宋元以前的著录和明清的著录比较：

表2　　　　　　　宋元以前与明清两代著录数对比

	著录数	未见数	占著录数	佚数	占著录数	存数	占著录数
宋元以前	377	40	10.64%	291	77.39%	46	12.23%
明清两代	1699	843	49.71%	218	12.85%	638	37.62%

据表2分析：

（1）明清两代的文献数量较宋元以前总数多1322种，是宋元以前文献数量的4.5倍强。显示入明以来，文献数量急剧增加的趋势。

（2）所谓"未见"者，即在若有若无之间，未确定存亡的文献。

---

① 胡应麟：《经籍会通》，北京燕山出版社1999年版，第15页。

宋元以前未见的文献有 40 种，占著录数的 10.64%。明清两代未见的文献有 843 种，占著录数的 49.71%。较宋元以前明显增加，其中大部分为明人的著作，多达 536 种（参见表1）。许多明代的文献至清道光年间，其存亡已无从查考。

（3）宋元以前，佚亡的文献有 291 种，占著录数的 77.39%。而明清两代仅为 218 种，占 12.85%。迹象表明，明清两代与宋元以前比较，文献散佚速度明显放慢。但明清两代散佚的 218 种中，又以明代最多，占 210 种，清代仅为 8 种（参见表1）。说明明代义献散佚相当严重，正如阮元所说："明以来，粤中艺文颇盛，而今多散失。"①

（4）宋元以前留存的文献仅有 46 种，占著录数的 12.23%。而明清两代则有 638 种，占著录数的 37.62%，留存的数量明显增多。在留存的 638 种中，清代又较明代为多，达 408 种，明代仅有 230 种（参见表1）。这种情况，验证了新书日增，旧籍日减的自然规律。

古文献的散佚，除了上述陈登原所概括的诸原因和因战争而散失之外，就岭南地区而言，其"地湿，易长蠹鱼，藏书无至二百年者"②的独特地理环境，无疑是岭南文献散佚的外在因素之一。然而，人们忽视了几个最关键的内在因素，如粤士风不务标榜、作者自身不爱惜、忽略文献的搜集整理和重用而轻藏等主观方面的影响，兹试分析归纳如次。

岭南古文献散佚内因之一：粤士风不务标榜

岭南远离中原，民风淳朴。学者大凡朴实厚道，皆不善标榜之事。番禺凌扬藻认为，"岭海士习，喜实行，耻浮名。故有著作等身，衰然成集者，亦取自怡悦，未尝辄付剞劂以问世。若篇什无几，积经岁月，必耗蠹而不可复留"③。书稿未及时出版，久之非蠹则佚，在

---

① 阮元修、陈昌齐纂：道光《广东通志》卷189，上海古籍出版社1990年版，第3454页。

② 曾钊：《古输廖山馆藏书目录序》，载陈在谦《国朝岭南文钞》卷17，清道光学海堂刊本，第5页。

③ 胡曦：《梅水汇灵集例言》，《梅水汇灵集》卷首，清光绪十二年湛此心斋排印本。

炎热潮湿的岭南地区，这是必然的结果。

持上述观点的不止凌扬藻一人。

劳潼《粤台征雅录序》称：

> 吾粤僻处海滨，士风淳朴，罕标榜为名高者。因之輶轩所至，无从采访。往往有奇人硕士，制行卓然，其著作亦多所关系，而姓名湮没不传于后者，何可胜道？诗文风雅之遗佚，其小焉者也？①

陈仲鸿在《粤台征雅录缘起》中，以南海罗元焕著作的遭遇为例，说明因"粤士风不务标榜"而造成文献散佚的严重后果：

> 夙闻章山（清南海罗元焕）所为诗古文词积盈箧笥，虽密友与及门高第，皆秘不相示。意其未定之稿，有待而出，故亦不甚索观。甲辰冬，章山没于乡，其小阮盈兹亲讣于余，并属为代状。余即以遗稿询，则云未尝裒集，且送厄于蚁（即钮玉樵所云，粤有白蚁，无所不蚀者）。余太息久之。惟时嗣君衍兹昆季尚在，少稚之年，因屡趣其编辑所存，毋使更滋散佚。既乃渐零笺败帙中取次撷拾，迄阅十稔，始缮成若干卷。②

近代著名藏书家徐信符感慨地说：

> 吾粤先儒著述，零落久矣。每览公私藏书目录，关于纪粤中闻见及粤人撰著者，寥寥罕觏。省府县艺文志所纪，率多有目无书。盖吾粤士风不务标榜，凡有所著，多藏之名山，传之其人，即有刊刻，仅以贻赠知交。其版或藏于家，或藏于刻字之书店，岭南地土卑湿，受炎热薰蒸，不数年为蛾子所蚀，版即销毁，此

① 劳潼：《粤台征雅录序》，《粤台征雅录》卷首，《丛书集成初编》本，中华书局1991年版。

② 陈仲鸿：《粤台征雅录缘起》，《粤台征雅录》卷首，《丛书集成初编》本，中华书局1991年版。

粤儒著述之缺乏有由然也。①

以上诸家所说，正是岭南文献晦而不彰的根本原因之一。

岭南古文献散佚内因之二：作者
自身的不爱惜

作者对自己的书稿不甚爱惜，也是造成文献散佚的根本原因之一。这一方面的例子，载籍随处可见。

《四库全书总目·郁洲遗稿》称（顺德梁储）：

> 集中诗文，寥寥无几，体格亦不甚高。黄佐《序》称其生平著作多不存稿，盖非其注意之所在云。②

番禺王渐逵《郁洲遗稿后序》称：

> 公聪敏过人。为诗文不事工组，不立体格，而清新流逸，可爱可诵，不自珍惜。没后，厥子中翰次挹等得遗稿什一于千百中。③

王世贞《太师梁文康公集后序》称：

> 其议论文章亡，少逊。然以文乞，多不应，应即弃去稿草。今其存者固醇厚尔雅，称盛世风，视诸先生独鲜。④

---

① 徐信符：《广东文献书目知见录序》，《广东文献书目知见录》卷末，黄氏忆江南馆1978年版。

② 永瑢：《四库全书总目》卷171，中华书局1965年版，第1493页。

③ 王渐逵：《郁洲遗稿后序》，载梁储《郁洲遗稿》卷首，民国元年顺德梁丝纶堂重刊本。

④ 王世贞：《太师梁文康公集后序》，载梁储《郁洲遗稿》卷首，民国元年顺德梁丝纶堂重刊本。

梁应祥、梁铎宏《郁洲遗稿跋》云:"公为文恒不留稿,搜辑匪易,兹所存者亦什一千百耳。"① 因此,"稿多不存,子次挹网罗故文,仅得若干篇,葺为《郁洲集》"②。

东莞罗亨信,生平著述每不留稿。其《觉非集》十二卷,乃其后人收拾散佚,汇而成集。丘濬、祁顺为之诠次。③

嘉应吴函(字竹屏,一字充可)"天资高迈,读书过目不忘,诗文下笔立就,尤长于骈体。所作虽多,然皆不甚顾惜,故多散佚"④。

南海陈炎宗(云麓)"为诗古文词,未尝属稿,挥成,辄为人持去。或讽其裒集付梓,曰'乘兴而作,兴过即忘,姑俟追忆,录之可也'。今惟得之者,或藏箧悬壁,或刊石镌梨,散见于他处而已"⑤。

南海朱次琦,生平著述十数种。晚年生病时,"知不起,尽燔其稿"。人得其寸纸只字,珍以为宝。门人顺德简朝亮搜集其诗古文词,编为《九江朱先生集》十卷。论曰:"若其病中焚所著书,古人尝有行之者。伊川为《中庸解》,以不自满意,焚之。同此义也。道既不显于天下,文采复不表于后世,悲夫!"⑥

南海孔继勋曾南北往来十余载,其间多有吟咏,但不肯自留其稿。后人编有《岳雪楼诗存》。

番禺廖鹤年,时基督教盛行,著论三篇,凡数万言,痛陈其害。既而痛哭,自焚其稿。⑦

番禺梁鼎芬,自认为一生孤苦、凄凉、学无成就,自焚其诗,故诗稿多散佚。后人编有《节庵先生遗诗》。

作者自身的不爱惜,亦根源于"不务标榜"之习,两者有因果关系。

---

① 梁应祥、梁铎宏:《郁洲遗稿跋》,载梁储《郁洲遗稿》卷末,民国元年顺德梁丝纶堂重刊本。

② 伦以训:《伦太史以训述行状》,载梁储《郁洲遗稿》卷1,民国元年顺德梁丝纶堂重刊本,第5页。

③ 永瑢:《四库全书总目》卷175,中华书局1965年版,第1553页。

④ 罗元焕:《粤台征雅录》,《丛书集成初编》本,中华书局1991年版,第20页。

⑤ 同上。

⑥ 郑荣修,桂坫纂:宣统《南海县志》卷14,清宣统二年刊本,第11页。

⑦ 吴道镕:《广东文征作者考》卷11,民国三十年孙家哲校印本,第256页。

岭南古文献散佚内因之三：忽略文献的搜集整理

罗元焕《粤台征雅录》："云麓少时尝与李因斋、吴竹屏、左省轩结社汾江，称'懒圈四子'，流连之酒无虚日。其后因斋北填斋亦附焉，省轩以'懒圈小友'呼之，故亦称'五子'。……今'懒圈'之名，犹为艺林资雅谈，而诸子诗文，未有编集之者。"① 又云番禺梁无枝、韩海、汪后来、顺德陈份，"所刻各集，俱载入《八咏诗》，《峤华集》摘刻之诗，亦多名什，其后诸有集者以非全选，遂并弃之不复存"②。

文献能够广泛流传，必须经过整理编纂，散篇单行的文字，最易散佚。先秦古书中记载的单篇，后来亡佚难稽的，举不胜举。岭南地区的情况较为严重，汉至唐宋的文献大部分已散亡。明代以后，岭南地区始有人留意汇集整理，编辑出版了第一部诗文总集，岭南文献遂得到较好的保存，流传下来的也较多。关于这一原因，清唐才（晴川）、罗学鹏、近人李应林均有详尽论述。

顺德罗学鹏认为，岭南著述虽繁富，但遗亡亦已过半：

> 吾粤先正著作不下五车，而遗亡不止三匣。他且勿论，即如《曲江集》至有明而已失传，后邱文庄搜秘阁而始得；《菊坡集》久已无征；南园前五子诗篇至嘉靖年间已失其一，乃以《汪右丞集》补之。后搜梁文康家藏，乃得原本；《白沙集》至万历初年板片无存，时从祀议起，朝士未悉。先生之学，得李运使翻刻《议论》，乃定。夫曲江诸集乃南中冠冕，尚且散佚，而况其他？若不荟萃群书，终归零落。③

---

① 罗元焕：《粤台征雅录》，《丛书集成初编》本，中华书局 1991 年版，第 21 页。
② 同上书，第 6 页。
③ 罗学鹏：《广东文献凡例》，《广东文献》卷首，清同治二年顺德罗氏春晖堂刊本。

经考察分析，罗氏得出"若不荟萃群书，终归零落"的结论。因此，吸取历史教训，广为搜罗，辑为《广东文献》四集。此书不仅"实自唐以来作一大结局"，而且"上下千年，硕辅名贤，骚人韵士"①的著作得以保存流播。

南海唐才（晴川）也认为，岭南文献难求其故，无他，"吾粤自开辟以来，无有起而修明者，文献所以不足也"。他在《广东文献序》中说：

> 虽然有一代之鸿硕，即有一代之编摩；有一代之编摩，即成一代之掌故。向使人琴无恙，手泽长存。宁非至幸，乃今欲问，《陈氏春秋》安在乎？《南裔异物》尚存乎？《交广春秋》如故乎？近而《千秋金鉴录》已失其真，《岭海澄清录》难求其故。②

指出若使"手泽长存"，必须有"起而修明者"。所谓"起而修明者"，就是勇于承担保存文献之责的藏书家、刻书家和文献整理学家。

近人南海李应林在《广东文物序》中，作进一步的阐述：

> 吾国整理国故之学，素鲜研究。是以明清文物，尤其是个人著述，成就虽多，惜乎保存不得其道，多已随时代而湮没。试一翻阅各州府县志乘所载，广东艺文目录，琳琅珠玉，美不胜收。徒以印刷术未臻昌明，虽家传庭训，后堂写室，成一家言，代有传人，终以流传不广，未免散失，至今存者，寥寥无几。斯固关系整个广东文献之得失，捃拾丛残，要非少数学士文人，嗜古情深，所能搜罗殆遍，永守勿替。大抵整理文物之道，胥在作有系统或集体之研究。③

---

① 唐才晴川：《广东文献序》，《广东文献》卷首，清同治二年顺德罗氏春晖堂刊本。
② 同上。
③ 李应林：《广东文物序》，《广东文物》卷首，上海书店出版社 1990 年版。

指出"保存不得其道",以致"终以流传不广",也是岭南文献散佚的根本原因之一。

岭南古文献散佚内因之四：重用而轻藏

藏书活动不仅指收藏图书，还包括与收藏有关的购置、鉴别、校勘、装潢、典藏、抄补、传录、刻印、题跋、用印、保护等一整套技术。岭南藏书家中，学者型居多（重学问），他们收藏的目的主要是解决学习研究所需，以使用为主，一般无暇顾及保护图书技术，或根本不具备文献积累、保藏、整理经验。主人去世后，如其子孙不承家学，则或变卖，或任由散佚。这样的例子也不少，如明代丘濬、黄佐、张萱、陈琏、梁朝钟等皆为岭南大学问家，史载均富收藏，但所藏均未见传世。他们自己的著作，是经后人整理，才得以流传。

到了清代，人们对"天下莫秽于聚财，莫雅于聚书"的传统观念有所改变，"今世中朝大官，多不喜聚书"，原因是"聚财得其利"而"聚书受其害"。谭祖纶擅填词，承家学，尤注意乡邦文献。继承了先辈岭南史学家、文献学家谭莹和谭宗浚藏书 30 余万卷。其藏书活动，非但无人赞许，反"以能文章负声誉，为大官所齮龁，俾不得潜心载籍"，他为此质问："吾之负书耶？书之负吾耶？""今之大官，聚财得其利，余以聚书受其害，不至于率天下以牟利而不读书不止也。"由于有这样的经历，后人深受不良影响，致使"谭氏后人亦不甚珍重"。光绪末年，藏书流入书肆，谭家藏书从此烟消云散。冯龙官，擅考证，尤精史志金石。其"中年后藏书，以次易米几尽，不自爱惜"①。

从岭南历史文献的散佚原因来看，其内因的作用是显而易见的。由此及彼，我国其他地区亦当有类似的情形。

（原载《中国典籍与文化》2000 年第 2 期）

---

① 以上见徐信符《广东藏书纪事诗稿》，《广大学报》1949 年第 1 卷第 1 期。

明清岭南士宦主持纂修
河南地方志述略

任何区域间的文化，总是相互交流、相互作用和相互影响的，单向的交流几乎不存在。据考察，在有关中原文化和岭南文化关系研究的诸多论著中，更多的是研究单向的交流，即中原移民南下，影响于岭南地区，从而对岭南文化的形成起到了很大的作用。然而，岭南士宦北上中原，与中原地区产生交流的情况却鲜有谈及。尽管这种人才交流或许是中国流官制度的结果，但它对推动区域间文化交流的作用是客观存在的。

下面我们以雍正《河南通志》和道光《广东通志》为考察对象，对道光以前两地士宦交流的人数以及合作纂修地方志的情况作初步研究。

雍正《河南通志》①：北上河洛地区的岭南人士凡 167 人；南下岭南地区的河洛人士凡 68 人。

道光《广东通志》②：北上河洛地区的岭南人士凡 61 人；南下岭南地区的河洛人士凡 45 人。

区域文化的形成和发展，不仅取决于自身的历史、地理条件，也有赖于开放容纳，兼收并蓄。历史上北上河洛地区的岭南人士对中原文化的繁荣和发展起着重要的作用。雍正《河南通志》、道光《广东通志》记录北上河洛地区或南下岭南地区的人士只是有宦职的一部分，除了这些文臣武将外，还有诗人学者、道释二氏等尚未统计在

---

① 田文镜修，孙灏纂：雍正《河南通志》卷80，清文渊阁四库全书本。
② 阮元修，陈昌齐纂：道光《广东通志》卷334，清道光二年刻本。

内。两地人士北上或南下，或为朝廷命官，或为生意贸易，或为游山玩水，或为传经说教。又或来作战，或被贬谪，或因避乱流亡。由于长期的工作、寓居或短暂的交游会友，北上河洛地区的岭南士宦与当地学人建立起同事、同宗、同党、联姻等关系，不时进行联欢性质的宴游、学术性质的清谈、养生送死的人情等社会文化交游活动。学术文化交游是士宦重要的生活内容之一，包括纂修志书、雅集唱和、编刻文献、修庙宇、建书院、兴教育等。本文专表纂修方志一端，此亦管中窥豹，可见一斑。

明清时期，出于政治和军事需要，朝廷十分重视各省地理资料的收集工作。诏令天下郡、县、卫、所皆修志书，并且颁布了《纂修志书凡例》。① 由于统治者诏令的敦促，官修的志书日益充积。宋代以后，方志开始由各级行政长官主持纂修。地方行政长官以开局修志为"斯文重任"，自居主修之名。一部方志的纂修，必参据旧志，遍为采访，搜遗访逸，备加采录，然后才有整理纂修之役。故设局开修之前，必网罗人才，延聘熟悉当地情况，又有较高文化素质的本邑人士分司编纂。北上河洛地区的岭南士宦积极参与当地文化建设，十分重视编修舆地著作，领衔并组织熟悉当地情况的学者，集体纂修了大量的方志。现存岭南士宦主持纂修的明清河南地方志近 20 部，河洛地区士宦主持纂修的明清广东地方志则有十余部。② 从各志"修志职名"可见，纂修团队中，除主修由地方官员领衔外，编纂、参校、采辑等职大多由当地人士担任。他们分工合作，各司其职，在纂修志书的过程中，岭南士宦与河洛学人建立起良性互动与合作关系。以下是明清岭南士宦与河南地方乡绅学者合作纂修地方志的典型案例。

1. 嘉靖《邓州志》十六卷　　（明）潘庭楠纂修

潘庭楠，号石洞，广东高要人。举人，嘉靖四十一年（1562）九月任邓州知州。岁革敝费银三千六百两，缮修外城，重修范文正公

---

① 中国地方志指导小组办公室：《中国方志文献汇编》，方志出版社 1999 年版，第 1433—1439 页。

② 据《中国地方志联合目录》和《中国地方志总目提要》统计。

祠，开杏山和花墓山（内乡县西二十五里）煤洞，疏土山洼水以利民，在城内五关及四乡建社学 20 余处，纂修《邓州志》十六卷。

此志为现存最早的《邓州志》，记事止于嘉靖四十二年（1563）。包括郡县图、郡纪、帝纪、沿革表、封爵表、秩官表、选举表、舆地志、创设志、赋役志、陂堰志、学校志、祀典志、兵防、宦迹列传、人物列传。是志叙事简要，取舍得当，其学术价值位于明修《沔阳志》和《惠州志》之后，对研究邓州政治、经济、文化、社会发展史等具有较高的参考价值。

此志未见"修志职名"，卷首嘉靖甲子潘庭楠序："是役也，乡进士蓝君伟蜚声博雅，爰综阙成。郡学曹生楫、姚生撰、祁生仕聪、郭生继鲁、黄生凝道，均有论校之劳。"又嘉靖四十三年（1564）李濂序："壬戌秋九月，古端石洞潘君来守是邦，亟欲并收三邑以为全志，乃慎简郡学生之有文学者采撼三邑事迹以成之。又敦礼乡进士蓝君伟总校阅之劳。而提纲正指、发凡立例、删润文藻、叙论意义则潘君自为之也。"其分工甚明。

嘉靖四十三年李濂序："潘君名庭楠，别号石洞，广东之高要人。年少举经元，治郡有惠政，及民其大者如开煤洞以举百世之利，恤里甲以裁三千之费。而疏土山之洼水以达于河，俾不为田害，尤为邓人歌诵云。"

主要版本：

（1）明嘉靖四十三年（1564）刻本。

（2）《天一阁藏明代方志选刊》本，上海古籍书店据明嘉靖四十三年（1564）刻本影印（线装），1963 年。

（3）《天一阁藏明代方志选刊》本，上海古籍书店重印本，1982 年。

（4）缩微制品，全国图书馆文献缩微中心，1990 年（吉林省图书馆，1990 年）。

2. 康熙《光山县志》十卷 （清）杨之徐修 张文炳 甘琮纂

杨之徐，号慎斋，广东大埔人。康熙二十七年（1688）进士。康熙三十四年（1695）任光山县令。张文炳，本县人，拔贡。甘琮，本县人，副贡。

是志始于康熙三十一年（1692）前县令陈汝弼，未竟而去，杨氏继之，主持纂修，组织邑生张文炳、甘琮等编纂。记事止于康熙三十四年，较顺治志增修古迹、军政、驻防、武举、武弁诸目。其中万历志序文三篇及修纂姓氏久佚，此志赫然在目，甚为珍贵。

纂修者凡17人，其中本地人士5人，占纂修人数的29.4%。

主要版本：

（1）清康熙三十五年（1696）刻本。

（2）缩微制品，全国图书馆文献缩微中心，2005年。

3. 康熙《息县续志》八卷 （清）郑振藻 蒋彪修 何朝宗纂

郑振藻，广东潮阳人。举人，康熙二十八年（1689）任知县。蒋彪，江苏仪征人。举人，康熙三十一年（1692）署任息县知县。何朝宗，本县人，康熙二十四年（1685）进士。

康熙二十九年（1690）河南巡抚阎兴邦檄续修志书。郑振藻奉命，延本县名绅何朝宗等人纂辑。稿成上于省，经顾研、阎兴邦裁定后，又发还本县付刊，恰在其时郑令解组，蒋彪踵其任，继承授梓之责，志书乃成。

此志记事于康熙三十二年（1693）。书凡八卷。目次：舆地、建置、食货、典礼、官师、选举、人物、外纪。此编折中诸史，断自《禹贡》，中历汉、宋、元、明，以迄清代，详著于舆地之前。开卷了然，此举很有必要。此次续修，旧志资料不再重录，只收载新增内容，并于旧志地理沿革、古迹、疆域目中之舛误进行了考订，不失其史料价值。

康熙三十二年蒋彪序："其时维前任郑令承命采辑，延邑之知名士董其事。稿成，上其草本于台，遂获亲加裁定。删繁就简，去冗存真，以成当代典章，檄邑灾梨。植郑令解组，余以筮仕，遘踵其后。""因率都人士共襄厥事，而谋诸梓氏。"

纂修者凡22人，其中本地人士8人，占纂修人数的36.4%。

主要版本：清康熙三十二年（1693）刻本。

4. 康熙《河内县志》五卷　　（清）李杬修 萧家蕙 史琏纂

李杬，字茜为，广东南海人。举人，康熙二十六年（1687）任河内知县。萧家蕙，字树百，本县人。历官户部员外郎。史琏，字言殷，本县人。岁贡生。

康熙二十九年（1690）河南巡抚阎兴邦檄修志书，李杬遂聘邑绅萧家蕙等纂辑。此志以顺治志为基础增辑而成，记事止于康熙二十九年。除保留顺治志之特色外，田赋中对清代户口、人丁、地亩等记述详赡，尤以地亩将土地分为上中下几等分别记之，全县土地质量状况了如指掌，为志书中罕见。

康熙三十二年（1693）李杬序："庚午秋，膺抚都宪阎大人檄命修辑邑志，谆谆以古良史相训谕。杬奉檄惕然，久有志未逮，乃延邑绅计部萧先生以暨史明经琏、萧庠生健同任捃摭纂修之事。"

萧家蕙序："同事者明经则史君琏，诸生则余从孙健。健即余兄紫眉氏中子之子也。相与穷日校订，丙夜商榷，比意同力，庶几昔人之义。若翦其榛楛，增其阙略，正其纰漏，续其芬芳，则蕙亦未遑多让焉。"

纂修者凡 39 人，其中本地人士多达 26 人，占纂修人数的 66.7%。

主要版本：

（1）清康熙三十二年（1693）刻本。

（2）缩微制品，全国图书馆文献缩微中心，1999 年（河南省图书馆）。

（3）缩微制品，全国图书馆文献缩微中心，2005 年。

5. 乾隆《新蔡县志》十卷　　（清）莫玺章修 王增纂

莫玺章，字信甫，广东安定（今属海南）人。举人，乾隆五十四年（1789）任新蔡县令。王增，字方川，浙江会稽（今绍兴）人。乾隆进士，曾任翰林院编修，时主讲汝阳南湖书院。纂有《汝宁府志》。

是志记事止于乾隆五十四年（1789）。凡十门，二十八目。类目设置归属异于他志。记述邑人物，凡于明代为官而后又入仕清朝者，概不为之立传，仅列名于选举表中，与他志亦异。内容多据康熙旧志，无所更新，实乃一大缺憾。

乾隆六十年（1795）莫玺章序："爰请命于太守陆丰彭公檄令重纂。方开局采访，会彭公调任首郡，长白德公来守是邦，复命余与诸绅士共襄其事。礼聘太史会稽王公总持修辑。""与诸子征文考献，修举百年之废坠。"

纂修者凡21人，其中本地人士10人，河南籍4人，占纂修人数的66.7%。襄事姓氏凡18人，全部为本邑人。

"修志姓氏"中，除莫氏外，尚有两位岭南学人，分别为鉴定彭如幹和分校杜应清。彭如幹，号立斋，广东陆丰人。乾隆三十一年（1766）进士。原河南汝宁府知府，时任开封府知府。杜应清，广东琼山（今属海南）人。壬子科举人。

主要版本：

（1）清乾隆六十年（1795）刻本。

（2）《中国方志丛书》本，成文出版社据清乾隆六十年（1795）修民国二十二年（1933）本影印，1976年。

（3）缩微制品，全国图书馆文献缩微中心，2004年（南京图书馆）。

6. 乾隆《孟县志》十卷 （清）仇汝瑚修 冯敏昌纂

仇汝瑚，字序东，广东灵山（今属广西）人。监生，乾隆五十二年（1787）任孟县知县。冯敏昌，字伯求，号鲁山，广东钦州（今属广西）人。乾隆进士，翰林院编修，户部主事。时离职游豫，因与汝瑚为姻亲，遂聘敏昌主讲河阳书院，并委以修志。

是志记事止于乾隆五十五年（1790）。其地理志仿《元和郡县志》，山川则仿高似孙《剡录》用《水经注》体。其他各门，均广稽史传，如对韩愈籍贯的考证，博引诸书异说，最后论证，佐以实地调查材料，颇具学术价值。对黄、沁二河水灾及堤防的记载，层次分明，巨细无遗，较旧志更为详尽。冯敏昌故博学名家，记事条理，考核精审。各门均搜集宏富、翔实，不愧为清代河南方志中之上品。一时文人盛称此志为善本，后之修志者多仿其体例。

乾隆五十五年仇汝瑚序："余因邑人呈请重修，遂为转详各宪。适余姻亲冯鱼山农部假至大梁，余延主河阳书院讲席，今两湖制府前河南大中丞毕公即以志事属焉。农部课诵之余，余为捐俸别开志局，俾农部得以时纂辑。会山阴河先生炳、武进汤君令名时亦在孟，因属分修。更延邑中人士杨明经以诚、张广文枢、韩博士九龄、崔孝廉士璋、薛赞府清纯、汤文学金章等六人为志局采访。县尉张君葆则专司出入，仍时左右一切，而志事以兴。……即同事诸君始终斯志，杨、张二君复兼编校，其襄事皆不可谓不劳矣。"

乾隆五十五年冯敏昌序："皆同心商榷，兼同事数君采访左右甚力，而邑中及门颇多，凡有身历，更得先导。"所言"采访"即指本县人士韩九龄、张枢、崔士璋、杨以诚、薛清纯、汤金章六人。除上级支持，同事合力之外，"兴县前舍人康君少山，移居清化，储书特多。余从偕书乃至数车，又从偃师进士武君亿时假抄本"。康少山，名钧，河南祥符人。武亿，字虚谷，河南偃师人。

纂修者凡31人，其中本地人士6人，占纂修人数的19.4%。

主要版本：清乾隆五十五年（1790）刻本。

7. 乾隆《新安县志》十四卷首一卷末一卷 （清）邱峨修 吕宜曾纂

邱峨，广东南海人。贡生，乾隆二十八年（1763）任邑令。吕宜曾，字扬祖，号伯岩，本县人。举人。

是志记事止于乾隆三十一年（1766）。凡十三门百一十目。以康熙旧志为蓝本，加以增删，所收资料颇广，较旧志更为丰富。其风土志一门，记有当时工匠每日工价数目，与当时社会生活极有关系，常为他志忽略不载。

乾隆三十一年（1766）游士耀跋："邱明府来莅兹土，（略）毅然躬其事，捐俸金，立馆舍，延邑人靖州刺史扬祖吕公为主修，绅衿郭伯涛泷、常以庵汝翼、秦澄道文献、吕仁原公溥为分修，而耀亦赘其末。"

纂修者凡56人，其中本地人士多达45人（邑人与修者凡43人），占纂修人数的80.4%。

主要版本：

（1）清乾隆三十一年（1766）刻本。

（2）民国三年（1914）石印本。

8. 嘉庆《安阳县志》十四卷首一卷　　（清）赵希璜修 武亿纂

赵希璜，字渭川，一字子璞，广东长宁（今新丰县）人。乾隆四十四年（1779）举人，尝充四库誊录，后官河南夏邑、安阳知县。著有《四百三十二峰草堂诗钞》《研栻斋文集》。据民国《安阳县志》卷三《职官表》，赵希璜于乾隆五十七年（1792）至嘉庆六年（1801）任安阳知县。

武亿（1744—1799），字虚谷，一字小石，号授堂，又号半石山人，河南河南府偃师县人。乾隆三十五年（1770）举于乡，游学京师，四十五年（1780）成进士。后知山东博山县，创办范泉书院。在官七月，以忤权贵罢。博通经史，工考据，长于考订金石文字。著有《授经堂诗文集》及《钱谱》《群经义证》《经读考异》《读史金石集目》《金石三跋》《金石文字续跋》《偃师金石记》《安阳县金石录》等十余种，凡数百卷。所编《偃师县志》《鲁山县志》《安阳县志》《陕县志》和《宝丰县志》，类例分明，繁简适度，记述翔实。

赵希璜称武亿为"老友"。赵氏《四百三十二峰草堂诗钞》《研栻斋文集》和武氏《授堂诗文钞》《授堂金石文字续跋》《安阳县金石录》中，交往诗文达十数首。两者在纂修志书、搜集金石方面多有合作，交往甚为密切。武氏逝世，"渭川为经理其丧"（余以引嫌去官将辞邺下邹霞城大令赋诗赠别依韵和之），[①] 其情谊可见。

嘉庆三年（1798），赵希璜老友武亿来访，因挽亿编纂，次年书成付梓。全书凡二十七门，以图、表、志、传、记为纲，体例谨严。博采史传、旧志及文集、杂著，资料极为丰富，对地方掌故、疆域沿革记述颇详。纪昀对是志极为推重，称为志书楷模。是志附金石录十二卷，录商至汉之金石及南北朝后石刻多件，颇为珍贵。

嘉庆四年（1799）赵希璜序："希璜于乾隆五十七年壬子，由夏

---

① 赵希璜：《四百三十二峰草堂诗钞》卷24，清乾隆五十八年安阳县署刻增修本。

邑调任安阳。次年癸丑，延太仓王明经开渫，次年甲寅，延兴县康舍人仪钧同辑斯志。尚未成书而希璜调署济源，稿经散失。去年戊午，偃师老友虚谷武君亿过从，与之商榷考据，为图、为表、为志、为传、为记，体例凡五，而另编为录，博取金石以资考证。"又"其考据经史，旁求金石，虚谷之力居多。至于纲举目张，条分缕析，希璜七阅寒暑而后成此书矣"。

主要版本：

（1）清嘉庆四年（1799）刻本。

（2）缩微制品，全国图书馆文献缩微中心，2005年。

9. 嘉庆《洧川县志》八卷首一卷 （清）何文明修 李绅纂

何文明，字尧臣，号哲堂，广东香山（今中山市）人。乾隆四十四年（1779）举人。嘉庆六年（1801）挑发河南署临颍、内黄、息、滑四县知县。嘉庆十九年（1813）任洧川县令。有《二思堂诗文集》《嵩山纪游》《诸子粹白》《投闲杂录》等。李绅，广东香山（今中山）人。举人，截选知县。与文明故同乡好友，因挽之共同纂修。

是志记事止于嘉庆二十二年（1817）。凡八门六十一目。其山水志中，当时尚存之诸水，记其方位，昔有而时已无者，则依《水经注》等书注其源流。所引古籍，皆一一注明出处。列女一目，则用表列出，形式简明，为他志所罕见。

嘉庆二十三年（1818）何文明序："（《洧川县志》）惧其日久而就湮，后之莫可考也，爰于政暇，与都人士开局采辑。适会故人李子素屏（绅）公交车过此，素屏素以学行见推吾党，因拉与商榷，芟繁撷要，务归至当。八阅月而书成，以付剞劂。"

纂修者凡33人，其中本地人士多达28人，占纂修人数的84.8%。

主要版本：清嘉庆二十三年（1818）刻本。

10. 道光《泌阳县志》十二卷首一卷 （清）倪明进修 栗郢纂

倪明进，字千杰，号进三（一作晋三），广东海阳（今潮州市）人。嘉庆十八年（1813）拔贡，廷试第一，授河南镇平知县。后历转夏邑、桐柏知县，道光五年（1825）任泌阳知县。所至有惠政，在泌阳建义学，兴文教，政绩最著，士民德之。著有《中州初集》《中州续集》。

道光八年（1828）倪明进序："即有意修辑，势不能不延知名之士分任其事。求之远方，则人与地不相习。既课虚叩寂之徒劳，求之本籍，则亲与旧或相蒙，又颠是倒非之不免。甚至因仍简陋，传笑四方。""爰集邑绅士而告之曰：彰往昭来，官斯土者之责也；征文考献，生斯土者之资也。"权衡外地与本地学人纂修志书之利弊，对本土人士的作用给予充分的肯定。

纂修者凡 66 人，其中本地人士 12 人，占纂修人数的 18.2%。

主要版本有：

（1）清道光八年（1828）刻本。

（2）《中国方志丛书》本，成文出版社据清道光四年（1824）刻本影印，1976 年。

11. 光绪《开州志》八卷首一卷　　（清）陈兆麟修 祁德昌纂

陈兆麟，字仁斋，广东嘉应州（今梅县）人。监生，光绪元年（1875）任开州知州。祁德昌，字星阁，直隶永年（今属河北）人。同治进士，前江苏丹徒知县。

光绪七年（1881）稿成，未刊而兆麟调离开州，由继任者陈金式刊行。是志补近七十余年史事，门目较旧志略有更改调整。其职官、选举二志，改用表格列载，较旧志更为条理醒目。内记载咸丰五年（1855）黄河决口于铜瓦厢，经州境流入山东大清河河道入海，为近代黄河变迁史之重要史料。

光绪七年（1881）陈兆麟序："邑绅同志诸君子汇文武署中之所钞录，以及城乡诸绅之所采访，续辑成稿。"

纂修者凡 48 人，其中本地人士 43 人，占纂修人数的 89.6%。

主要版本：

（1）清光绪八年（1882）刻本。

（2）《中国方志丛书》本，成文出版社据清光绪七年（1881）刻本影印，1976 年。

（3）缩微制品，湖南图书馆，1990年。

（4）濮阳县地方史志办公室校注本，中州古籍出版社，1995年。

（5）缩微制品，全国图书馆文献缩微中心，2003年（南京图书馆，2003年）。

12. 光绪《续浚县志》八卷 （清）黄璟修 李作霖 乔景濂纂

黄璟，字小宋，号二樵樵者，室名四百三十二峰草堂。广东南海人（一作番禺人）。光绪七年（1881）任浚县知县，后升陕州知州。工山水，足迹所历，每以诗画纪事。有自绘《壮游图记》《四百三十二峰草堂诗》《东瀛唱和录》《陕州衙斋二十一咏印章》《四百三十二峰草堂印章》《浚县衙斋二十四咏印章》《黎阳杂记》等。

是志记事止于光绪十三年（1887）。记录嘉庆志后近80年史事。所载咸同间会党起事概况颇详。卷八艺文，黄璟诗文达百篇之多。

光绪十二年（1886）黄璟序："璟莅浚之六年，修城隍，节冗费，有余资，欲取邑志续而辑之。而学殖荒落，簿书倥杂，延李雨人孝廉，乔莲溪副车主其事。未脱稿而雨人受山东巡抚聘矣，璟间与莲溪参订。"

陈希谦序："因得于簿书之暇，博事延访，取旧志与李乔二君参订焉。"

纂修者凡46人，其中本地人士3人，占纂修人数的6.5%。

主要版本：

（1）清光绪十二年（1886）刻本。

（2）民国三十年（1941）石印本。

（3）缩微制品，全国图书馆文献缩微中心，2004年（南京图书馆，2004年）。

（4）《中国方志丛书》本，成文出版社据清光绪十二年（1886）刻本影印，1968年。

13. 光绪《陕州直隶州续志》十卷首一卷 （清）黄璟修 庆增 李本和纂

黄璟，生平详见光绪《续浚县志》条。光绪十七年（1891）由浚县知县升任陕州知州。曾修《续浚县志》八卷。

黄璟以知州孔广聪所修未刊志稿加以润色刊行，一年后又重辑续志十卷。故是志实为补遗，主要增补了学校、礼乐、职官、人物、列女、艺文、金石等。其中所记兵燹、救荒等史料为是志精华所在。

黄璟序："退食，暇与铁岭庆余青先生编次其文，仿近人《江宁府志》《高陵县志》例，得续志十卷，成子目五十余则，五阅月而稿脱。"

纂修者凡49人，其中本地人士41人，占纂修人数的83.7%。

主要版本：清光绪十八年（1892）刻本。

附录：待访书目6种

1. 永乐《颍川郡志》十七卷 （明）陈琏纂修

陈琏，字廷器，广东东莞人。永乐元年（1403）由国子监助教知许州，官至南京礼部侍郎。博通经史，著有《琴轩集》，主持纂修《颍川郡志》十七卷。

此即许州志（唐朝改颍川郡为许州）。为河南省现存地方志中最早的一部原刻志书。

主要版本：

（1）明永乐十一年（1413）田琛刻本（孤本，原刻本藏国家图书馆，存卷9—17）。

（2）缩微制品，全国图书馆缩微文献复制中心据明永乐十一年（1413）刻本拍摄（存卷9—17），1992年。

2. 嘉靖《濮州志》十卷 （明）张允南 吴爵修 邓钺纂

吴爵，字世禄，号守斋，广东番禺人。嘉靖元年（1521）任通判。与张允南同主持纂修《濮州志》十卷。

此为现存最早的濮州志。

主要版本：明嘉靖六年（1527）刻本（孤本，原刻本藏天一阁）。

3. 康熙《邓州志》八卷 （清）赵德 万愫修 彭始超等纂

赵德，字劭园，广东顺德人。举人，康熙二十八年（1689）任邓州知州。主持修《邓州志》八卷。

主要版本：清康熙三十三年（1694）刻本（孤本，原刻本藏安徽省图书馆，存卷1—5）。

4. 乾隆《汤阴县志》十卷 （清）杨世达纂修

杨世达，字辑五，广东揭阳人。康熙间附贡，授遂溪教谕，后迁河南登封、永城知县，雍正七年（1729）由永城调任汤阴县令。所至皆有善政。主持纂修《汤阴县志》十卷。

主要版本：清乾隆三年（1738）刻本。

5. 乾隆《巩县志》四卷 （清）丘轩昂修 曹鹏翊 赵发轫纂

丘轩昂，字元澍，号名亭，广东海阳（今潮州市）人。雍正元年（1723）进士，乾隆八年（1743）任巩县知县。厘清强豪侵占土地，修二程祠堂，丈黄河滨新积田以分贫民。主持修《巩县志》四卷。

主要版本：

（1）清乾隆十年（1745）刻本。

（2）巩县志编纂委员会点校本（清乾隆十年及五十四年修《巩县志》合订本），1989 年。

（3）缩微制品，全国图书馆文献缩微中心，2005 年。

6. 乾隆《渑池县志》三卷 （清）梁易简修 刘元善纂

梁易简，广东南海人。举人，乾隆三年（1738）保举孝廉方正，引见即用山西荣河（今万荣县）知县，服缺，补授河南渑池知县。乾隆十六年（1751）任郑州知州。主持修《渑池县志》三卷。

主要版本：清乾隆十一年（1746）刻本。

（原载《中国地方志》2014 年第 10 期）

屈大均整理广东文献的
业绩和成就

岭南文化，源远流长。岭南地方文献记录了南越人民的物质文化生活状况及其历史发展过程，是我们研究古代岭南社会精神面貌与物质生产的重要资料，也是岭南乃至中华民族在历史上积累起来的巨大精神财富。岭南文献得以大规模而有系统地整理，是到了明代后期才开始的。降及清代，由于考据学的盛行，整理文献的工作进入了鼎盛时期。能人辈出，成果累累，岭南文献因此得以保存和流传。本文重点研讨开粤人整理文献之先的著名学者屈大均的业绩和成就。

屈大均（1630—1696），字翁山，广东番禺人。生当明清易代之际，是明末清初广东著名的历史人物。青年时期曾参加过抗清斗争，具有强烈反清复明的民族意识，因此，他的著作从雍正至清末的近百年中，都被列为禁书。他毕生致力于岭南文化，著述甚为丰富，不仅是岭南百科全书的开创者，雄踞岭南三大家之首的诗人，而且是开粤人整理地方文献之先的文献学家。他搜集整理和编纂了大量的广东文献，如《广东文选》《广东新语》《四朝成仁录》《广州府志》《永安县次志》《定安县志》等，未成或成而未刻者有《广东文集》《岭南诗选》《广东丛书》等，其所从事的文献整理工作，对广东乃至岭南文化的繁荣和发展做出了重大贡献。

一　屈大均搜集整理广东文献的宗旨和计划

在有关序跋中，屈大均多次描述搜集整理粤人著述的宗旨和颇具规模的实施计划。在《广东文集序》里，他认为广东文化"始然于汉，炽于唐于宋，至有明乃照于四方焉。故今天下言文者必称广东"①。历史上，粤人以"文章为富有之业"，如张九龄《金鉴录》、丘濬《大学衍义补》、湛若水《格物通》等，其之所以能与"皋谟伊训相彪炳"，乃因"文之盛极矣"。然"极而无以会之，使与汉唐以来诸书，其远而为王范、黄恭之所纪述，近而为泰泉、梦菊之所编摩者，悉沦于草莽，文献无稽"。结果是"求文于人，人或不足于文。求人于文，文则有余于人矣"。屈大均有感于此，遂"博取而约之"，辑为一书，题名《广东文集》。其宗旨乃"使天下人得见岭海之盛于其文，文存而其人因以存，以与《广东通志》相表里"②。

《广东文集》是第一部由粤人编辑的诗文总集，是现存《广东文选》的底本。《文集》虽然未能传世，但从有关资料看，当时确已编纂成书，只是因为书稿"浩繁"，"未能尽刻"而已。屈大均在不同的场合表述过此书收录原则、范围和规模。

《广东文集序》：大约大家数十，名家数百。近而穗城，远而琼甸。……其例也，人各一集，集分诸体，体不必兼，即一体亦成一集。不成集，则以其可附者附之。稍加裁择，咸使雅驯。一篇一字，亦必以内圣外王为归。痛绝释老之言，阴寓春秋之法。书成，总计三百余卷。集皆有原序、新序或书后。集末则以本传、行状、墓志附焉，俾其人生平本末尽见，易以考求。统名曰《广东文集》，分名则曰某人集。③

《广东文选·凡例》：予所编纂《广东文集》，自汉至今，凡有二百余家。人为一集，集分诸体。卷首载其原序，卷末则载行状、传志。④

《广东文选·自序》：予先有《广东文集》之役，自两汉至明，人各为集，大家数十，名家百余，凡为二百余集。⑤ 从中可见《广东

① 屈大均：《广东新语》卷11，中华书局1985年版，第316页。
② 同上。
③ 同上书，第318页。
④ 屈大均：《广东文选·凡例》，《广东文选》卷首，《北京图书馆古籍珍本丛刊》第117册、书目文献出版社1989年版，第3页。
⑤ 屈大均：《广东文选·自序》，《广东文选》卷首，《北京图书馆古籍珍本丛刊》第117册，书目文献出版社1989年版，第3页。

文集》的规模。

《广东文集》编成后，由于"书浩繁，未能尽刻"，于是"姑于诸集，拔其十之二三"，编为《广东文选》"以见大概""不能连篇累牍，为先哲多所表章，予之所不得已也"①。由《文集》变为《文选》并非屈大均的初衷，只因广东文献实在太多，太丰富而不得已为之。

此外，屈大均还计划辑刻《广东丛书》一部，将《文集》之外的诸家著书，非文体者，如丘濬《大学衍义补》、黄佐《乐典》、王光禄《正学观水记》诸书收入，"俾与《广东文集》并悬日月，垂之无穷焉"。"斯二书也，《丛书》无所去取，贵大全也；《文集》中十汰二三，然亦宁宽毋严。"② 可惜《广东丛书》亦未成书。

《岭南诗选》亦未成之书："予撰《岭南诗选》前后集，《前集》自唐开元至明万历，《后集》自万历至今。人各有传，仿《列朝诗集》之体，积二十年亦未有成书，可叹也！"③

在《广东文集序》中表示终身致力于搜集整理广东文献的决心："广东者，吾之乡也。一桑梓且犹恭敬，况于文章之美乎？文者道之显者也，恭敬其文，所以恭敬其道。道在于吾乡之人，吾得由其文而见之，以为尚友之资，以为畜德之本。岂非吾之所以为学者乎？其不能一一镂版以传，则以贫也，有所待于有力者也。然予将终身以之，若愚公之徙太行，精卫之填东海，不以其力之不足而中辍也。知者鉴诸。"④

二　屈大均搜集整理广东文献的观点和原则

屈大均对家乡有深厚的感情，这种感情不但表现为他对家乡一山一水、一草一木的热爱，更主要的是表现在他对广东历史文化的整

---

① 屈大均：《广东文选·凡例》，《广东文选》卷首，《北京图书馆古籍珍本丛刊》第117册，书目文献出版社1989年版，第3页。

② 屈大均：《广东文选》卷11，《北京图书馆古籍珍本丛刊》第117册，书目文献出版社1989年版，第319页。

③ 屈大均：《广东文选》卷12，《北京图书馆古籍珍本丛刊》第117册，书目文献出版社1989年版，第358页。

④ 屈大均：《广东新语》卷11，中华书局1985年版，第319页。

理、研究和总结上。在《广东文选·自序》及《广东文选·凡例》中，他比较详细地表述了自己的观点和原则。

"文之存亡在述者之明"："广东者，吾之乡也。不能述吾之乡，不可以述天下。文在于吾乡，斯在于天下矣。惟能述而后能有文，文之存亡在述者之明，而不徒在作者之圣。"①

屈大均认为，文化的传播留世，主要在于整理者对家乡的热爱，以及对乡邦文化的透彻理解和充分认识。无论作者的学识、技能和智慧如何渊博、高超，也不能掌握自己著作的命运，后人有义务和责任对先贤所创造出来的文化成果加以保护、整理和研究。其立足点是家乡，并从家乡推广到全国。

"主于文而不主于献""以文而存其人，不以人而存其文"："吾粤旧有《岭南文献》一书，乃督学薪阳张公凤翼所撰，又有《岭南文献续集》一书，督学晋江杨公瞿崍所撰，皆起自唐开元年，至明万历年而止。今合二书为一，删者五之，增者五之。删其不文，增其文。起自汉文帝时，至明崇祯时而止，名曰《广东文选》。"②屈大均不认同《岭南文献》及《岭南文献续集》二书收录作家作品的标准。认为张、杨所选多有"不文"之作，故在编辑《广东文选》时，删去张、杨二书所收录的三分之二。同时新增了汉代赵佗等5家，唐代姜公辅等4家，宋代王陶等10家，元李桂高等4家及明代85家。

"予所选止于文，盖以文而存其人，不以人而存其文。其文未能尽善者，虽大贤弗敢多录。传云'言之不文，行之不远'。"③认为整理文献应以源于广东地方、反映广东历史为原则。他将赵佗《报文帝书》、杨孚《南裔异物志赞》等反映早期岭南地区政治、经济、文化的文章收入《广东文选》，表明整理广东文献遵循以"文"的内容优劣、价值高低为原则，而不以"人"的地位和名气为标准。如其文未能尽善，即使作者是名儒巨硕，也没有选录的必要。

---

① 屈大均：《广东文选·自序》，《广东文选》卷首，《北京图书馆古籍珍本丛刊》第117册，书目文献出版社1989年版，第3页。
② 屈大均：《广东文选·凡例》，《广东文选》卷首，《北京图书馆古籍珍本丛刊》第117册，书目文献出版社1989年版，第3页。
③ 同上。

"以崇正学，辟异端为要"，"务使百家辞旨，皆祖述一圣之言"：众所周知，屈大均有由儒逃禅，由禅归儒，最后崇儒辟佛的独特经历。由于宋明理学至后期因受禅宗影响，有明一代士大夫空谈性理而误国，所以屈大均在其著作甚至在搜集整理岭南文献的实践中一直采取诃诋佛门的态度。即使他极为推崇的陈白沙、湛若水等理学大师也不例外，凡涉及"禅言"，"有伤典雅"者，亦皆"删削勿存"。可见屈氏的良苦用心。

文当"以唐宋人家为归"，诗当"谨守曲江规矩"：屈大均推崇风雅传统在岭南的影响，认为文学的根本目的在于"正人心，维风俗，而培斯文元气"。其《广东文选》收入袁崇焕、邝露、陈邦彦、陈子壮、张家玉、黎遂球等大批明末抗清志士的诗文就是一个例证。

三 《广东文选》是屈大均搜集整理广东文献的重要成果

《广东文选》初名《越语》："窃尝取广东先哲之文，纂为《越语》，以附于左氏《越语》之后。既而思之，不如称为《广东文选》之善。"[①] 这是一部粤人诗文选集。自汉至明，共选录 169 人的作品。其中汉代 5 人，唐代 7 人，五代 1 人，宋代 18 人，元代 5 人，明代 186 人。全书合诏令、疏奏、序记、传论、碑志之属，与赋颂、乐府、四五七言诸体，凡 40 余卷。内有各类文章 483 篇，诗词 757 题 956 首。

此书虽然不是屈大均的理想之作，却是现存最具规模、最能体现他搜集整理广东文献思想和方法的作品。它的作用和贡献远远超乎于"以见大概"的原意。事实上，该书全面客观地展现了广东文化发展的历史轨迹和粤人著述状况。它对广东乃至岭南文化的贡献是巨大的。

《广东文选》有许多资料可作文献校勘之用。屈大均汇编广东文

---

① 屈大均：《广东文选·凡例》，《广东文选》卷首，《北京图书馆古籍珍本丛刊》第117 册，书目文献出版社 1989 年版，第 3 页。

献严谨而准确，编选有据。如卷十七选收了宋代李渤的《侯司空庙碑》，所记为南朝陈韶州曲江著名武将侯安都（字成师）的生平事迹。清时编纂的《全唐文》卷七百一十二亦有李渤《司空侯安都庙记》，但作者误为唐代洛阳人李渤。郭棐《粤大记》卷二十献征类载："李渤，字子文，乐昌人。世业儒，有声岭表。登嘉祐进士，郡人尊之，号为李夫子。尝试南昌，作《闻伯夷之风顽夫廉赋》，中魁，时人脍炙，称为李伯夷。"① 康熙《韶州府志》《曲江县志》，同治《韶州府志》等皆有其传，各志《艺文志》均载有《侯司空庙碑》，明确记载作者为宋乐昌李渤。据此可证《全唐文》因张冠李戴而误收了宋人的著作。

《广东文选》保存了许多稀见文献。历史上，因战乱天灾，或屡遭禁毁，许多粤人文集、诗集或史志久已散佚无存，而其序文则经屈大均搜集整理，完整地保存在《广东文选》中，借此得以流传于世，成为研究广东文献编纂、版本源流的重要依据。如明代郭棐纂修的《粤大记》，现存版本均阙卷首序文，然《广东文选》却收录了郭棐的《自序》及袁昌祚《序》，足可补文献之阙。明代林大钦修纂的《饶平县志》久佚不存，其所作《序》则为屈大均选入《广东文选》中，得以保存。明代王臣、陈元珂修纂的《新宁县志》，现存明版只有明嘉靖二十四年（1545）刻本，然《广东文选》收有明袁昌祚所作《新宁县志序》，可知明代尚有其他版本。我们从袁昌祚的《粤东名臣志序》，得知袁氏曾编过《粤东名臣志》一书。刘轲是唐代韶州曲江进士，其文章在当时曾与韩愈、柳宗元齐名。其一生著作丰富，但绝大多数亡佚不传，陈氏《岭南文献》也没有收录他的文章。屈大均认为，刘轲生平问学，多得力于朋友，弱龄好学，博洽群书，专心儒术，直求三代圣王之道。于《春秋》，得《春秋》之精微；于《三传》，名动一时。"人谓曲江公之后，岭南复有君接武其人云"。于是，他精心搜集整理，将其仅存的十余篇文章"录之为《刘御史集》"。为表彰这位岭南先贤，《广东文选》特地增选其《三传指要

---

① 郭棐：《粤大记》卷20，《日本藏中国罕见地方志丛刊》本，书目文献出版社1990年版，第381页。

序》《王氏广陵散记》《农夫祷》三篇文章。屈大均是系统整理研究刘轲文集的第一人。

1. 《广东文集》与《广东文选》之关系

《文集》为牂牁大洋、罗浮二岳，《文选》为一勺、一卷：《广东文集》与《广东文选》是屈大均搜集整理广东文献的成果，其计划是以先"集"后"选"的次序进行的。对于两者的关系，他作过这样的表述："譬之水焉，《文集》为牂牁大洋，而《文选》为一勺；譬之山焉，《文集》为罗浮二岳，而《文选》为　卷。使观者从一勺以求牂牁大洋，从一卷以求罗浮二岳。是一勺为牂牁大洋之所必须，一卷为罗浮二岳之所不可少。《文选》为《文集》之车右轮，相辅而行，而不可废一者也。"①

《文选》乃《文集》之先声：屈大均搜集整理广东文献，以明张邦翼《岭南文献》、杨瞿崍《岭南文献轨范补遗》为基础，以《广东文选》为先声，编纂《广东文集》是其最终目的。《广东文选·自序》称："吾所以为父母之邦尽心者，惟此书。于先哲之文，如桑与梓。存者为先哲显其日月光华，删者为先哲藏其珠玉瑕类，是吾之所以恭敬也云尔。书成，合诏、令、疏、奏、序、记、传、论、碑、志之属，与赋、颂、乐府、四五七言诸体，凡为四十余卷，梓而行之，以为《广东文集》之先声。"②

2. 《广东文选》的四大突破

在编辑体例上，屈大均明显借鉴和继承了《岭南文献》和《岭南文献轨范补遗》二书，但也注意处理好批判和继承的关系，根据自己对广东历史的考证和整理文献的原则，加以切合实际的取舍和增补，使该书在岭南之概念、文献之含义、时间之跨度，以及编选之范围和内容上都具有突破性的发展。

一是"岭南"概念的突破。认为张、杨二氏的《岭南文献》，名实不符，其所录实止粤东文献。"考唐分天下为十道，其曰'岭南

① 屈大均：《广东文选·自序》，《广东文选》卷首，《北京图书馆古籍珍本丛刊》第117册，书目文献出版社1989年版，第3页。

② 同上。

道'者,合广东西、漳浦及安南国境而言也。宋则分广东曰'广南东路',广西曰'广南西路'矣。今而徒曰'岭南',则未知其为东乎?为西乎?且昭代亦分广东为岭南、东、西三道矣,专言'岭'而不及'海'焉。廉、雷二州为海北道,琼州为海南道矣,专言'海'而不及'岭'焉。今而徒曰'岭南',则一分巡使者所辖已耳。且广东之地,天下尝以'岭南'兼称之,今言'岭'则遗'海'矣,言'海'则遗'岭'矣。或舍'岭'与'海'而不言,将称陶唐之'南交'乎?周之'扬粤'乎?汉之'南越'乎?吴晋之'交广'乎?是皆非今日四封之所至,与本朝命名之实,其亦何以为征?"所以屈大均明确指出:"凡为书必明乎书法,生乎唐,则书'岭南';生乎宋,则书'广南东路';生乎昭代,则必书曰'广东',此著述之体也。"①这是屈大均关于"岭南文化"和"广东文化"地域概念的精辟论述。其所编纂整理的乡邦先贤著述,亦皆以"广东"称之,如《广东文集》《广东文选》《广东新语》等,足见其治学态度之严谨。当然,广东之外,屈大均亦欲将搜集整理的范围扩大至岭南,然积20年之力,《岭南诗选》亦未有成书,乃为憾事。

二 是"文献"含义的突破。认为张、杨二氏的《岭南文献》实"主于文不主于献",名"文献",而所选实多有"不文"之作。乃以文选之实,而易以文献之名,名与实亦不相符。而《广东文选》则"止于文","以文而存其人,不以人而存其文",其原则是"其文未能尽善者,虽大贤弗敢多录"②。可见务实是屈大均对待文化遗产的一贯态度。

三是时间跨度的突破。张、杨二书所收粤人著述,皆起自唐开元,至明万历年而止。屈大均认为:"南越文章,以尉佗为始。所上汉文帝书,辞甚醇雅……予撰《广东文选》以佗始,佗孙胡次之。重其文,亦重其智也。"③《广东文选》上推到汉文帝时代,下限则至明崇祯年间。将粤人著述之始,提前了近900年,更全面客观地展现

---

① 屈大均:《广东新语》卷11,中华书局1985年版,第317页。
② 屈大均:《广东文选·凡例》,《广东文选》卷首,《北京图书馆古籍珍本丛刊》第117册,书目文献出版社1989年版,第3页。
③ 屈大均:《广东新语》卷11,中华书局1985年版,第320页。

了广东乃至岭南文化的状况。

四是编选内容的突破。认为广东之文"始然于汉，炽于唐于宋，至有明乃照于四方。故今天下言文者必称广东"。又云："自洪武迄今，为年三百，文之盛极矣。"① 鉴于这种认识，屈大均在编辑《广东文选》时，其选编范围明显地扩大了，收录重点也更为突出。张氏、杨二氏《岭南文献》共收录作者300余家，屈大均则"合二书为一，删者五之，增者五之，删其不文，增其文"②。其删者近200家，几近三分之二。同时新增了汉代5家，唐代4家，宋代10家，元代4家，明代85家。每一个时期又注意突出重点，尤其是明代部分，其分量更重了。屈大均以点、面结合的架构，汇集了自汉至明广东1800多年中具有代表性的作者及其文献，从政治、经济、历史、地理、文化等多方面展示了广东文化的发展，堪称一部广东文献总集。

四 《广东新语》等是屈大均搜集整理岭南地方史料的重要著作

屈大均举凡广东地文、人文无不详悉，《广东新语》是其史著中的一部力作。全书共28卷，分类记载广东故实，包括天文、地理、山川、矿藏、草木、鸟兽、诗文、食货、民族、习俗等方面，无所不包。于宋末崖山行朝和文天祥等抗元事迹，记述尤详。《货语》《物语》《舟语》等卷所记纱缎、铁器、洋泊等事，可以考见当时广东的手工业、农业生产、对外贸易和西方早期殖民主义者窥伺我国沿海的情况。不但记述翔实，内容丰富，具有极高的史料价值、学术价值，而且还有许多精到又切于实用的观点和可贵的思想内容。当代学者誉之为"广东大百科"。

《文语》和《诗语》是屈大均整理研究广东文献的记录。他借整

① 屈大均：《广东新语》卷11，中华书局1985年版，第316页。
② 屈大均：《广东文选·凡例》，《广东文选》卷首，《北京图书馆古籍珍本丛刊》第117册，书目文献出版社1989年版，第3页。

理编辑《广东文集》和《广东文选》所积累的丰富史料和经验，将研究整理粤人著述的心得，以及具有价值的史实载入《广东新语》。旧志中的"艺文志"，一般只按经、史、子、集四部胪列书目，而《文语》和《诗语》则系统记载粤人重要著述，并考证源流，起到"辨章学术，考镜源流"的作用，比传统的"艺文志"更具学术价值。其《文语》共30条目，从探讨广东学术源流，到记述广东历代经、史、子、集四部文献的编撰情况，反映出屈大均对广东历代学术的全面考察和思考。其"尉佗书"条云："南越文章，以尉佗为始。所上《汉文帝书》，辞甚醇雅……予撰《广东文选》以佗始，佗孙胡次之。重其文，亦重其智也。"① 表明了屈大均整理乡邦文献的一贯原则。其"粤人著述源流"条则系统地记述了汉代陈元父子的学说及其在岭南的学术地位和影响。指出"元父钦，得黎阳贾护之传，直接虞卿、荀况、张苍、贾谊、贯公、贯长卿、张禹、尹更始、尹咸、翟方进、胡常之一脉，源远流长"②。其《诗语》共18条目，从"诗始杨孚"条探讨粤诗的起源，到记述明朝广东诗人、诗社的风格流派，反映了屈大均对岭南诗歌曾进行过长期搜集、整理和系统的研究。《文语》和《诗语》所记载和论述的问题，几乎囊括了经、史、子、集四部各门类的文献，其每记一条，实际上就是屈大均的一篇论文。这实在是对传统"艺文志"的改造和创新，将其称作一部"广东文学史"或"广东文献简史"亦可矣。

显然，除文之外，屈大均对粤人之诗亦做过大量的搜集整理工作，所编《麦薇集》是关于明代遗民之诗集。其序云："尝博观昭代，始自崇祯之季，至于万历之年，为朝者四，为世者一。其间已仕未仕而为逸民者，隐忍而不死者，实繁其人。其身既系乎纲常，其言复合于《风》《雅》，吾谨采之，编为一书，名曰《麦薇集》。……集凡十卷，以明人始，亦以明人终。"③

《诗语》之"宝安诗录"条称："吾粤诸邑，惟东莞诗有合集。

---

① 屈大均：《广东新语》卷11，中华书局1985年版，第320页。

② 同上书，第321页。

③ 屈大均：《麦薇集序》，《翁山文钞》卷1，欧初、王贵忱主编《屈大均全集》第3册，人民文学出版社1996年版，第281页。

区启图尝梓同乡先辈选诗曰《峤雅》，凡五百余家，其书未成。予撰《岭南诗选》前后集，《前集》自唐开元至明万历，《后集》自万历至今。人各有传，仿《列朝诗集》之体，积二十年亦未有成书，可叹也！"① 虽然其《广东文集》书成未刻，《岭南诗选》则未成书，但亦足以证明屈大均对广东历史上的文献做过长期艰苦而具有开创意义的梳理和研究，其编辑整理工作，本身反映了他对岭南文献源流发展的深刻认识，其对岭南文化的繁荣和发展所做出的贡献是巨大的。

屈大均长期游览四方，调查访问，目睹耳闻，并将所得归类整理，撰辑成《皇明四朝成仁录》，具有很高的史料价值，可以补《明史》之不足。南明史学专家谢国桢说："翁山为明季遗民，蓄志恢复，穷究博讨明季爱国志士抗清事迹，所以发潜彰幽，藉以激励名节，如所记东北大连旅顺人民，不为清廷耕种；广东蜑民起义抗清达十余年之久，所记特详，皆为他书所无，搜辑之勤，哀存史料之多，在明季稗乘中，要无出其右者。徐秉义《明季忠烈纪实》，记载虽博，然尚不如此书之详审也。"②

屈大均搜集整理南明时期广东史事特详，如隆武朝收录有《韶州死事传》《海口死事传》；永历朝有《前广州殉难录》《后广州殉难录》《封川死事传》《定安死事传》《南海起义臣传》《东莞起义臣传》《顺德起义臣传》《广东起义诸臣传》《广东死事三将军传》《广东死事四侯传》《潮州死事传》等。屈大均不遗余力，着意搜集和整理明季忠义人物事迹，刻画了一大批舍生取义、杀身成仁、忠君报国、为明朝尽忠的封建时代英雄人物。岭南三大家之一陈恭尹说："吾友屈翁山之为文也，行万里以具刍粮，积五岳以为器甲，而闭户十年，以习于束伍部分之法，其《四朝成仁录》，堂堂正正，不战而屈人者也。他所著撰尚十余种，意不专主于一家一代，自达其意而已。夫兵战者一国之敌，文战者万古之敌。翁山勉乎哉。"③ 这说明屈大均从事搜集整理史实，而加以创作的目的。

---

① 屈大均：《广东新语》卷12，中华书局1985年版，第358页。
② 谢国桢：《增订晚明史籍考》卷9，上海古籍出版社1981年版，第416页。
③ 陈恭尹：《翁山文钞序》，《独漉堂集》卷2，《续修四库全书》第1413册，上海古籍出版社2002年版，第224页。

屈大均整理广东文献的成就还体现在积极参与编纂地志邑乘上。一部地方志的编纂过程，实际上是对该地区历史文献搜集整理的过程。如果没有对该地历史沿革、地理概貌、历代文献的充分认识，就很难以胜任这项工作。据史载，屈大均主持或参与了《广州府志》《永安次志》《定安县志》的编纂工作。可见其整理广东史籍文献是全方位、多角度的，表现出多方面的才能。

　　屈大均开岭南人研究整理粤地文化之先河，是广东有史以来对该地区史籍文献进行全面整理和研究的第一人，在广东文化史上占有重要的地位。主要贡献在于：在理论上，提出了"主于文，而不主于献"，"以文而存其人，不以人而存其文"等整理研究历史文献的主张，以客观务实的态度对待广东文献的历史现状和发展规律。在实践上，对广东有史以来至明代的史籍文献进行全面的梳理总结，搜集汇编了大量的粤人著述和广东历史文献，对文献史料的保存和流传做出了巨大贡献。

　　　　　　　　　　　　　　　（原载《文献》1999 年第 4 期）

阮元《广东通志》中的说粤文献

岭南地方文献的形成和发展，不仅取决于自身的历史、地理条件，也有赖于开放容纳，兼收并蓄。历史上入粤的进步人物及其著述对岭南地方文献的繁荣和发展起着重要的作用。

自汉代至唐代，岭南因五岭阻隔，对外交通不便，与中原地区相比，还是处于一个政治、经济、文化都比较落后的局面。但岭南物产丰富，风俗独异，历来就有学者热衷于传播介绍。特别是大庾岭路的开通，大大促进了岭南与中原的文化交流，推动了岭南政治、经济、科技、学术的发展。明清两代，粤地与海外交往增多，各地人民不断逾岭南来。在进入岭南的人士中，有诗人学者、文臣武将、道释二氏，还有"神仙"吕洞宾等。他们南来，或为朝廷命官，或为生意贸易，或为游山玩水，或为传经说教，又或来作战，或被贬谪，或因避乱流亡等。他们注意到岭南风物与中原不同，因此把在岭南的所见所闻，著作成帙，从各个不同的侧面描述和介绍了岭南山川地貌、风土人情、工艺物产、历史文化、佚闻掌故等，以岭南为题的文献一时十分盛行。

在历代方志中，清代道光初年阮元主修的《广东通志》是学术界公认的具有较高质量的一部，历来为史志专家所重视。其《艺文略》（以下简称"阮志《艺文略》"）凡10卷，分经、史、子、集四部，收录粤人著述2076种。① 其中入粤人士有关岭南的著述多达700余种，如下表②：

---

① 此数不含清乾隆修《四库全书》时所列粤人禁毁书。
② 著录数据清阮元《广东通志·艺文略》，现存数据黄荫普《广东文献书目知见录》统计。

单位：种

	汉	三国	晋	南北朝	隋	唐	五代	宋	元	明	清	合计
经 部	3	3	2			1		1				10
史 部	2	5	10	2	3	19		93	7	183	277	601
子 部		2	29	2		7	1	15			9	65
集 部	1					2		15		17	15	50
小 计	6	10	41	4	3	29	1	124	7	200	301	726

历代入粤人士尚无确切数字，① 表中显示的著作中晋、唐、宋、明、清五个朝代的数量较多，从侧面反映出各个历史时期入粤人士的文化学术活动情况。阮志《艺文略》著录只是有著作传世的小部分，实际当不止此数，保守的估计在千人以上。

阮志《艺文略》收录省外人士著述 726 种，占著录总数的 35%，数量相当可观。四部中，以史籍最为丰富，凡 601 种，占总数的 83%。主要集中在奏疏、传记、地方志和风土杂记诸类，为我们研究岭南历史提供了客观的材料。考察这些著作的内容，绝大部分属于岭南地方文献的范畴。著名者有唐代刘恂《岭表录异》、莫休符《桂林风土记》，宋代周去非《岭外代答》，明代瞿其美《粤游见闻》、华夏蠡《粤中偶记》、马光《粤行小记》，清代吴绮《岭南风物记》。又如《粤东笔记》《粤东见闻录》《粤游日记》《粤游小志》《粤游录》《粤游记》《南来志》《北归志》《楚庭稗珠录》等，以岭南为题的诗文单篇则多达数千首。黄荫普《广东文献书目知见录》著录 479 种（内有少量近人著述），大致反映现存省外人士有关岭南著述的情况。

客居岭南的人士，由于身份、处境各异，其著述中流露的思想感情，以及记载到他们作品中的风物也是不同的。这些著作主要包括两方面的内容：一是以外地人的眼光来记述、描写岭南的史事和风物；二是表现了他们在岭南的生活、斗争及其感受。这些著作是岭南文献

① 黄雨《历代名人入粤诗选》选录汉代邓援等 128 人，李小松《历代寓穗名流》评述赵佗等 34 人，李小松、陈泽泓《历代入粤名人》收入南越王赵佗等 87 人。

的重要组成部分，特别是以岭南为题的作品，为今天的岭南研究提供了丰富的史料。

记载岭南各个时期的重大历史事件，是省外人士著述中的重要内容。有些甚至是首创，填补空白之作。

三国时，吴国陆胤撰有《广州先贤传》，这是岭南第一部人物志，已佚。西晋顾微、裴渊各撰《广州记》，今有陶宗仪辑本。南北朝时期，吴兴沈怀远被徙广州，任始兴王浚征北长流参军。① 流放广州期间（453—464），著有《南越志》一书，记"三代至晋，南越疆域事迹"②。

宋代以后，方志开始由各级行政长官主持纂修。在岭南的外地官员积极参与当地文化建设，如宋代广州知州王靖（山东莘县人）、广南东路经略安抚使陈岘（浙江温州平阳人）、方大琮（福建莆田人）等都十分重视舆地资料的整理与搜集，组织熟悉当地情况的学者修纂了《广东会要》《南海志》诸书，开创了由地方官员领衔、由当地人士集体修志的先例。之后，南雄知州孙崈（河南开封人）主持重修《南雄州志》，雷州知州储罐监修《雷州志》等。现存广东最早最完整的明代通志，就是由广东巡按监察御使戴璟（浙江奉化人）主编的。清代三部《广东通志》，亦分别由历任两广总督金光祖（汉军正白旗人）、郝玉麟（汉军镶白旗人）、阮元（江苏仪征人）等人所修。直隶深泽人王植，宦于粤，"在粤，和平、罗定、新会皆有志"。以明、清两代为例，岭南地区编辑方志共410余部，大部分由地方官领衔，可见驻粤官员对纂修方志的重视。这些史书保存了大量岭南地方史料，对研究岭南经济、政治、文化具有重要价值。

寓粤外地官员中，有不少贤能精干者致力于修水利、固堤防、修学官、废弊俗，为发展地方建设出谋划策。所作有关岭南事史的公文奏疏也是颇有史料价值的文献。阮志《艺文略》著录驻粤官员疏稿凡7部，68卷。著录存者仅有明代叶盛所撰《两广奏草》、清代朱宏祚所撰《清忠堂奏疏》二种。其余皆著录"未见"。

明新建人吴桂芳，嘉靖间曾提督两广军务，时群盗李亚元等连岁

---

① 沈约：《宋书·沈怀文传》附，《宋书》卷42，中华书局1962年版，第2105页。

② 陈骙撰，赵士炜辑：《中兴馆阁书目》卷3，民国二十三年排印本，第24页。

为患，新旧倭继至，吴氏次第奏疏，讨平之。其所奏诸疏编为《督抚两广奏疏》十六卷。太仓人凌云翼亦曾提督两广军务，有《总督两广奏议》十二卷。明莆田人郭应聘曾总督两广，与海瑞躬行俭素，士大夫侈汰之习，为之一变。其有关奏疏编为《总制两广奏议》。明江苏昆山叶盛，天顺二年（1458）巡抚两广，所上疏稿编为《两广奏疏》十六卷。另顾寰有《两广奏议》二十卷、叶绍禺有《按粤疏草》二卷。

清山东高唐人朱宏祚，曾巡抚两粤，提出了许多切中时弊的改革建议，例如"首革庾岭役夫""上盐法八疏"等。《清忠堂奏疏》收编了朱宏祚在广东任巡抚时的部分奏疏，时间始于康熙二十六年十二月（1687），终于三十一年（1692）八月，共75篇。前有梁佩兰序，称其在粤5年，凡上165疏。浙江海宁人杨雍建，顺治十二年（1655）进士，授广东高要知县，陈广东八害，皆切中时弊，历三垣三载，疏前后30上，曾有一日而上9疏的记录，直声震朝野。所上奏疏，收入《杨黄门奏疏》中。湖南人郭嵩焘，曾任广东巡抚，总理衙门大臣，并首任驻英公使，后兼驻法公使。生平于洋务最为热心，所论利害，均洞精入微。其"请将黔抚岑毓英交部议处""疏论洋务""疏请禁鸦片烟"三疏，均卓然可传。诸疏敢于昌言，毫无顾忌，颇具见识。有《郭侍郎奏疏》十二卷。

以下两种为阮志《艺文略》所未载：

（明）金堡《岭海焚余》三卷，皆为奏疏。乃作者职居掖垣及一切封奏之作。上卷十八篇，自明隆武乙酉十月至丙戌八月；中卷、下卷共三十一篇，自永历戊子十一月至庚寅正月。金堡仕隆武、永历二朝，其重要奏疏，略具于此。所上疏如《中兴大计》《时政八失》诸议，无不愤激敷陈，规切时事。

（明）田生金《按粤疏稿》六卷，收入作者任职广东期间所上奏疏103篇，内容大都关涉广东事史，其中6篇为稀见的澳门史料。①

---

① 汤开建：《田生金〈按粤疏稿〉中的澳门史料》，《暨南大学学报》（哲学社会科学版）1997年第4期。

除阮志《艺文略》所列外，现存单行本有关岭南的各类公文奏疏有 50 余部，[①] 另外尚有许多重要奏疏散见于地方志和驻粤官员的文集中。

南来人士为岭南奇特的山川地貌和丰富的工艺物产所吸引。广泛描写岭南各地的山川形势、名胜古迹、风土人情等，是省外人士著述中最丰富的内容。

三国吴万震著有《南州异物志》。旧题晋嵇含所撰《南方草木状》三卷，记岭南及域外草类 29 种，木类 28 种，果类 17 种，竹类 6 种，合计 80 余种植物资料，是我国最早的植物学文献之一。

唐代段公路曾在广州任职，撰《北户录》，"载岭南风土颇为赅备，而于物产为尤详"[②]。此书自南宋尹家书铺刊行后，刊本罕传。刘恂曾任广州司马，足迹遍及广东、广西、海南岛以至越南。撰有《岭表异录》一书，记述岭南地区物产风俗。原书已佚，现存为辑佚本。房千里于太和中谪高州，编山川物产之奇，民情风俗之异，撰为《投荒杂录》。另有《南方异物志》。此外，李翱有《来南录》，李德裕有《南迁录》，孟琯有《岭南异物志》，佚名《续南越志》《岭表异物志》，屈璆有《地志》等。可见唐代入粤人士热衷于记述岭南物产，惜多散佚不存。

北宋编纂的《太平寰宇记》载有佚名所撰《广州山水记》，是较全面地记述广州地区山水名胜的早期文献，惜已佚失。元朝浙江浦阳人吴莱（1297—1340，字立夫，本名来凤），延祐间因举进士不第，遂隐居深山，钻研经史。著有《松阳志略》《甬东山水古迹记》《南海山水人物古迹记》诸书。南海，元代为广州上路，领七县：南海、番禺、东莞、增城、清远、新会、香山。是书虽名南海，实记载七县山水人物古迹。史载他"好远游，尝东出齐鲁，北抵燕赵"[③]。但未见至岭南的记载。

---

① 据骆伟《广东文献综录》和黄荫普《广东文献书目知见录》等书目统计。
② 永瑢：《四库全书总目》卷 70，中华书局 1965 年版，第 623 页。
③ 善广修，张景青纂：光绪《浦江志略》卷 7，清光绪三十一年活字增补本，第 8 页。

明江西泰和人郭子章平生所作诗文，皆每官一地即为一集。明万历年间官广东潮州知府，故有《粤草》十卷。《四库全书总目》入存目，有江西巡抚采进本。

　　清顺治十三年至十四年（1656—1657），浙江秀水人曹溶官广东布政使。公务之余，登山临水，赠诗酬答，往来唱和。其间所作古体诗凡30首，近体诗281首，编为《粤游草》一卷。曹氏勤于阅读，博览群书，学力深厚，著作丰富。少时即有诗名，时人将其与龚鼎孳合称"龚曹"。其官广东期间的诗作题材广泛，或直接反映岭南民生疾苦，富于现实意义；或登山临水，吊古伤今；或赠诗酬答，往来唱和。着力描写和歌咏岭南的山川河流，展示岭南社会风貌。此集已收入其《静惕堂集》中。《四库全书总目》入存目，有两江总督采进本。

　　清康熙十七年（1678），浙江钱塘人茅兆儒由家乡至广州，途中游历62日，所经历的事物，每一件则加一题，以一首绝句记之，凡作诗140多首，成《粤行日纪》一卷。康熙二十一年（1682）居韶州，选240种方物，每一种加一题，在题下略注其形状，再以一首七绝句记之，成《岭南方物纪》一卷，后合刻为《岭南二纪》二卷，都是绝句形式的记游诗。《四库全书总目》入存目。为浙江巡抚采进本。

　　清翁方纲曾视学广东达8年之久，搜访整理广东全境金石文字约500种，经编辑考释，撰为《粤东金石略》十一卷。所附《九曜石考》二卷，是目前关于广州著名古迹药洲的记载中最有参考价值的文献。在广东所写诗歌则刊为《药洲集》八卷。

　　在明清入粤人士的作品中，出现了西来的商人、基督教徒以及港澳景物等。此类著作不仅具有文学价值，而且还具有很高的历史文献价值。他们在岭南歌赋的结集，也丰富和充实了岭南文献的内容。

　　南来学者留意收集、整理、评介粤讴、竹枝词等民间文学。清广东学政李调元在修和原《粤歌》、赵文龙《瑶歌》、吴氏《狼歌》、黄道《僮歌》的基础上，从两粤民间广泛收集材料，编纂为《粤风》四卷。集中卷一、二为采自民间的诗歌，有五言、六言、七言等多种形式，大多短小精悍。除一些反映农民生活（如隔水、种田、灌溉）的诗作外，亦有不少反映青年男女爱情的诗篇，如《蝴蝶思花》《相思曲》《妹相思》《杂歌》等，均颇为大胆，清新可人。卷三、四则为《狼歌》和《僮歌》。以一问一答歌唱的形式为基本特征，向人们展现出清代两粤地区少数民族（尤其是峒人）的风貌。作者并于书中详加注释，比较翔实地记载了《狼歌》和《僮歌》的歌词、唱法、渊源、作用、音韵、格式等情况，具有较高的史料价值。另外，李调元的《粤风集》《粤东古观海集》《粤东笔记》中也收录了许多岭南民歌，使之流传至今。

清浔州（今广西桂平）人推官吴淇，杂采当地土人歌谣，又附瑶、狼、僮歌数种，汇为《粤风续九》四卷。所言"续九"，乃以屈原有《九章》《九歌》，拟以此续。集中所录虽多为情歌、俚语，却对研究粤地少数民族风情，具有一定的认识价值。《四库全书总目》入词曲类存目，有两淮盐政采进本。

外地人士在粤以诗会友，赋诗言志抒情，与当地人民结下了深厚友谊，谱出了许多感人的篇章，亦留下了珍贵的文献资料。

浙江仁和人杭世骏曾为翰林院编修，又是一位很有才华的江南诗人。他应聘来粤，为粤秀书院山长。在粤期间，他与当时的岭南诗人何梦瑶、陈华封、罗元焕、铁狮等人结成文字之交。城里的古迹、名胜，都留有他们的题吟。珠海云山之间，常见他们的游踪。他将在粤所写诗歌491首辑成《岭南集》，为其诗文集之冠。如《元夕访李上舍琯朗一篑山房诗》《十六夜复集山房》《十七夜公燕李忠简（昂英）公祠》《喜李大生大作自陈村至》　《小集讲院诗》，又为《冬见题像四首》等。①

说粤文献对岭南史事的记载和描述不可避免地存在不够精确之处，但其作者更为客观地审视和记录了岭南的方方面面，洵为研究岭南历史的珍贵资料。

（原载《中国地方志》2009 年第 11 期）

---

① 罗元焕：《粤台征雅录》，《丛书集成初编》本，中华书局1991 年版，第 15 页。

《粤雅堂丛书》校勘及其跋语考略

一　谭莹与《粤雅堂丛书》

《粤雅堂丛书》乃伍崇曜所辑刊。伍崇曜（1810—1863）原名元薇，字良辅，号紫垣，商名绍荣，广东南海人。据宣统《南海县续志》记载，他的父亲"多财善贾"，相当富有。伍氏承其家业，经营广州十三行的"怡和行"。曾被清政府授予钦赐举人、候补郎中、候选道、加布政使、荣禄大夫等职衔。同时，他又乐于捐赈、捐饷、均摊、假货，不可胜计。但他身后享有盛誉的，却是刊刻秘籍巨编，凭借其雄厚的经济实力，招揽人才，校刻古书。其延同邑谭莹为辅导，先后汇刻了《岭南遗书》《粤十三家集》《楚庭耆旧遗诗》等，所刊刻之丛书为南粤之首。其中最有影响的是《粤雅堂丛书》。

《粤雅堂丛书》从道光三十年（1850）开雕，中经咸丰、同治，至光绪元年（1875）告竣，历时二十五年，前后共出初、二、三编，合三十集，收书二百一十三种，一千三百四十七卷。这套丛书有个显著的特点，就是各书均附有署名伍崇曜的跋语。根据历史记载以及前人的考证，实际上这些跋语主要出自始终任该丛书校勘之责的谭莹之手。谭莹（1800—1871）字兆仁，号玉生。伍崇曜之同邑好友。光绪二十四年（1844）举人，历官肇庆府学教授、嘉应州学、化州学训导、琼州府学教授、加内阁中书衔等。曾任学海堂学长，广东粤秀、越华、端溪书院监院数十年。其学识渊博，强记过人，"于先哲嘉言懿行，及地方事沿革变更，虽隔数十年，述其颠末，丝毫不爽"①。他很早就得到阮元的赏识，"弱冠应童试时，仪征阮元督两粤，以生日避客，往山寺见莹题壁诗文，奇之，告县令曰：'县有才人，宜得之。'令问姓名，不答。已而得所为赋以告元，元曰：'是矣。'逾年，元开学海堂于粤秀山，课士以经史诗赋，见莹所作《蒲涧修禊序》及《岭南荔枝词》百首，尤为激赏"②。其推重如此。谭氏少时与侯康交莫逆，以文学相砥砺。又曾经偕同邑熊景星、徐良深，汉军徐荣，顺德梁梅、邓泰，番禺邓棻，结"西园吟社"。后与侯康、熊景星、仪克中、黄子高同为学海堂学长，从此文誉日噪，凡海内名流游粤，无不慕名而与之交往。其善诗文，尤工骈体文，《清史列传》称其"沉博绝丽，奄有众长。粤东二百年来，论骈体必推莹，无异辞者。诗初以华赡胜，晚年为激壮凄切之音"③。当时就有"粤东固多隽才，此手合推第一"以及"骚心选手，独出冠时"之誉。传世之作有《乐志堂诗集》十二卷《续集》一卷、《乐志堂文集》十八卷《续集》二卷。

谭莹生平致力于编纂广东文献，曾编修《广州府志》《南海县志》等。然其成绩最著者乃助好友伍崇曜整理乡邦文献，刊刻孤本秘籍。道光《南海县志》谓："（莹）有功艺林，尤在刊刻秘籍巨编泊粤中先正遗书一事。初，粤省虽号富饶，而藏弆家绝少，坊间所售止学馆所诵习泊科场应用之书，此外无从购买。自阮元以朴学课士，经史子集渐见流通，而本省板刻无多，其他处贩运来者价值倍昂，寒士艰于储蓄。莹与方伯伍崇曜世交，知其家富于资而性耽风雅，每得秘本巨帙，劝之校勘开雕。其关于本省文献者有《岭南遗书》六十二种，《粤东十三家集》各种，《楚庭耆旧遗诗》七十二卷，此外，有《粤雅堂丛书》一百八十种，王象之《舆地纪胜》二百卷，莹皆为编订而助成之。"④《清史列传》亦云："（莹）博考粤中文献，凡粤人著述，蒐罗而尽读之。其罕见者，告其友伍崇曜汇刻之，曰《岭南遗

① 《清史列传》卷73，中华书局1987年版，第6065页。
② 同上。
③ 同上书，第6066页。
④ 郑梦玉修，梁绍献纂：道光《续修南海县志》卷18，清同治十一年刊本，第15页。

书》五十九种，曰《粤十三家集》一百八十二种，选刻近人诗，曰
《楚庭耆旧遗诗》七十四卷。复博采海内书籍罕见者汇刻之，曰《粤
雅堂丛书》一百八十种。凡为跋尾二百余篇，其考据淹博如此。"①
谭莹在《粤雅堂记》中亦承认："曾为搜罗，实襄雠校。"② 综观以上
诸说，证实伍氏所刻丛书以及《粤雅堂丛书》之跋语，皆为谭莹自
为编订而助其成，伍氏不过是出资挂名而已。除此之外，番禺潘仕成
所辑刻之《海山仙馆丛书》，亦延谭莹校定之，世称善本③。谭氏为
之代撰《海山仙馆丛书序》一篇，收录在《乐志堂文集》中。

二　谭莹校勘之功

《粤雅堂丛书》和乾嘉以来的许多优秀丛书一样，收书务必求全，
其中有许多难得之足本。如《焦氏笔乘》，四库馆臣所见之本仅八
卷，此为六卷，尚有续集八卷，共十四卷，较为完备。汪中的《述
学》，《粤雅堂丛书》本不仅有补遗一卷、别录一卷为《文选楼丛书》
本所无，而且还可补正其他不少脱讹，也是一个完善之本，谭莹跋称
此本使"容甫（汪中）之学乃尽传于世"④。其他如《李元宾文集》
《虎钤经》《东城杂记》《陶庵梦忆》《唐才子传》等也都力求搜访足
本，较他本完备。这些难得的足本给丛书添色不少，谭莹之力之功
大矣。

在校勘方面，谭莹的态度极为认真细致，许多书都努力网罗善
本。虽然《粤雅堂丛书》所收宋元刊本不多，但有不少难得的旧本
和精校本，其中一些影宋影元抄本和一些清人校本的价值较高。如
《九经补韵》，吴琯刊本舛讹错乱，不可究诘，清代学者钱侗得影宋
抄本进行校勘。秦鉴《九经补韵考证跋》云："杨书韵无目次，补

---

① 《清史列传》卷73，中华书局1987年版，第6065页。

② 谭莹：《乐志堂文集》卷11，《续修四库全书》第1528册，上海古籍出版社2002
年版，第238页。

③ 梁鼎芬修，丁仁长纂：宣统《番禺县续志》卷19，民国二十年刊本，第30页。

④ 伍崇曜：《述学跋》，《述学》卷末，《粤雅堂丛书》三编第二十五集，清道光光绪
南海伍氏刊本。

缀于前，吴本字半妄增，辨详于后。要归至善，罗扶靡遗。"① 其所言皆有依据，《粤雅堂丛书》即用此本。《帝范》，《四库全书》《永乐大典》本传写多所脱误，此所用为日本刊本，与源出《大典》的武英殿聚珍本有一百二十余字不同，许多讹误借此本得以纠正，诚可宝贵。他如《汉唐事笺》为影抄元至正本，《续谈助》为黄丕烈士礼居所藏旧抄本，《词源》《乐府雅词》《名儒草堂诗余》等为清人校本；均可称为善本。在校勘时，谭氏除每书用多种版本进行对校外，还广泛地利用了类书、古注、史传及他书所引之文进行了细致的勘比，纠正了不少错讹夺脱。如《虎钤经》所得之本，错讹颠倒几不可读，经过校勘复正六百四十六字，更改二百字，补三十六字，添注一百九十字。《舆地碑记目》用了五个版本进行勘对，所脱近六百字，都据别本补入，还改正了二百多字，可见拂尘扫叶之功之大。

在校勘的过程中，对于原书和他书所载不一致的地方，以及原书内容缺略之处，谭莹进行了详细的考订，并在跋语中指出其所误，补充其所遗。如在《京口耆旧传》中所载米芾卒时为五十七岁，而《宋史》本传所载为四十九岁。谭氏考米芾生于皇祐三年（1051），见米氏所作"谢安帖"及"岳珂获砚帖跋"，到大观元年（1107），正五十七岁。如为四十九岁，则证以米氏名墨迹皆不符，可见《宋史》误。在《乾道临安志》一书中，谭莹除指出卷二有一处年代所载有误外，又用王象之《舆地纪胜》所引此书进行了考订，发现《舆地纪胜》所引有九条不见于此书，因而俱罗列在跋语中。虽吉光片羽，弥足珍贵。在《三国志补注》跋语中，据《魏武帝纪》《历代名画记》《群书治要》《晋书》《文选注》《宋书》《南史》《集古录》《册府元龟》《殷芸小说》《太平寰宇记》《水经注》《南海古迹记》等二十种书，列出二十条为《三国志补注》所遗。对补正原书具有重要的价值，可见谭莹用心之至。

---

① 伍崇曜：《九经补韵跋》，《九经补韵》卷末，《粤雅堂丛书》二编第十七集，清道光光绪南海伍氏刊本。

三 《粤雅堂丛书》跋语之学术价值

谭莹是一位学识渊博的学者。他为《粤雅堂丛书》所写的跋语体例一致，很有章法，征引广博，功力较深，非广览群书则不能为。他对我国刘向、刘歆以来校订古籍的一些方法有所继承。汉成帝时，刘向曾主持整理校勘国家藏书，具体校理经传、诸子、诗赋等类。校毕，撰成《别录》一书，在我国目录学史上产生重大影响。河平中，其子歆奉诏与父领校秘书。向死后，总校群书，以《别录》为基础，撰成《七略》，为我国最早的图书分类目录。歆校书时，极推重古文本，曾建议将《周礼》《左传》《古文尚书》等古文经立于学宫，遭到今文博士的反对。有关刘氏父子治校雠之法，近人孙德谦著有《刘向校雠学纂微》一书推阐其学说。并将刘氏治校雠学之方法归纳为二十三条：备众本、订脱误、删复重、条篇目、定书名、谨编次、析内外、待刊改、分部类、辨异同、通学术、叙源流、究得失、撮旨意、撰序录、述疑似、准经义、征史传、辟旧说、增佚文、考师承、纪图卷、存别义。综观谭莹为各书所作跋语，很多地方都吸取了刘氏的经验。譬如在跋语中概述作者生平、学术造诣，分析书的内容、撮其旨意、评论得失，注重辨章学术、考镜源流等，颇有《四库全书提要》的意味，有些又为《四库全书提要》所不及。这些跋语成为伍崇曜所刊丛书的重要组成部分，具有不可忽视的文献价值，有许多可取之处，尤其是以下三点最为突出。①

首先，概述作者的学术造诣及其渊源。如在孙星衍所辑《孙氏周易集解》的跋语中，指出作者"习篆籀古文声音训故之学""学以汉魏诂训为宗，钩深索奥，孙谷、董悦所弗能逮"②，使我们感到孙氏辑此书具有深厚的知识基础。在翁方纲《苏米斋兰亭考》跋语中云："自姜夔撰《禊帖偏旁考》，桑世昌撰《兰亭考》，俞松撰《兰亭续

---

① 参考并引述李春光《古籍丛书述论》，辽沈书社1991年版，第251—253页。

② 伍崇曜：《孙氏周易集解跋》，《孙氏周易集解》卷末，《粤雅堂丛书》二编第十六集，清道光光绪间南海伍氏刊本。

考》，言禊帖者宗焉。先生复撰此书，王兰泉《蒲褐山房诗话》称其精心绩学，剖析毫芒，几欲驾昔人而上之，洵不诬也。"又称翁氏："一生心力所注尤在禊帖……今复读此书，益知其生平服习，穷幽极微，即论书法，于本朝亦当高据一座。"① 读此文不仅可知以前有关《兰亭考》的一些著述，亦可知翁氏在书法方面确有很深造诣及其在书法方面的地位。在贾昌期《群经音辨》跋语中指出："是书悉本汉唐诸儒章句注疏之学，视介甫（王安石）之《新义字说》实迥不相侔。"又云："是书恪守先民矩矱，视《七经小传》之好以己意改经，尽变先儒淳实之遗风者，实大相径庭哉，殆小学家必不可废之书。"② 这些见解对于我们阅读和研究原书具有启示和参考价值。

其次，分析书的内容，说明学术价值，并评论其得失。在跋语中对书的内容、特点作了简明扼要的概括。有些议论很精辟，并在肯定其价值的同时又指出其不足。如在元辛文房《唐才子传》跋语中称："其书评骘精审，似钟嵘《诗品》；标举新颖，似刘义庆《世说》；而叙次古雅，则又与皇甫谧《高士传》等相同，而且各小传必注明登某人榜进士，尤足以资考证。"并指出此书可以补正他书的错误和遗漏。谓："中如李白传云：'天宝初，以所业投贺知章，有《蜀道难》一篇，足订《云溪友议》称白作《蜀道难》以讽严武之误。贾岛传载韩昌黎赠诗一首，自来韩集皆未收，尤亟当据此书补入者矣。'"③ 在郝懿行《晋宋书故》跋语中，一方面指出此书"于晋宋书音训名义，皆能指其要而撷其精"；另一方面指出还有引申不够之处。如对"膏粱"一条就补充说：魏孝文帝迁洛时"有八氏十姓三十六族九十二姓之制，凡三世有三公者曰膏粱……是北朝亦染其习，且以膏粱为世族极贵之尊称"④。在《蜀中名胜记》的跋语中也在肯定此书"博

① 伍崇曜：《苏米斋兰亭考跋》，《苏米斋兰亭考》卷末，《粤雅堂丛书》二编第十五集，清道光光绪间南海伍氏刊本。
② 伍崇曜：《群经音辨跋》，《群经音辨》卷末，《粤雅堂丛书》二编第十七集，清道光光绪间南海伍氏刊本。
③ 伍崇曜：《唐才子传跋》，《唐才子传》卷末，《粤雅堂丛书》三编第二十八集，清道光光绪间南海伍氏刊本。
④ 伍崇曜：《晋宋书故跋》，《晋宋书故》卷末，《粤雅堂丛书》三编第二十九集，清道光光绪间南海伍氏刊本。

引繁征，极为赅备"的同时，又列举五条指出其小有舛误。这些提要式的跋语对我们全面了解该书很有裨益。

最后，对史志及书目著录的补正。由于谭莹所作跋语援据广博，考辨精详，有的对史志书目的提法进行了驳正，有的则对《四库全书提要》作了重要补充。如《焦氏笔乘》，《四库全书总目》所载为八卷本，提要称此书"多剿袭说部，没其所出"①。而《粤雅堂丛书》本为正续十四卷，跋语云："提要作八卷，或采进本偶殊。是书所录医方一卷及续录，均注出典。"又说"书实淹博，似不让杨用修、朱郁仪"②，补正了《明史·艺文志》和《四库全书总目》等书的笼统说法。又如苏籀《双溪集》，《四库全书总目》说此集中有上秦桧二书及庚申年拟上宰相书，"皆极言和金之利。所以归美于桧者无所不至，不免迎合千进之心。又杂著中别有《进取策》一篇，复力言攻刘豫以图金。前后议论，自相矛盾。盖皆揣摩时好以进说"③。而谭莹跋语中指出苏籀"尝赋《南园诗》云：'花骢油壁隐轻雷，消却冰山不复来。坟土未干为馁鬼，园花虽好为谁开。'……殆暮年之作，阅历已深，亦知冰山之不足恃欤！"④认为其晚年经过反思，有所悔悟。胡玉缙赞同此说，并将其采录在《四库全书总目提要补正》中。

由于谭莹为《粤雅堂丛书》所作跋语在目录学、文献学上具有较高的价值，胡玉缙在编纂《四库全书总目提要补正》时多所采用。据粗略统计，在《四书逸笺》《瑟谱》《古韵标准》《四声切韵表》《咸淳遗事》《昭忠录》《中吴纪闻》《东城杂记》《国史经籍志》《五代诗话》《月泉吟社》《玉笥集》《志雅堂杂抄》等书之后引用或提及谭莹为《粤雅堂丛书》所作跋语近 30 条（详见附目），并且绝大部分是正面引述，在其案语中作为立论的根据。如在《瑟谱》条有

① 永瑢：《四库全书总目》卷 128，中华书局 1965 年版，第 1103 页。
② 伍崇曜：《焦氏笔乘跋》，《焦氏笔乘》卷末，《粤雅堂丛书》初编第一集，清道光光绪间南海伍氏刊本。
③ 永瑢：《四库全书总目》卷 157，中华书局 1965 年版，第 1357 页。
④ 伍崇曜：《双溪集跋》，《双溪集》卷末，《粤雅堂丛书》初编第八集，清道光光绪间南海伍氏刊本。

"此说足补熊氏之遗"①，在《西洋朝贡典录》条有"此论足正提要之失"② 等语，对这些跋语给予较高的评价。谭氏的跋语为《四库全书总目提要补正》提供了不少有价值的补正资料。

《粤雅堂丛书》是清代后期一部质量很高的私刻丛书。其规模和乾嘉时期的鲍氏《知不足斋丛书》相仿，风格亦比较接近，同时又有自己的特色，自刊刻行世，即引起了许多学者的重视。张之洞在《劝刻书说》中曾对此书大加推崇，认为它和鲍氏《知不足斋丛书》、黄氏《土礼居丛书》、钱氏《守山阁丛书》和《指海》等一样，"可决其五百年中必不泯灭"③，并把它作为勉励后人刻书的典范。刘锦藻认为"是编亦戛戛独造"，而《岭南遗书》则"视李调元之《函海》，赵绍祖之《泾川丛书》，于乡邦文献，同爇心香，良可宝也"④。伍崇曜保存、流传古籍之力，我们当然应予以肯定，而谭莹搜访、整理、编订、校勘之功及其所作跋语在目录学、文献学上的贡献也是值得赞扬的。

附录：《四库全书总目提要补正》引用《粤雅堂丛书》跋语简目

1. 《四书逸笺》六卷（卷九四书类）
2. 《瑟谱》六卷（卷九乐类）
3. 《古韵标准》四卷（卷十二小学类）
4. 《四声切韵表》一卷（卷十二小学类存目）
5. 《咸淳遗事》二卷（卷十八杂史类）
6. 《昭忠录》一卷（卷十九传记类）
7. 《中吴纪闻》六卷（卷二十三地理类）

---

① 胡玉缙：《四库全书总目提要补正》卷9，中华书局上海编辑所1964年版，第238页。
② 胡玉缙：《四库全书总目提要补正》卷23，中华书局上海编辑所1964年版，第642页。
③ 范希曾：《书目答问补正》附一，上海古籍出版社1983年版，第341页。
④ 刘锦藻：《清朝续文献通考》卷271，商务印书馆民国二十五年版，第10160页。

8.《东城杂记》二卷（卷二十三地理类）

9.《潞水客谈》一卷（卷二十三地理类）

10.《西洋朝贡典录》三卷（卷二十三地理类存目）

11.《舆地碑记目》四卷（卷二十五目录类）

12.《国史经籍志》六卷（卷二十五目录类存目）

13.《述古堂书目》无卷数（卷二十五目录类存目）

14.《唐史论断》三卷（卷二十六史评类）

15.《知言》六卷（卷二十八儒家类）

16.《志雅堂杂钞》一卷（卷三十九杂家类存目）

17.《焦氏笔乘》八卷（卷三十九杂家类存目）

18.《南部新书》十卷（卷四十一小说家类）

19.《道德真经注》四卷（卷四十二道家类）

20.《双溪集》十五卷（卷四十八别集类）

21.《玉笥集》十卷（卷五十二别集类）

22.《古欢堂集》三十六卷附黔书二卷长河志籍考十卷（卷五十四别集类）

23.《秋笳集》八卷（卷五十五别集类存目）

24.《月泉吟社》一卷（卷五十六总集类）

25.《谷音》一卷（卷五十七总集类）

26.《五代诗话》十卷（卷五十九诗文评类）

27.《四书逸笺》六卷（补遗·四书类）

28.《五代诗话》十卷（补遗·诗文评类）

29.《日湖渔唱》一卷（未收书目·卷一）

（原载《文献》1997 年第 1 期）

清代广东按察使司的《六房须知册》[*]

  暨南大学图书馆所藏古籍中有一部《六房须知册》，它是清代广东提刑按察使司的内部档案，记录了广东按察使司的内部运转情况。此档案对研究地方史事有一定的史料价值，且鲜见报章刊载，特简述如次，以飨读者。

一 《六房须知册》版式及内容构成

  《六房须知册》一册，为手写本，无书名，无卷数，毛装。以苏州码标记叶序，凡56叶。半叶9行，每行字数不一。遇有"朝廷""某大人""大老爷""敕"等字皆顶格写，每两叶订合处中缝均钤盖"广东等处提刑按察使司兼管驿传事"朱印。从笔迹来看，《六房须知册》字体大小不一，风格迥异，当经多人之手先后记录而成。从行文的特点和所记内容来看，当出自广东按察使司书吏之手。书中夹带小纸一张，上书"遵检六房须知册一本送核至积案房并无须知册合并禀明谨禀"26字，最后一叶记事止于光绪四年（1878）。

  据此可知，《六房须知册》是记录广东提刑按察使司六房科执掌事宜的簿册。册内罗列吏北房、吏南科、户北科、户南科、礼北科、礼南科、兵北科、兵南科、工北科、工南科、勘合科、承发科、架阁房等部门办理公务的须知事项。

  清代地方各衙署，如地方三司（布政使司、按察使司、都指挥使司），还有地方的府、州、县等，均设有吏、户、礼、兵、刑、工六

---

  * 与许起山合作。本人排第二。

房，与中央政府的"六部"对应。地方官新任，六房书吏要事先准备迎候接待，并将各房科执掌事宜造册报明新任官员。官员接任，首先要做的事情就是所谓的"看须知"，以便了解本衙门日常工作内容及各房的分工情况。

按察使司是清代在地方设立的省一级司法部门，主管一省的刑名、诉讼事务，同时也是中央监察机关——都察院在地方的分支机构，对地方官员行使监察权。主管官员为按察使，简称按台、臬台、臬司和廉使。本文所述即广东按察使司六房须知文册。

二 《六房须知册》中各房主要执掌须知事项

《六房须知册》中对各房执掌及所列主要须知事项如次。

吏北科。主要负责来往官吏的迎送，迎送时各派两名吏员；六房吏 30 名应役满 5 年后，由本房负责招募新吏、筛汰旧吏；本司某房有吏役遇缺，出原属本科公簿交由主管本司官员批次；督抚两院批行词状有积蠹书役，也由吏北科承行。分管惠州府、嘉应州兴宁县、长乐县。

吏南科。在新任按察使谒见督抚前，吏南科要为其准备好督抚自任官衔、履历等，并随具本司印信、履历及新任官员到任文书等；监督各府州县肃清吏治，严禁地方官员侵挪钱粮、加收火耗、滥抓夫务、纵蠹害民等；由吏南科派出吏员一名与其他二司一道携带批文迎候新任督抚，迎候时需带上本司主管官员履历、须知册等，同时另派一名吏员相送旧任；督抚提镇出巡时，由吏南科派一名吏员前去迎送；将按察使司处理案件的情况呈报新任督抚。吏南科分管南雄州、韶州府、连阳等地。

户北科。职能与吏南科一样，皆有监督官员、举报不法等事权，还要监管官员私抽商贾、包揽税饷及私抽竹木鱼肉等，并把各房所追赃银登记造册，汇总后汇交督抚。户北科分管地方为顺德县、四卫所。

户南科。户南科的职能，《六房须知册》中记载较为简略，主要负责私产被侵吞案件。户南科分管南海县、三水县、香山县、省城内外城厢。

礼北科。主要负责秋审重犯的准备和文字工作；确保犯人转移的顺利进行；处理各州府的越狱案件；申报犯人的姓名及囚粮报销册送籍，审办光棍赌博；负责处理地方府州县申报及上级批行的文武官员窝赌案件；处理府州县申详及上级批示的有关诱拐及拐卖各事件。礼北科分管琼州府、东莞县、新安县、海南卫所。

礼南科。礼南科职能较杂，负责刊印关防告示，记录官员升迁情况、敕书、各大节日庆典、拜贺旄表，及对孝子顺抄、义大贤妇、义官封荫等的褒奖，同时也监督乡绅、举贡、生员等的不良行为，查报忤逆不孝、邪教、伪造假印牌票等。礼南科分管增城县、龙门县、鹤山县、廉州府。

兵北科。主要处理军队、武举、武丁、盗贼谋反等案件；清查保甲、团练、乡勇，修理营房、船只等；负责除广州四卫外的军政卫所各官吏假欺屯粮等案件。兵北科分管高州府及从化县。

兵南科。兵南科有门子4名，禁子16名，皂隶11人，具体职能不详。兵南科分管潮州府。

工北科。官员到任负责修缮其日常住行所需衙署房屋；负责修理城池、盐仓房舍，设立更楼、木栅等；监管铜铅铁锡等矿及行查私铸铜钱、私宰耕牛等。工北科分管雷州、新会县、新宁县。

工南科。工南科的职责记载不详，分管肇庆府、罗定州、香山澳地方。

勘合科。负责都察院、督抚两院与按察使司文件收发与审核。勘合科分管番禺县、清远县、省城内外城厢。

承发科。主要负责收发按察使司主管官员公文；督抚两院下行的公文及按察使司发出的公文，皆要经过承发科登记后发至各处；处理按察使司每年造报积牍略节文册；采访民间案情；审发各房审理的案件等。承发科分管地不详。

架阁房。架阁房有吏员30名，主要职能是查办各地赃赎、积赎银两，查明收贮登记后，视各房出文照数支解，合理支配查收来的赃款。架阁房分管花县。

三 《六房须知册》反映的地方史事

按察使司每省皆设，职能大略相同，但每省根据具体情况又各有侧重。《六房须知册》在记载按察使司处理各项事务时，涉及广东地区的一些具体情况。

首先，按察使司与南海、番禺二县有着密切的关系。吏南科"若奉行造册所需纸张笔墨等项例行南、番二县取办"（第4叶），户北科"所需纸张笔墨例行南海县取办"（第5叶），礼北科"处决应用纸札墨书役例行南、番二县办，应用砵砚等项亦由两县捐办"（第7叶），工北科"本司衙门凡遇新任，预行南海县估计修理""本司新任轿伞执式并衙门椅桌床凳厨头家伙什物，例行南海县办应"（第10叶）。由此可以看出，按察使司的日常所需，多从南海、番禺二县获取。南海、番禺两县为广东的首县，经济方面要优于其他属县，《六房须知册》中多次提到按察使司与两县的关系，除了令其提供日常所用纸墨等，还在按察使司公务繁忙时，"赶写不及，势必复向南、番二县提取小书"（第19叶），"雇募帮帖缮写"（第20叶）。两县还要为按察使司提代一些办公经费等。

其次，按察使司各房更班制出现的问题及其处理措施。广东按察使司实行更班制，即按房把书吏分成数班，按季轮流值班。至于上、下两季更换班的具体时间，起初并没有明文规定，直到乾隆十五年（1750）才"批定六房吏书定于每年季首十二日更换"（第20叶）。这种按季更班的做法存在弊端，如一些案件在下班入值时，上班还没有处理完，而下班对案件不甚了解，影响处理案件的进度。嘉庆六年（1801），按察使对各房书吏的办事效率低下提出了严厉批评，并提出解决办法：第一，挑选对业务熟悉的"谙练书办五人进署专司册籍"；第二，上、下班交接时，上班要留人帮助下班熟悉未结事务；第三，各项事务规定完成时间；第四，处罚办理不善的人员；第五，"遇重要案件，仍随时酌发小书帮缮"等（第22—34叶）。这些办法虽然短期内提高了按察使司的办事效率，但随着官场的日益腐败，以及精干的主管官员调离，一些恶习又死灰复燃。

最后，各房相互推诿，消极怠工。各房之间的互相推诿、挑肥拣瘦，对按察使司衙门的正常运转极为不利。《六房须知册》第21叶中记录了乾隆五十六年（1791）两起无人过问的"流兵牌尾封口"和"犯人左面刺字"案件，主要是工南科与礼北科相互推脱责任，认为两案应归对方处理。最终，由按察使明确规定两科的职责范围。但这样的处理方式并没有提高效率，到了嘉庆八年（1803），许多案件"积迟至三四年未办"（第23叶）。《须知》第35—39叶中，按察使根据各科的性质、工作量的大小等，合理分配办事书吏及所需物资，记录十分详尽。但同治十年（1871），广州满洲副都统在任病故，在处理分给粮单时，依然出现了承发科、兵北科相互推诿的情况。

按察使运用各种方法，试图改变各房互相推诿的情况，但效果十分有限。书吏在回应上级指责办事效率低时，提到"案牍繁多，办事人少""廪给无几""报充者益少，籍事告退者渐多"情况（第22叶）。考虑到实际情况，按察使认为"事历数载，过非一人"，对书吏的"积久玩误，不但宽其究惩，而反加之赏赉"，拨赏银100两，希望他们能"将功补过"（第30叶）。《六房须知册》第39叶中记述了嘉庆十三年（1808）按察使对书吏们屡屡提到的"清苦情形"有了回应，同意"筹拨闲款，酌量帮贴"，但要求他们毋再"观望迁延"，尽快做事。并且强调如果"办事妥帖"，还可升职（第40叶）。但"涓滴之水，不足以濡涸辙"，书吏以"纷纷求退"相威胁，要求给予更多补助（第41叶），并把目光盯在了估变赌馆，以交商生息获得好处。《六房须知册》从第41叶到第56叶，详细记录了从嘉庆到光绪间，按察使在书吏的强烈要求下，对番禺、南海等县赌馆的估卖与交商生息，"以岁收租息，为本衙门各班吏书经费，以资办公"（第42叶）。但"非奸徒买还，即业主更名买回，乘间仍复租开赌馆"（第42叶），这也是这一时期广东地区的赌馆屡禁不止的重要原因。

广东按察使司《六房须知册》，对了解清代广东按察使司各房的具体职能、内部权力的运转、各部门之间的矛盾与协作等情况极具助益，特别是《六房须知册》中对书吏地位的变化、官员对书吏的妥

协、按察使司对赌馆处置的转变等，对研究清代广东地区司法的执
行、财政的运作、书吏权力的升涨、广东地区赌风的盛行与司法机关
的关系等，提供了十分珍贵的材料，值得学术界做深层次、多方面的
研究与整理。

（原载《历史档案》2015 年第 3 期）

《棣垞集》稿本及其文献价值[*]

　　《棣垞集》稿本与刻本在诗文数量、文字词句上均存在较大差异。刻本诗文系从稿本中选刻，其所收诗文数量不及稿本一半，未能反映《棣垞集》全貌。在编刻过程中，编刻者对稿本有所选择、删削和修改，不仅造成文字词句上的差异，而且反映出编刻者与作者审度标准上的差异。对稿本与刻本的比较研究，可见稿本除文物价值外，还具有较高的文献史料价值。兹对作者生平、未刻诗文、四种稿本之关系以及稿本的文献价值略述如次。

一　朱启连生平及其遗稿大概

　　朱启连（1853—1899），字跂惠，号棣垞，晚号琴皇帝。浙江萧山人，因其父朱夏（字荔衫）任职广东善后局，遂落籍广东番禺（今广州）。其子朱执信，清季留学日本，与孙中山组织同盟会，为中华民国开国元勋之一。启连，清光绪诸生，曾任两广总督张之洞的幕僚。学诗于妻父汪瑔，为诗工五七言，为文清宕洁约。善草隶书，精通琴律，人称"琴王"。提刑义宁陈宝箴伟其业，叹为异材。与番禺陶邵学交至善。邵学尝评曰："性行似元结，文学似陈师道，艺术似姜夔，非今之士所有也。"① 著作甚多，已刊行者有《棣垞集》四卷外集三卷。

　　* 与戴程志、李志博合作。本文系《广州大典》与广州历史文化专题研究 2016 年度重点课题——"《棣垞集全稿》整理与研究"成果之一。项目批准号：2016GZZ07。

　　① 陶邵学：《朱君家传》，《棣垞集》卷首，清光绪二十六年刻本，第 6 页。

朱启连遗稿大宗者分别藏于暨南大学图书馆和广州博物馆。① 此外，广东省立中山图书馆藏有朱启连撰《蝶恋花》一册、《丙戌余录》二册、《唐书地理志今释》（注）三册，均为朱秩如（朱执信之弟）后人捐赠之稿抄本。加之暨南大学、广州博物馆所藏，朱启连遗稿可谓洋洋大观矣。

暨南大学图书馆所藏朱氏遗稿凡经装订者二十一册，未装订之散叶一函。毛装，开本、书叶大小不一。稿纸有红格者、无格者，红格稿本凡七册，无格稿本凡十四册。红格稿本半叶六行或九行，字数不一。六行为四周单边，九行为四周双边。白口，单鱼尾。从遗稿各册内容看，朱启连生前已对诗文粗略分类，但未及细编，颠倒错乱间有之，但各集已粗具雏形，计有《棣垞集》《棣垞外集》《棣垞文畸》《类编》《杂钞》《曾袭侯议定洋药厘税并征条款》等。② 其中《棣垞集》凡十一册，编次较为有序。

二 《棣垞集》稿本及其未刊诗文

《棣垞集》稿本凡四种十一册。包括初稿本三册、定稿本六册、未刻稿本一册和抄清本一册。经过核对，刻本的全部诗文都包含在这十一册稿本中，兹分别叙录如次。

（一）初稿本凡三册，无格稿纸。全部诗文尚未编次，凡修改之处在定稿本中均得以改正，是定稿本的底本。第一、二册有陈宝箴、刘德恒批注，第三册有刘孚京批注并识、金武祥书后。

第一册③首列朱启连、杨锐、陈良玉、文廷式、陈宝箴、刘德恒六人评语。收录诗共五十五题，题上多标注"存""删"字样。标注"存"者凡二十七题，题上均有墨笔手画"○"标记，标注"删"者凡二十八题，另有八首有目无诗。每篇接联余纸。《义宁陈

① 广州博物馆所藏朱启连遗稿有《海坡稿》《棣华诗屋吟草》《棣华诗屋词稿》《棣华诗屋杂文》等，详见程存洁《朱启连稿本初探》，文物出版社 2014 年版。

② 曾纪泽（1839—1890），字劼刚，湖南双峰荷叶人，曾国藩次子，因承袭一等侯爵位，又被称为曾袭侯。

③ 遗稿原无册次序号，此为本文作者参考刻本卷次自编，以下同。

宝箴识》《冬夜读书作》《铜雀台瓦研赋》三首题下各钤"右铭敬诵一过"阴文朱印一方。又据"箴识"及眉批（墨笔）"恒注"及眉批（朱笔）等考察，可知朱启连生前曾将稿本呈送陈宝箴、刘德恒审阅批校。

陈宝箴（1831—1900），谱名陈观善，字相真，号右铭，晚年自号四觉老人。陈寅恪祖父。江西义宁（今修水县辖镇）人。咸丰十年（1860）举人。光绪二十年（1894）任直隶布政使。戊戌政变后被革职，即移家南昌，于城郊西山筑宰以居，名曰"崝庐"。后人整理其诗文为《陈宝箴集》。《清史稿》有传。朱启连曾入陈氏幕府，与之交往甚密，其师汪瑔殁，嘱陈氏撰墓志铭。朱启连遗稿中有往来诗文多首，如《送陈提刑序》《送陈提刑往河南（二首）》《义宁陈右铭提刑来书》《复陈提刑书》等。

刘德恒字子占，生卒年不详。山西洪洞人。监生。清末藏书家方功惠三女婿。倾心洋务运动。光绪十八年（1892）由广东四会县知县调署龙门县。除盗骚扰，教民种茶芋番豆，捐款建筑考棚，购《粤雅堂丛书》送藏兴贤书院。① 二十二年（1896）复任四会县令，接力主修《四会县志》十编首三编末一编，并为之序。二十四年（1898）知东莞县事，二十八年（1902）创办东莞县学堂。

第二册首篇无标题，直接以"呜呼，此先君子荔衫府君之遗诗也"开篇，经查对即《先府君遗诗跋》。此册收录文共五十九篇，其中《记聚头扇》复有抄清稿一篇，实为五十八篇。各题上无"存""删"标注，正文有朱色圈点。每篇另纸，不接联余纸。有陈宝箴识，刘德恒注。"箴识"为墨笔，"恒注"为朱笔。

第三册首篇为《义宁陈右铭提刑来书（壬辰五月廿四日到）》，共收录文三十篇。每篇另纸，不接联余纸。刘孚京批注并识、金武祥书后均为夹纸。《诰授奉政大夫赀封文林郎山阴汪先生行状》用纸

---

① 招念慈修，邬庆时纂：民国《龙门县志》卷12，民国二十五年广州南关汉元楼铅印本，第138页。

（共八叶）中缝有"咏兰堂"① 字样。

刻本未收之刘孚京识语：

> 余始识棣垞先生于京师，心知其贤泊，作吏广东乃克数见先生，读其文益惊且服。来河源，请是集携诸笥箧。困于簿书狱讼之事，盖累日月而后得一流览，越二年乃克。妄以己意，评骘而归之。夫余之言无当于先生之文也明矣。虽然先生知言者，苟因其言而察其愚，知其所不及，有以督而进之，则余之幸也。夫光绪二十年岁在甲午仲夏月中浣南丰刘孚京镐仲谨识。

刘孚京（1855—1896），字镐仲，江西南丰人。光绪十二年（1886）进士，任刑部主事。曾出任广东河源、饶平知县。好古文，为文"深醇朴茂，直追周秦"。陈三立评其文曰："文体博而义醇，涵演渊懿，蹈于自然，终与其县人曾子固氏相表里。"② 所著由徐世昌刊行《南丰刘先生文集》。

刻本未收之金武祥之书后：

> 尝谓文章而不切舍事，理穷极世□即□□□远□□世。大稿论事要实，能究其本原，振其终极。其他序、跋、传、志皆隽洁廉悍，散文中自是高张一军。光绪二十年甲午十月，江阴金武祥拜读并后。

金武祥（1841—1926），原名湊生，字粟香、菽乡，号一岸山人。江苏江阴（一作武进，今常州市）人。出身书香门第，少时博览群书，尤喜唐宋诗词，才学高却屡试不第。先应州、县官友之邀，入为

---

① 沈演公（1867—?），原名赞清，号雁潭，室名"咏兰堂"。福建闽侯（福州）人，侨居粤垣。晚清名臣沈葆桢之孙。民国初年曾任东莞县第七任县长、广东省政府顾问，后居香港。善诗词，以书法闻于海内。广东省立中山图书馆藏《唐陵诗钞》，为清光绪二十四年沈演公咏兰堂朱丝栏抄本。

② 陈三立：《刘镐仲文集序》，《散原精舍文集》卷7，上海古籍出版社2010年版，第299页。陈三立（1853—1937），字伯严，号散原。陈宝箴之子。

幕僚，后于光绪四年（1878）"捐监"入仕。曾任广东赤溪知县，历任广东督粮道、两广盐运使等职。博雅好古，硕学雄才，名流推重。十余年中，长编零帙，得五六十种。著有《陶庐杂忆》《陶庐续咏》《陶庐续忆》《陶庐补咏》《陶庐后忆》《陶庐五忆》《陶庐六忆》《粟香室文稿》《粟香随笔》等，编有《江阴先哲遗书》《江阴艺文志》《江阴金氏文剩》等。民国初应缪荃孙之邀，出任《江阴县志续志》分纂。

（二）定稿本凡六册，红格稿纸。定稿本诗文粗略归类编次，除第一册外，其余均未抄清。正文及书眉多有批语和涂乙处。诗文题上多标注"存""删"字样。第一册第一首《冬夜读书作》，题上注"删"，题下批曰"题上存删俱自注"，知系经作者审订修改之本。

第一册：红格稿纸。前半部分半叶六行，后半部分半叶九行，字数不一。所录诗文多有涂乙处。每题上下分别钤"○"（朱色）或手画"○"（墨色）标记，题上标注"存"或"删"字样。眉上有批注，或评判，或正误，或交代删存原因。扉叶手题书名及编刻板式提示，册末附有《棣垞集》和《棣垞外集》的分卷目录。

卷首有六人评语：朱启连自评诗、绵竹杨锐评诗、汉军陈良玉评文、萍乡文廷式评文（有删除记号）、义宁陈宝箴评（落款有删除记号）、刘德恒评（评语及落款均有删除记号）。眉批"刘何处人补上。文、刘二批拟删去"。刻本完全按照此标注，删去了文廷式、刘德恒评语及陈宝箴评语落款。

杨锐（1857—1898），字叔峤，又字叔锐，四川绵竹人，光绪举人出身，张之洞门生。初任内阁中书，后由湖南巡抚陈宝箴推荐，与谭嗣同、刘光第、林旭一起加四品卿衔军机章京，参与新政。戊戌政变被捕，与谭嗣同等人一同遇害。著有《说经堂诗草》等。朱启连遗稿中有《送杨叔峤序》《送杨听彝儒学（聪）归绵竹》（锐父）等。朱诗《李清照茶蘼春去图》下附杨锐同作一首。

陈良玉（1814—1881），字朗山，一字铁禅。广州驻防汉军镶白旗人。道光十七年（1837）举人。馆新宁（今广东台山市）令李延福廨中。选授通州学正。向兼理海运，保升知县，直隶州知州。旋丁艰归，居近越王山之麓，辟地种梅，遂以"梅窝"名其斋。为学海堂学长及同文馆总教习。工诗，善填词。岭南自道光后，诗学渐靡。良玉于山堂提倡甚力。著有《梅窝诗钞》三卷词一卷。朱启连称其诗"思深沈，而句奇重"，[1] 论者谓非过誉也。朱启连遗稿有《与陈朗山书》。

刻本删去的文廷式评语曰：

> 信斯文之若水，乃斯人之如玉。[2] 仲言《七召》之辞，愿以持赠。（定稿本第一册卷首）

文廷式（1856—1904），字道希，号芸阁、纯常子，江西萍乡人，光绪进士。光绪二十年（1894）任翰林院侍读学士。为赞助光绪帝亲政，支持康有为发起强学会，受到慈禧太后的嫉视，被参革职。戊戌政变发生，东走日本。能诗工词，词学苏辛，也有慨叹时政之作。著有《云起轩词钞》《文道希先生遗诗》《纯常子枝语》《补晋书艺文志》《闻尘偶记》等。朱启连遗稿有《独至越华书院怀文道希（廷式）》。

刻本删去的刘德恒评语曰：

> 诗以五言为极，则五古直追鲍谢，五律则纯乎杜陵也。文境雅洁，有归方之家法，气息深厚处尤为过之，非致力于两汉者不能，诚所谓坚苦卓绝，无师而成者也。珍读数，拜服拜服。丁亥十二月，刘德恒敬识。（定稿本第一册卷首）

是册收录古今体诗凡九十二题，根据册首编刻板式提示及各题上下标注统计：入正集者凡四十八题（"题上有○者，朱墨无别，入正集"）；入外集者凡二十七题（"○在题下者入外集"）；不刻者凡十六题（"无○者不刻"）。比对刻本，除"不刻"者十六题外，

---

① 朱启连：《与陈朗山书》，《隶垞集》卷3，清光绪二十六年刻本，第1页。

② 原文"信斯文其若水，实斯人之如玉"，载严可均辑《全梁文》，商务印书馆1999年版，第772页。

其余均分别刻入《棣垞集》卷一、卷二，外集卷一。是册有抄清本（见下文），是刻本所据之底本。其中不见于刻本者有刘德恒识及诗十六题：

1. 刘德恒识（删）（丁亥十二月刘德恒敬识）
2. （删）冬夜读书作（题下钤"有铭敬诵一过"）
3. （删）偶成二绝句
4. （删）拟杜诗行次昭陵（用原韵）（眉批"仅拟古者词／虽工不存凡／入集诗以此／为□"）
5. （删）便向
6. （删）湖州太守行（代作并序）
7. 赠王雪程太令（秉思）
8. 满庭芳
9. 水调歌头（咏乡人某）
10. 摸鱼儿（庚辰除夕赋示内子）
11. 金缕曲（题叶兰台八妓图）
12. 调徐敬三新婚
13. 无题
14. 书扇三首
15. 秋柳四首
16. 折扇
17. 篱菊二首

第二册：红格稿纸。以半叶六行居多，少量半叶九行，字数不一。无眉批，题下多有手画墨笔"○"标记。《答俞星垣》以下十四首，字体与前文迥异，端正清晰，无修改涂乙处，似已抄清。

是册收录《邻儿》（原题《冬夜读书作》）等各类诗歌凡四十九首，其中《谒余襄公祠》复有抄清稿一首，实为四十八首。《火锅联句》《谢星曹大令（镜澄）属题其兄晓渠州牧（绍曾）二十图卷时大令署合浦县》《桃源行》三首，刻入《棣垞外集》卷一，其余四十五首皆未刻。其篇目如次：

1. 邻儿（俱自删）

2. 侠客

3. 雨

4. 拟艳歌行

5. 偶成二绝句

6. 别筵同穆叔作

7. 去船埠十里许雨宿

8. 忽忽尔

9. 秋米落叶有声戛然因风回旋飒沓殊甚夫既辞本根自就枋稿□合默尔何尚鸣为清两倏来沾渍重叠已脱未脱万叶俱瘤是可快也为赋一章

10. （删）拟杜少陵诗送杨六判官使西蕃（用原韵在七星岩用竹垞韵下钞者漏之）

11. 山花盛开偶作

12. 谒余襄公祠（已抄）

13. 鹧鸪

14. 题东坡笠屐（图）石刻本

15. 南汉事迹诗（有序）

16. 和朱竹垞甘泉汉瓦歌

17. 唐碑八首

18. 拟杜少陵西枝村寻置草堂地宿赞公土室二首（用原韵）

19. 花影

20. 竹影

21. 作字不工因赋

22. 阙题（以下三首似廉州道中作）

23. 舟中见笼鸟

24. 宿宝相寺用东坡韵

25. 阙题

26. 阙题

27. 羊城怀古（七律四首）

28. 阙题三首

29. 阙题二首

30. 伍懿庄以居古泉画扇索书

31. 论文

32. 菊坡精舍陈先生祠神弦曲

33. 答俞星垣

34. 席上有赠六首

35. 题陶渊明采菊图（四首）

36. 拟韩诗雉带箭

37. 梅花六咏

38. 珠江秋柳词（四首）

39. 蒲涧泉访云泉山馆故址（二首）

40. 盐船行

41. 读明史循吏传乐府十首

42. 赠张歔民

43. 集学海堂遂过菊坡精舍联句

44. 寿张督部

45. 铜鼓滩歌（为华生世熊改课卷）

第三册：前后有十八篇是加插的无格稿纸，中间为红格稿纸。半叶六行或九行，字数不一。各叶多有墨笔眉批及订正、改易之处。扉叶手书"棣垞文集"四字，并有编刻板式提示若干。

是册收录《义宁陈右铭提刑来书（壬辰五月廿四日到）》《自序》等文凡二十四篇，上述两篇为加插的无格稿纸，刊刻时移置全书卷首，其余与刻本卷三之篇数、篇次完全一致。此乃刻本卷三之底本。

第四册：少量红格稿纸，多为加插的无格稿纸。红格稿纸半叶六行或九行，字数不一。各叶多有墨笔眉批及订正、改易之处。扉叶手书"棣垞集卷四"。

是册收录《五向亭逸事》等文凡三十五篇，与刻本正集卷四之篇数、篇次完全一致。此乃刻本卷四之底本。

第五册：红格稿纸。以半叶六行居多，少量半叶九行，字数不一。其中《知服斋丛书序（代）》一篇为加插无格稿纸。有墨笔眉批，部分题下有手画墨笔"○"标记。册首列文目《论贷富户钱事》至《祭瑞南星文（代）》，凡二十八篇，各题上均有墨笔手画"、"或"△""△△"标记。与刻本比对，前五篇为《棣垞外集》卷二之目，第五目《省斋汪先生寿序》之后虽标注"卷二"字样，但所列多为外集卷三之目。

是册收录《铜雀台瓦研赋》等文凡二十二篇，除《新燕赋》《知服斋丛书序（代）》《阅诸生利璋文卷》三篇外，其余与刻本外集卷二之篇数、篇次完全一致。此乃刻本《棣垞外集》卷二之底本。稿本原有"笺识""恒注"，刻本皆删去。

第六册：红格稿纸。以半叶六行居多，少量半叶九行，字数不一。其中《祭万人坑文》为加插无格稿纸。无眉批。扉叶有"棣垞外集卷三"字样。卷端手书"棣垞外集卷三 萧山朱启连"诸字。

是册收录《乌筱亭寿序》等文凡二十三篇，刻入《棣垞外集》卷三者仅七篇，其余皆未付刊，戛然中止。文后之"笺识""恒注"，刻本皆删去。未刻十六篇目如次：

1. 陈子良寿序（代）
2. 魏母张太夫人七十寿序（代）
3. 重修安徽义庄记（代）
4. 证学编自序
5. 通州榷漕记
6. 津河义学记
7. 天津禁毁坟记
8. 筹办垦荒记
9. 平海盗记
10. 平反劫狱记
11. 长芦裁乾修记
12. 天津振灾记
13. 育婴记

14. 台湾济饷记

15. 祭万人坑冢文（文见后夹页）

16. 祭汪先生文（辛卯）

（三）未刻稿本凡一册，红格稿纸。以半叶六行居多，少量半叶九行，字数不一。扉叶手书"此卷不刻　可钞稿存家中"诸字。有墨笔眉批，偶有"箴识""恒注"。

册首列《邱壑自专倏然神运》等文目八十四篇，均有目无文，其中二十篇与定稿本第五册或第六册重复。首目题上墨笔批注曰"数年中只有《刘孝子诗》可存，《蟹爪水仙》一首或可"，题下注曰"自评文集"。《棣垞文畸序》之前各目题下均标注苏州码。册末有《读吴子》等文十四篇，均未刊刻。虽称"此卷不刻"，但与刻本比对，所列文目中五十七首，分别见刻本卷三、卷四，外集卷二、卷三收录，刻本未收录并与其他稿册不重复者凡八篇：

1. 邱壑自专倏然神运（自评文集）

2. 棣垞文畸序（题上注"副墨　拂雾编"）

3. 时文四首

4. 公牍一首

5. 对联十余则

6. 批时文卷一则

7. 陈封翁寿序

8. 河南邝氏族谱序（失稿）

刻本未收录之文十四篇：

1. 读吴子

2. 书名贤小传

3. 卜式论

4. 战国四公子论

5. 读杜牧之守论战论书后

6. 人人录序

7. 拟批河源县禀

8. 拟批香山县禀

9. 拟驳户部咨（题下注"部文言闽局存银行款粤督不照船政来咨办理任令王道改无限期票月亏息款殊属非是云云"）

10. 请恤宦裔公呈

11. 拟参户部折

12. 拟谢恩赏粤账折

13. 对联（三十九副）

14. 折扇

（四）抄清本凡一册，无格稿纸，字体端正清晰、个别错字有改正，是定稿本第一册的抄清本。

定稿本第一册扉叶编刻板式提示云："此本须将正集、外集分开，另钞清本后，并校一过，乃可付店钞宋体。"鉴于此册诗文"存""删"杂陈，编次无序，编刻者根据版式提示，将题上所标"存"者逐一抄出，并按提示分为三卷。此册抄清本所载诗文数量及编次顺序与刻本卷一、卷二和外集卷一完全相同，是刻本所据之底本。六册定稿本中只有此册嘱咐"钞清"，其余各册未见抄清本。

三 《棣垞集》四种稿本之关系

经过对相关文献的初步考证，《棣垞集》稿本系经多人多次整理而形成多种版本。兹将上述初稿本、定稿本、未刻稿本和抄清本四种稿本之关系梳理如次。

（一）初稿本三册，乃作者朱启连最初手订之本。第一、二册呈陈宝箴、刘德恒审阅批校，内钤陈宝箴"右铭敬诵一过"朱印，并有"箴识"及眉批（墨笔）、"恒注"及眉批（朱笔）。第三册呈刘孚京、金武祥审阅批校，内有刘孚京批注并跋和金武祥书后。

（二）定稿本六册，乃陈宝箴、刘德恒在初稿本的基础上编订之本。部分诗文仍有"箴识""恒注"及眉批。定稿本第一册《冬夜读书作》，题上注"删"，题下批曰"题上存删俱自注"，第二册《邻儿》，题上注"删"，题下批曰"俱自删"，据此知陈、刘编订之本再经作者审订修改一过。光绪十八年壬辰（1892）五月二十四日，朱启连收到陈宝箴来信，略云：

> 谷庵汪先生，① 明德茂行，文学渊懿，久为世所宗仰，贤公钜卿敬礼特至，而又为棣垞之师，莘伯之父，② 不幸其人已往，猥以铭幽之文属之宝箴。窃有以知其不可矣，而棣垞以为可，莘伯以棣垞畴昔之言或亦不知其不可，又安知其所谓可，不又异于人之不可者乎。既辱嘉命，又复贻叔峤书以相督趣，③ 造次踧踖，无所得辞，顾念棣垞所为行状，足以垂世而及远况。谷庵先生故自有其所不朽，而非区区浅陋之文所能为其损益者。辄赧然为之叙次，以俟订正，不足视为定本也。（定稿本第三册卷首）

来信叙述了为其稿本"叙次"之原因及经过，谓其所撰《行状》（即《诰授奉政大夫貤封文林郎山阴汪先生行状》）"足以垂世而及远况"。九月，朱启连即录此书于卷首，以当《棣垞集》序。并《自序》云："陈提刑书奖饰尤过，于提刑为失辞，于启连为厚幸，首录以当序焉。"（定稿本第三册卷首，刻本调至全书卷首）

（三）未刻稿本一册，乃"不刻，钞稿存家中"之本。所抄存者凡十四题，或系作者"少作及它文不欲自存者又另编之"④。

（四）抄清本一册，乃定稿本第一册誊清之本。清光绪二十五年

---

① 汪瑔（1828—1891），字玉泉，号芙生，晚号越人，所居曰谷庵，人称谷庵先生。原籍浙江山阴（今属绍兴市），数辈客粤，遂占籍为广东番禺（今广州市）人。清咸丰年间，在广州、东莞、英德、潮州等地游幕，曾担任两广总督刘坤一、张树声和曾国荃的幕僚。诗文之会，辄冠其曹，与叶衍兰、沈世良并称为"粤东三家"，著有《随山馆集》。

② 汪兆铨（1859—1929），字莘伯，一作辛伯，晚号惺默。广东番禺（今广州市）人，祖籍浙江山阴。汪瑔（谷庵）之子，陈澧弟子，朱启连妻弟。光绪十一年举人，官广东海阳县教谕。

③ 杨锐，字叔峤。

④ 陶邵学：《棣垞集跋》，《棣垞集》卷末，清光绪二十六年刻本，第1页。

（1899）冬朱启连逝世，翌年陈宝箴亦殁于西山庐舍。汪兆铨、汪兆镛①兄弟遂将作者生前基本编订的书稿寄到肇庆，② 最后由朱氏好友陶邵学"因其自定者粗为编校"，并于当年即光绪二十六年（1900）刊刻行世，是为通行本（简称"刻本"）。

陶邵学（1864—1908），字子政，一字希源，号颐巢。广东番禺（今广州市）人，祖籍会稽陶家堰（今浙江绍兴市）。光绪二十年（1894）进士，授内阁中书。返粤后主讲肇庆星岩书院，与朱启连交往最深。好琴，通音律，尝与朱启连研论及此，启连殁，遂终身不鼓琴。撰《朱君家传》《祭文》，并为其编校出版诗文集。《棣垞集》中多有其评点，谓朱文"志传各篇皆佳"，而诗"春韵似元遗山，其源则出自东坡""饶有古乐府神理而自具本色""思深句杰直造古人"等。③ 稿本中有《送陶子政（邵学）汪莘伯憬吾（兆镛）兄弟入都》《次子政韵》诸诗。

陶邵学《棣垞集跋》，略云：

> 朱君跂惠既殁，逾年汪莘伯、伯序以其遗稿寄予于端州，既因其自定者粗为编校，得诗百余篇、文六十余首。其少作及它文不欲自存者又另编之。凡为正外集若干卷。盖其一字一言无苟，作者其蕴而未发者多矣。④

书稿付梓前的编校工作由陶邵学在陈宝箴、刘德恒审阅批校，作者自定之本基础上完成，六册定稿本多有其手校痕迹。陶氏编校加工主要包括：

---

① 汪兆镛（1861—1939），字伯序，号憬吾，晚号慵叟、微尚居士、清溪渔隐。广东番禺人。汪瑔（省斋）长子，陈澧弟子。光绪十五年举人。曾任两广总督岑春煊幕僚秘书长。与汪兆铨、汪兆铭（精卫）为叔伯兄弟。

② 时陶邵学主讲肇庆星岩书院。

③ 汪宗衍过录陶邵学评点，所据底本不详。笔者所见《棣垞集》（清光绪二十六年陶邵学刻本）钤"汪宗衍印"。第一册封面手题"棣垞集/庚辰三月过录/陶子政丈评点/本宗衍记"。"庚辰"即1940年。汪宗衍（1908—1993），字孝博，号杆庵，广东番禺人，汪兆镛之子。

④ 《棣垞集》卷末，清光绪二十六年刻本，第1页。

第一，对全书分集做出提示："此编中，题上有'○'者（朱墨无别）入正集，其'○'在题下者入外集，无'○'者不刻。此本须将正集、外集分开，另钞清本后，并校一过，乃可付店钞宋体。"（定稿本第一册扉叶）抄清本即据此提示将定稿本第一册分卷誊清，并根据题上或题下"○"标注，将正集、外集分开。对于个别"存""删"标注，作了重新处理。如定稿本第一册卷首原有文廷式、刘德恒评语，眉批曰"文、刘二批拟删之"，抄清本遵之不录；《追和厉太鸿秦淮怀古四首》，题上标注"删"，眉批曰"数诗亦甚佳，以非亲历其地之作，故入之外集耳"，抄清本录入外集卷一；《山茶盛开》，题上标注"删"，陶氏认为"三四极工，此首仍当存"（眉批），抄清本录入卷一；《题伍翁勷卿依桑小树图》，原有四首，题下标注朱色"○"，表示应编入外集，陶氏认为"拟但存第二首，仍入正集"（眉批），抄清本录入正集卷二。

第二，对全书刊刻板式做出提示："卷三文集已编顺，不必另写即可钞白，但阙误字须补正。刻用大板，仿《大云山房集》例。① 每篇另纸，不接联余纸，以便随时抽换。《小传》及《祭文》附刻卷首。"（定稿本第三册扉叶）"棣垞集卷三 萧山朱启连"，眉批曰"于篇首加此二行"（定稿本第三册卷端）。"棣垞集卷四 萧山朱启连"，下注"另一行写"（定稿本第四册卷端）。

第三，整理出全书分集卷次目录。定稿本第一册末附有《棣垞集》和《棣垞外集》目录，乃陶氏据题上所注"存"者抄录整理而成。分集卷次已基本定型，与刻本之分集、卷数、卷次、篇次几乎一致。《棣垞集目录》分四卷：卷一至卷二古今体诗（"共一百有九首"）；卷三书赠序行状志铭（二十一首）；卷四记事序跋铭赞杂文（三十七首）。末注"板心写棣垞集目录"字样。《棣垞外集目录》分三卷：卷一古今体诗；卷二赋铭赞书序跋杂文；卷三序记祭文均代作。末注"板心写棣垞外集目录"字样。刻本基本上据此目编次刻

---

① 《大云山房集》亦称《大云山房文稿》，清恽敬撰，嘉庆二十年武宁卢旬宣刻本。十行二十二字，黑口，双对黑鱼尾，四周双边。国家图书馆藏本入善本库，凡初集四卷，二集四卷。二集有嘉庆二十一年长州宋扬光南海西湖街刻本。

印，但各卷首并无目录，此目的作用主要供刻工雕板时参照。

第四，对定稿本中的诗文做出编排格式提示："下篇《答某公问天津议约》用双行抵一格附录在此篇后"（定稿本第一册《与梁节庵书》）；"照每首上所注次叙钞"（定稿本第一册《琴词（有序）》）；"以下凡公字与连写下，不抬头""俱平抬，不必出格，以下皆然"（定稿本第三册《致张尚书书》）；"凡篇末之批俱不刻，以下同"（定稿本第三册《送杨叔峤序》）；"以下凡公字皆直钞不必提行。天子、朝廷字提行平抬"（定稿本第三册《送额公任河南藩使序》）。

第五，对全稿诗文逐条校订，书眉多有批注和涂乙标记。如"刘何处人，补上"（定稿本第一册《刘德恒评语》）；"此行有误字，宜检原稿"（定稿本第一册《廉州遇章吉甫（端）山阴人》）；"阙字，检原稿补正"（定稿本第三册《与乔茂萱书》）；"误字检校，原本'司'"（定稿本第三册《送杨叔峤序》）；"句有误，疑衍四字，□检原稿校"（定稿本第三册《蒙城训导金君家传》）；"添一行题目，下同"（定稿本第四册《琴铭》《砚铭》）；等等。

四 《棣垞集》稿本之文献价值

朱启连著作甚丰，然生前所刊极少，与自身行历、志趣关系密切的诗文仅有在其卒后刊行的《棣垞集》四卷外集三卷。但其传世的各类稿抄本多达数十册，其中蕴藏的能够彰面目、显性情的大量文字，却因各种原因长期未能面世，如有未刻入《棣垞集》《棣垞外集》的诸多诗文以及《棣垞文畸》《类编》《杂钞》等杂著和散文。朱启连生前自订诗文稿时认为它们是"少作及它文不欲自存者"，统予删落。卒后其后人以及为其编校刊印诗文集的陶邵学亦只按作者自定之稿"粗为编校"，仅得"诗百余篇、文六十余首"便匆匆付梓，而稿本未刻诗文竟多达百余首，"作者其蕴而未发者多矣"①。这些未刻诗文不仅可补刻本之阙，也为全面认识朱启连，研究其治学态度和

---

① 以上所引见陶邵学《棣垞集跋》，《棣垞集》卷末，清光绪二十六年刻本，第1页。

学术思想提供珍贵的第一手资料，具有不可忽视的文献价值。

稿本最接近作者原意。其诗文"题上存删俱自注"①，所注"存"或"删"是朱启连对作品的自我评判，体现作者对文辞和内容的审度标准。如第一册，注"存"者二十七，注"删"者二十八，可谓甄选既严。在当时作者或出于谦逊，而从学术角度，这"存"与"删"恰恰反映了作者的甄选标准与治学态度。而编刻者陶邵学出于自己的偏好，从"删"者中选刻了十三题。此虽非作者原意，但在有意无意间保全了作者更多的作品，于朱氏诗文流播并非无功。

稿本未刻诗文可证史实者颇多。定稿本第五册有《知服斋丛书序》一篇，刻本未收录。查《知服斋丛书》为顺德龙凤镳所辑刻，卷首有《知服斋丛书序》，末署"顺德龙凤镳自序"②。再核《自序》之文字，与稿本之《知服斋丛书序》则几乎只字不差，据此知《自序》实为朱启连捉刀代写。汪叔子，张求会编《陈宝箴集》，辑录陈氏"《棣垞集》评语"一则，③页下注云："据陈宝箴《致朱启连》，此评语作于光绪十八年前后。"由于刻本删去了此评语的落款，所以编者只能通过《致朱启连》的写作时间来推算此评语的写作时间是"光绪十八年前后"，这个推算与稿本中的落款"义宁陈宝箴评敬识于广州寓斋，时在光绪十有三年丁亥初秋"相去甚远。这条资料足以体现稿本的史料价值。

稿本与刻本之间文句的差异，对理解作者原意也有一定影响。如定稿本第五册《先府君遗诗跋》中有"府君少时，矢志通显。因习帖括之学，无昼夜以攻苦之，虑不取甲第不止。其于诗，固不暇为，亦不敢为也"。在刻本中删去"亦不敢为也"句。从此句可领略作者文风之谦逊，而刻本删去此句，则不能完整展示和表达作者的感情色彩。又如《省斋汪先生七十寿诗序》中有"今岁先生七十，客居陆丰，令子兆镛等以悬弧之辰奉觞为先生寿，僚壻李子鸿钧等聊句咏诗以为寿，而命序于启连"。刻本删去"令子兆镛等以悬弧之辰奉觞为

---

① 定稿本第一册第一首《冬夜读书作》批注。
② 《知服斋丛书序》，《知服斋丛书》卷首，清光绪中顺德龙氏刻本，第1页。
③ 汪叔子、张求会编：《陈宝箴集》，中华书局2005年版，第1905页。

先生寿"句，对祝寿场面的描述则不及保留无原句生动。再如定稿本第六册《十几世祖修卢公祠堂记（代顺德龙凤翔作）》有"嘉庆十四年七月，海盗张保犯大良，总督百龄公檄县行乡团法。吾族詹事府左庶子春岩公为团长，集资倡勇，卒保闾社，维公瘁心力以佐佑之。贼平，公得议叙加级。吾乡团练实创于此时，皆以为义。虽然团练者公与春岩公之功也，所以能集资倡勇，成此团练者则百公之功也"。下文又有"当时无百公，岂唯公无所效其用，虽春岩公，何能为？岂唯一乡，虽都会，未必可恃"，据此可推知作者原意："百公"（即为百文敏公：张百龄）在组织团练及平张保叛乱中起到了主导作用。然刻本删去"所以能集资倡勇，成此团练者则百公之功也"句，抹去了张百龄的功劳，实非作者原意。

稿本保留了被刻本删除的评语以及"箴识""恒注"等文字资料。朱启连生前曾将诗文稿呈杨锐、陈良玉、文廷式、刘孚京、陈宝箴、刘德恒、金武祥等人评阅指正。诸学者对朱氏诗文或评，或识，或注，或批，实乃时人对朱氏为人、为诗、为文的评判。在为朱氏诗文评阅诸人中，文廷式、刘德恒的评语未被刻本收录。定稿本第三册《送杨叔峤序》末有"论治术处深中肯綮至其文境之□欧曾不啻也（恒注）"，眉上批曰"凡篇末之批俱不刻，以下同"[1]。故稿本中凡"箴识""恒注"以及刘孚京批注并跋、金武祥书后等文字，刻本一概忽略不刊。究其原因大约有三：其一，或当时文廷式、刘德恒仍在生，编刻者有所顾忌，不便收录。其二，或"箴识""恒注"及眉批等文字与《大云山房集》体例不合。其三，或因朱集当年编校当年付梓，而批注刊刻工序繁复，诸人评注来不及整理与刊刻。而从存史角度分析，这些评语、批注、跋、书后不仅反映了时人对朱启连诗文的不同看法，而且可考索朱氏与诸评注者之间、评注者与评注者之间的关系以及他们之间的学术交往，是文学评论不可多得的素材，刻本没有保留实为可惜。

稿本与刻本的差异可作校勘之用。稿本诗文有一部分被刻本收录，从稿本到刻本，个别诗题、篇名和文字有所修改，从这些修改

---

① 《送杨叔峤序》篇末，见定稿本第三册第十一题。

的文字可知作者在用字上的反复推敲与造词上的再三斟酌。稿本与刻本在字、词、句上的不同，大致有四种情况：一为稿本原改，而刻本遵改者。定稿本第一册第十二题《拟李诗望鹦鹉洲怀祢衡》"惜哉杀士名，独贻黄门耻"。"黄门"，稿本改作"曹瞒"，刻本遵改。第十四题《新乐府效魏默深》"天子旌我忠，赏赐千百端"。"千百端"，稿本改作"有千端"，刻本遵改。第二十九题《赠梁节堪编修（鼎芬）》，刻本改题"赠梁节堪"。首句"玉署梁夫子，风裁望俨然"。"风裁望俨然"稿本改作"相逢意凛然"，刻本遵改。第九十一题《琴词（有序）》第二首"浓抹淡描无画意，箕山秋与洞庭春。""无画意"，稿本改作"无尽意""洞庭春"，稿本改作"洞天春"，刻本皆遵改。二为稿本拟改未改，而刻本择改者。定稿本第一册第三题《廉州遇章吉甫（端）山阴人》"功名判埋堙，金台骏骨叶"。"叶"字旁注一"弃"字。"弃"与"叶"的繁体写法相似，似作为替代字，刻本选用"弃"字。"金台骏骨"典出《战国策》燕昭王招徕人才的故事，"弃"和"埋"相对，显然表达了作者对章吉甫怀才不遇的感慨。"弃"字在此亦比"叶"更合韵，可以看出作者在修订稿本时的推敲。第七题《戊寅八月二十一日发廉州》"挂席叶纷纷，离情雁叫群"。"情"字旁注一"程"字，似作为备选字，刻本选用"程"字。"挂席"喻扬帆行船，结合语境，显然"离程"对"挂席"更为贴切。三为稿本无修改，而刻本自改者。定稿本第一册第九题《雨中过句漏洞》"千林无声歇蜇蛰，万籁俄顷酬笙钟"。"蜇"字旁未见任何修改标记，刻本改"蜇"为"蚓"。然"蜇"比"蚓"更合韵律与语境，其或为刻工所误，或为作者径改而未作标记。第二十六题《独至越华书院怀文道溪希（廷式）》。"文道溪希（廷式）"，后经涂改，以"友人"代之。文廷式与作者交往甚密，作者曾将诗文呈其指正，稿本卷首有文氏评语，刻本未予收录。作者先文氏而逝，以"友人"代指具体人名，可避免误解。四为稿本已改，而刻本未改者。定稿本第一册第七十三题《随山馆重晤节堪》，稿本"堪"改"庵"，刻本仍作"堪"。第七十四题《赠何竞如（煜恒）》，"缺月出东海，大如抱琴侧，立面童子头，吾琴亦有微"。稿本"立"字位置不在"面"字前，而是添注在"面"字旁，刻本脱"立"字，致语不通。诸如此类者甚多，足见稿本保留诗作原貌的校勘价值。

《棣垞集》稿本未刻诗文所记载的人物和史事，涉及晚清中国社会多个层面的许多问题，其中广东资料尤多，洵为珍贵的地方史料，因此，校勘《棣垞集》，辑补诸家评语及未刻诗文，不仅有利于开展对朱启连生平、家世、社会关系以及文学成就等多方面的研究，而且对研究晚清中国社会尤其广东地方历史文化有一定的史料价值。

（原文为 2016 年中文古籍整理与版本目录学国际

学术研讨会论文，广州，2016 年 11 月）

《东莞市袁崇焕纪念园藏东莞碑刻拓片集》序

　　东莞位于珠江口东岸，东江下游的珠江三角洲，向为广东重要的交通枢纽和外贸口岸，是岭南文明的重要发源地之一，历代留存下来的金石刻极为丰富，除有关金石专书或志乘对若干名碑略有著录外，其余多躺卧于山村田野之中。

　　限于体例，东莞金石刻于王昶《金石萃编》、陆耀遹《金石续编》和陆增祥《八琼室金石补正》等金石专著皆略而不详，且未精审。翁方纲《粤东金石略》凡清中期以前粤中之名金石刻大抵可见。其中收录广州府金石六十七种，属东莞者则有《南汉大宝五年石塔记》《宋苏轼资福寺罗汉阁记碑》《宋苏轼五百罗汉阁记碑》《宋苏轼舍利塔铭碑》《飞泉紫虚洞天题字》《明东莞县邱浚重建儒学记碑》①《明却金坊记碑》②诸刻，然但记其名称、地点、年代、撰书者、行数、字径、题跋等，而一般不全录金石刻之文字内容。道光《广东通志·金石略》、光绪《广州府志·金石略》收其碑文、题记止于元代，二志收录东莞金石刻仅十余通，如《修慧院钟款》《镇象塔记》《东莞县令题名记》《资福寺罗汉阁残碑》《东莞县令旧题名记》《重建东岳行宫记》《东莞经史阁记》《修东莞学记》《资福寺钟款》《均赋役记》诸名碑刻。东莞金石文献集大成者，当推陈伯陶《东莞县志》。其《金石略》凡七卷，收录历代金石约九十四通，较前略多，

---

　　① 翁方纲著，欧广勇、伍庆禄补注：《粤东金石略补注》，广东人民出版社 2012 年版，第 96 页。
　　② 同上书，第 97 页。

惜遵旧例，至明而止。近年陆续整理出版的九成以上为碑刻拓片，数量多达二百余通，加之本集新录七十有余，总数已超过三百通，其规模甚为可观。而尚未发现者几何，未整理出版者几何，仍需有识之士继续挖掘、整理与研究。

东莞金石刻历经兵燹祸患，时月磨蚀，已散佚殆半。旧志不设金石一门，而杂于寺观、古迹、艺文诸门之中，若《镇象塔罗汉阁残碑》入"古迹"、《遗爱亭碑》入"艺文"等。陈伯陶认为此"体例未安"，"兹之采访，遍涉乡村，时逾三载。著述则借其原书，石刻则求其拓本，凡前志未备者，藉为补入，所获甚多"①，遂"依阮通志例为金石略，录至明代止"②。其所编《金石略》凡七卷，是为陈志卷八十九至卷九十五，收录南汉至明末东莞金石九十四通。其采录原则是，"南汉至元金石，存佚并录"③，是为卷八十九至卷九十一，凡三卷，四十通；"明代金石，则据拓本，佚者不录"④，是为卷九十二至卷九十五，凡四卷，五十四通。明代之数，超过元以前之总和，且多为存世者。此乃东莞金石较为全面的一次整理，所录金石文献最为丰富，其志可视为首部东莞金石专著，其人洵为整理东莞金石的开创者。

时至当代，较早关注此业者为莞邑文史学家杨宝霖先生。20世纪七八十年代，先生曾对东莞一地碑刻做过初步的调研，拟汇而成集，惜因繁于教务，此业搁置久矣。之后，东莞市政协李炳球主任意欲继之，有一段时间频访于山村田野间，后亦为政务所困，不得不停止，仅将若干碑刻拓片发表在某刊物上。故虽未成集，不为无因，二先生对东莞碑刻的关注与初步调研给后来者以启迪。

2009年，东莞市博物馆以馆藏文物为依托，结合研究课题，编辑出版《东莞市博物馆藏碑刻》，收录馆藏宋至民国碑刻五十一通，东莞碑刻首次得以结集出版。2014年，东莞市文化广电新闻出版局在第三次全国文物普查的基础上，编辑出版《东莞历代碑刻选集》，

---

① 陈伯陶：民国《东莞县志·凡例》，民国十六年铅印本，第1页。
② 同上书，第5页。
③ 陈伯陶：民国《东莞县志》卷91，民国十六年铅印本，第17页。
④ 同上。

收录东莞宋至民国碑刻二百通，此乃目前收录东莞碑刻最多的集子。如今东莞市袁崇焕纪念园将近年所收集之东莞碑刻拓片加以整理，编为《东莞市袁崇焕纪念园藏东莞碑刻拓片集》，收录元至民国碑刻七十二通。其时间以明清为主，门类以墓志、寺庙、祠堂碑为大宗，皆为前两集所未收者。东莞金石文献得以流传，主要得益于当地有识之士尊重和保护传统文化的良好风气。

碑志的撰写人必是经过挑选，具有一定文才的高官名士，而书丹者也是一时著名的书家，因而，碑刻是综合雕刻、书法、文学、历史，集实用性、观赏性与文献性于一体的艺术作品，被人们称为"刻在石头上的史书"。碑刻记载，关系乡邦文化至巨，深得学者重视。梁启超誉之为"现存之实迹"①，"为最可宝之史料"②。李根源称："金石之学，匪所以供爱玩，将补史志之阙，如以元以来碑不足道，则元以来之史可不讲乎！"③ 此均卓识之论。

碑刻是十分重要的考古材料，其所承载的历史信息往往最具真实性。因此，东莞碑刻具有无可替代的文献价值，它是研究东莞的历史演变、地理沿革、经济发展、社会组织、地方风物、人文教化、家族变迁、人物事件等问题的珍贵资料，可与传世文献、地方史志相互考证，补地方史的不足和阙失，为我们补史、证史提供重要依据。正如钱大昕所言："竹帛之文久而易坏，手钞板刻辗转失真，独金石铭勒出于千百载以前，犹见古人真面目，其文其事信而有征，故可宝也。"④

东莞碑刻门类广泛，数量众多，有较高的学术研究价值和艺术鉴赏价值。若《却金亭碑记》《却金坊记》等是研究中外文化交流、商业贸易的重要史料；若《奉两院禁约告示碑》《县示晓谕碑》等是研究东莞社会文化的重要史料；若《东莞重建儒学记》《宝安书院碑

---

① 梁启超：《中国历史研究法》第四章"说史料"，东方出版社 1996 年版，第 46 页。
② 同上书，第 66 页。
③ 李根源：《跋大理崇圣寺碑》，《景邃堂题跋》卷 2，民国二十一年苏州蔚门曲石精庐铅印本，第 11 页。
④ 钱大昕：《关中金石记叙》，载毕沅辑《关中金石记》卷首，《经训堂丛书》本，清光绪十三年大同书局石印本，第 1 页。

记》等是研究东莞教育和儒家文化的重要史料；若《十排义渡碑记》《倡建惠育医院碑记》《明善堂记》《新建粥炉碑记》《创立虎门义学记》等是研究东莞慈善事业的重要史料；若《石经幢》《重修天后古庙》《云冈古寺铭》《重建东岳行宫信士题名》《重修玉虚古庙碑记》等是研究佛教、道教在东莞传播历史的重要史料；若《袁氏祠堂记》《余氏祠堂记》《故通议大夫都察院左副都御史罗公（亨信）神道碑铭》《大明通奉大夫江西左布政使祁公（顺）墓志》等是研究东莞家族和人物的重要依据。又"若叶青为宋义士、王成为元忠臣，旧志并不之载，碑碣既出，故兹据以为传，补入人物略中"[①]。诸如此类，可供学术研究的空间领域甚宽。

东莞市文化广电新闻出版局、东莞市博物馆等单位对东莞现存碑刻的搜集整理，一方面有利于我们了解和保护这一传承已久的重要历史文物，另一方面也将为学界提供第一手原始资料，推动相关研究的深入，其功至伟。今东莞市袁崇焕纪念园以继其绪余，嘉惠学林，其功可表。

东莞金石刻鲜见专书，而原来散落于城镇乡村的历代碑刻，亟须抢救保护，勿任其流失荒野。此外，东莞籍人士在外地所撰、所书、所立之碑文，各种金石专书、志乘所载之东莞金石文字，其当时曾否刊石，至今或存或佚，皆亟待访求而整理者也。是为序。

二〇一五年九月广州暨南大学图书馆罗志欢谨序。

（原载《掇碑撷菁：东莞市袁崇焕纪念园藏东莞碑刻拓片集》，广东人民出版社 2016 年版）

---

① 陈伯陶：民国《东莞县志·凡例》，民国十六年铅印本，第 5 页。

走近大师藏书

——章太炎藏书及题跋批注学术评议*

　　章太炎（1868—1936），生前藏书从未公开，亦未编制目录。据太炎后人赠送暨南大学的藏书统计，① 凡 321 种，3923 册。按四部计，则经部 44 种（批注 6 种），329 册；史部 49 种（批注 5 种），1140 册；子部 105 种（批注 25 种），522 册；集部 58 种（批注 9 种），387 册。另有丛书 65 种（批注 19 种），1545 册。

　　章太炎藏书内容丰富，四部悉备，构成了一个较完整的图书资料体系。所藏多为通行之书，可见其收藏图书但求裨于实用，非斤斤于版本。据太炎遗嘱："余所有书籍，虽未精美，亦略足备用，其中明版书十余部，且弗轻视。"② 在暨南大学图书馆所藏太炎生前藏书中即有《百川学海》等 11 部明刻本，加之清乾隆以前的刻本，属善本范围者凡 28 种。而散落于藏书中尚未公开发表的太炎题跋、批注等遗文，③ 尤为珍贵，具有重要的文物和学术价值。

　　藏书中多有章太炎题签手迹，包括眉批、封面题签、书中夹条、篇章句读等形式。太炎长于书法，是一位典型的学者型书家。所藏《白沙子集》《二林居集》《李翰林集》《浪语集》（以上小篆）、《荆

---

　　* 与易淑琼合作。

　　① 20 世纪 80 年代初，承暨南大学著名史学专家陈乐素教授引荐，章氏后人将太炎生前藏书分批归公于暨南大学，以永久收藏。

　　② 章炳麟：《遗嘱》，载傅杰《自述与印象：章太炎》，生活·读书·新知三联书店 1997 年版，第 29 页。

　　③ 仅见章太炎弟子沈延国有《章太炎先生手批〈二林居集〉辑录》，收入钱仲联主编的《明清诗文研究资料集》，上海古籍出版社 1986 年版。文前说明："《二林居集》手批本，久藏苏州章氏故居，公子孟匡，倩抄一卷。"此手批本现为暨南大学收藏。

川文集》《徐灵胎医书》《伤寒明理论》《类证活人书》《金匮心典》
《问心堂温病条辨》《世说新语》《思辨录》《历代钟鼎彝器款识法
帖》（以上行草）等书封面，都有其亲笔题签，数量占全部藏书三分
之一以上，且多钤有"太炎""章炳麟""章炳麟印""馀杭章氏藏
书""菿汉老子藏书"诸印。行楷、行草、篆书等，各体皆精，从中
可以看出太炎藏书之源流以及他对印章的要求和眼光。① 他的小篆取
法《说文解字》，点画位置率真稚拙，形成了其篆书的风格特征。他
的行书喜作狭长形，古意盎然，以率真为主要特征，鲁迅书法中亦可
见章书的痕迹，欣赏价值甚高。

　　值得一提的是，这批藏书中还有少量与太炎先生交往的名人手
迹，如《王临川全集》中有梁启超朱笔校语，《等不等观杂录》封面
有章氏门生吴承仕"奉语章先生"等题赠笔迹。

　　在经部藏书中，除易、礼、毛诗、春秋、四书外，小学（文字、
音韵）类图书如《尔雅义疏》《释名疏证》《说文徐氏新补附考证》
《说文外编》《广韵》《集韵》《经典释文》以及日人冈井慎吾《五经
文字笺正》等，共有 20 种，约占所藏经部文献的 45%。而在史部藏
书中，更多的是诸如《小学考》《筠清馆金石文字》《历代钟鼎彝器
款识法帖》《古籀拾遗》以及大量的古泉、钱谱等书。这类文献正是
太炎早年治学的着力点。章太炎不以治史为主，但其史学根底深厚，
在 20 世纪初，他是对"近世"史学颇有造诣的学者。太炎收藏史籍
凡 1100 多册，然所作批注仅见《汉书补注》《水道提纲》等三五部，
批语 10 余则。子部藏书则广涉老子、庄子、列子、文子、墨子等著
作，尤以医学和佛教典籍为大宗，这两类文献数量超过了子部全部藏
书的 60%。可见太炎对医学和佛学研究用功甚勤。

　　不重天文，这是太炎先生读书的一贯特点，所以藏书中有历算而
没有天文类图书。其《说新文化与旧文化》一文谈及读书门径：《资
治通鉴》和《通典》《通考》，合起来不过六七百卷，可以读完的。
不过这些里面，也有许多不可以读的，如五行、天文等类，用处很

---

　　① 杭州章太炎纪念馆藏有章太炎印章十数枚。

少。① 在《思辨录辑要》中，针对陆世仪开列的包括天文、地理类的读书书目，太炎批注云："天文书习之何用?"② 可见其鲜明的阅读倾向。又如藏书中无戏剧类书。而小说类书中仅有《世说新语》和《阅微草堂笔记》，前者可归为轶事类，后者可归为神怪类，还称不上如《聊斋志异》《金瓶梅》类严格意义上的小说。就是在这仅有的两种宽泛意义上的小说批注中，太炎也是通过小说中所描绘的故事情节去做历史、哲学、医学方面的考察，表明太炎以学者和思想家而不是以文学家的眼光去读小说，或者，就算以文学家的身份读小说，也是以诗词文赋为传统文学正统来衡量的。

章太炎是以清代朴学的承传人和发扬者自我期许，开始他的学术和民族革命生涯的，早年标举"实事求是"之学，等视九流诸子，不独尊儒学。中年援佛证庄，体验到了建构自己哲学世界过程的高度精神愉悦，并进而以《齐物论释》为枢机，以庄证孔，以不齐为齐，开始重新坦然容纳诸多价值的并存，重新认识新旧儒学的价值。晚年对儒学浓重的现实精神感召多有认同。③ 太炎藏书中，虽然没有明确标记何书得于何时何地，但一般而言，有治学研究的需要才有购买收藏的动机，藏书大体涵盖了太炎早、中、晚年学术研究所需的主要参考文献，可从侧面进一步了解太炎读书兴趣、治学门径、学术渊源、学术观点、书法风格及其思想嬗变轨迹等。

将太炎藏书体系构成与其学术取向联系起来考察，可以为太炎学术思想等方面的研究提供更多的确证资料。

太炎博通经史百家，收藏书籍目的在于"备用"，故其藏书封面、书眉、卷首末空白处亦多有批注、序跋、题记等手迹。所书评语、题记，长则百余字，少则寥寥数语，悉庄重不苟。批语内容或发疑，或正误，或解惑，或纠谬，随手之间，颇多精义，反映出太炎学问的渊博、识断、精审及学术思想变迁情况。据统计，藏书中经太炎批注、句读、题端的书籍有 60 余种，600 余册，批语、序跋、题记近

① 汤志钧：《章太炎年谱长编》，中华书局 1979 年版，第 890 页。
② 章太炎所藏《思辨录辑要》卷 4，第 4 页。
③ 参见章炳麟《自述学术次第》《自述思想迁变之迹》，载傅杰《自述与印象：章太炎》，生活·读书·新知三联书店 1997 年版，第 1—17、18—20 页。

800 条。

从太炎藏书批注内容上考察，可见其学术思想触角涉及经学、文字学、音韵学、哲学、史学、诸子、佛学、文学、医学等诸多领域。批注中所表达的思想观点，揭示了太炎学术渊源及其思想嬗变轨迹，为读者提供了一个认识章太炎的全新的、独特的、更为宽广的视域。这里，我们结合章太炎儒学、医学、佛学藏书的批注，从学术角度评议如次。

一　儒家典籍中的批注

许多学者研究后发现，章太炎对王阳明及其学说的评价前后是不一贯的。戊戌维新时期，章氏曾撰《兴浙会序》一文，[①] 推许王阳明学术与事功兼优。20 世纪初，章太炎对王阳明评价逐渐低落，其《王学》认为，阳明学说根本没有多少新意。太炎对王阳明学术成就的态度明显转向了否定。[②] 这种转变，可在其所藏《王文成公全书》的批注中得到证实。

章太炎所藏《王文成公全书》三十八卷，为民国八年（1919）浙江图书馆刻本，太炎收藏研读此书的时间大约与《王文成公全书题辞》《王文成公全书后序》撰写时间相近。[③] 太炎对书里书外的许多问题发表了意见，其中尤以《传习录》的批注最为详瞻，共计 206 则。内容涉及哲学、儒、释、道和历史等方面，对王守仁及其门人弟子的学术思想评价全面而具体。值得注意的是，太炎批注的某些观点与《太炎文录补编》中的两篇议王文字有互相补充的作用。如《传习录》批语云：

---

①　章炳麟：《兴浙会序》，载朱维铮、姜义华《章太炎选集》（注释本），上海人民出版社 1981 年版，第 10—16 页。

②　章炳麟：《王学》，《訄书》重订本，《章太炎全集》（三），上海人民出版社 1985 年版，第 148—150 页。

③　此二文篇末署"中华民国十三年孟秋"。章炳麟：《太炎文录续编》卷 2 之上，《章太炎全集》（五），上海人民出版社 1985 年版，第 115—119 页。

（王阳明）先生发明"亲民""格物"之义，"亲民"之说尤确。然（朱子）误以"亲民"为"新民"，其极至于异言异服，放弃礼法；误解"格物"为穷至事物之理，其极至于玩物丧志，蔑视人理。在朱子时未必有此，而今正以此为祸基，则诚所谓洪水猛兽也。先生苦心分辨，人终不信，如之何哉。①

比照太炎《王文成公全书后序》，二者几乎同出一辙。与太炎晚年的两篇议王文字比较，能全面系统地反映出五四运动后太炎对王守仁的重新评价。较之青中年时期发表的《王学》（《訄书》）、《遣王氏》（《民报》）、《议王》（《检论》）诸文，《王文成公全书》中的批注所涉更广，某些观点与其晚年公开发表的议王文字颇有出入。前后思想观点的变化，为我们深入研究太炎对王守仁评价的转异，以及太炎本人晚年自藏锋芒的性格转向，提供了丰富的直接或间接的原始材料，可补五四以后太炎学术思想研究资料之阙。

这种学术思想的嬗变轨迹，同样见于其他藏书批注及序跋题记中。太炎对陈献章《白沙子全集》、王夫之《船山遗书》等儒家典籍分别撰写了序跋题记，其思想观点均有较系统的反映，而且某些观点与已发表的著作有相抵牾之处。如《船山遗书》题记云：

> 《船山遗书》二百八十八种（卷），伪清两江总督曾国藩刻于江宁。先生（王夫之）秉乾元之德，值废兴之际，潜耀制作，纲维华夏。今之光复，自其《黄书》《噩梦》出也。继大禹、尼父以后，盖一人耳。国藩生其乡里，而为羯胡尽力，勘灭洪氏，始犹以保民自号，功成，乃悉心从逆而不辞。晚盖悔之，而刻是书。有以知先生绪言遗教，虽蛾贼凶悖可化也。②

而已刊行的《书曾刻船山遗书后》则谓：

---

① 章太炎所藏《王文成公全书》卷1《语录》，第2页。
② 此则文字记于章太炎所藏《船山遗书》封面页，太炎批注本为清同治四年曾国荃金陵刻本。

王而农著书，一意以攘胡为本。曾国藩为清爪牙，踣王氏以致中兴，遽刻其遗书，何也？衡湘间士大夫以为国藩悔过之举，余终不敢信。……刻王氏遗书者，固以自道其志，非所谓悔过者也。①

可见其评价前后两相矛盾，诸如此类，亦散见于各处批注中，反映出章太炎对包括王学在内的儒学由否定到肯定的学术思想倾向，可资研究参考者甚多。

二　医学典籍中的批注

有人问章太炎：你的学问是经学第一，还是史学第一？太炎笑答：都不是，我是医学第一。② 太炎所言不虚。

章家世传中医，太炎祖、父及兄都精通医术。太炎治经之余，留心医事，欣赏古人"不为良相，当为良医"的名言，亦深通医道，极具中医功底。其早期即有论医文篇发表，晚年办过中医学校，出任苏州国医学校校长，创办中医杂志，与很多名医过从甚密，写过近百篇关于医学的论文、札记等，对祖国医学有过认真的研究。其藏书批注中的医论和药方对中医理论本身的丰富和完善作用自不待言，同时也为研究太炎的医学思想提供了第一手资料。

章太炎所藏医书共有 48 种，包括《外台秘要》（唐王焘著）、《类证活人书》（宋朱肱著）、《伤寒补亡论》（宋郭雍著）、《普济本事方》（宋许叔微著）、《伤寒明理论》（金成无己著）、《温疫论》（明吴有性著）、《医林指月》（清王琦辑）、《喻嘉言医书》（清喻昌著）、《徐灵胎医书》（清徐大椿著）、《伤寒来苏集》（清柯琴著）、《伤寒贯珠集》（清尤怡著）、《金匮心典》（清尤怡集注）、《温病条辨》（清吴瑭著）、《金匮要略论注》（清徐彬著）等。其中 24 种医学

---

① 章炳麟：《太炎文录续编》卷2之上，《章太炎全集》（五），上海人民出版社1985年版，第123页。

② 郑逸梅：《名人小事谈》，《艺林散叶荟编》总第175期，第9159条，中华书局1995年版。

典籍中有太炎的批注，对某些具体问题（如医案脉理等）分别作了评议。批注多达 300 余则，占太炎藏书全部批注的三分之一以上。批语内容主要是医论（另有少量药方），或考订，或纠谬，或以古今互证，充分反映太炎医学观点。

医学典籍中的批注，充分体现了太炎对伤寒、温病的关注以及对历代医家的评价。

章太炎作为经典伤寒学派的代表人物，其藏书中的医学批注体现了"独尊仲景，赞扬柯尤，效法陆氏，不信叶吴"①的医学观点。

太炎崇奉仲景学说，尝曰"医之圣者，莫如仲景"，对仲景所著的《伤寒论》一书推崇备至，又曰"余于方书，独信《伤寒论》"，故太炎论医，独以仲景为宗师，尤其关注伤寒、温病的研究，所藏医籍亦以这种类型最多。其医学批注颇能疏通滞义，片辞单语，殊多卓见。

太炎批注伤寒典籍，对柯琴、尤怡等医家赞赏有加。其《伤寒论今释序》云："自金以来，解《伤寒论》者多矣。……能卓然自立者，创通大义，莫如浙之柯氏；分擘条理，莫如吴之尤氏。噫乎！解《伤寒》者百余家，其能自立者不过二人。"②其情其态，跃然纸上。

清人柯琴对《内经》《伤寒论》研究精深，颇有心得，著有《伤寒论注》《伤寒论翼》《伤寒附翼》，合称《伤寒来苏集》，为伤寒学派的重要著作。而其中影响最大的是《伤寒论注》。太炎藏书中有两部《伤寒来苏集》，均为八卷，一为清乾隆三十一年（1766）博古堂重刻本，一为清扫叶山房刻本，批注凡 33 则，不少观点发前人所未发。如《伤寒论注》题记云：

> 《伤寒论》为仲景亡后叔和所编，其条目或无次第，世多疑叔和改定。按叔和于诸方有疑者，多自加按语。若小青龙汤喘去麻黄，加杏仁，则疑麻黄治喘，不当去。大柴胡汤无大黄则疑不

---

① 黄兆强、刘家华：《章炳麟医学见解略评》，《浙江中医杂志》1999 年第 1 期，第 33—34 页。

② 章炳麟：《章校长太炎先生医学遗著特辑》，《苏州国医杂志》1936 年第 10 期，第 75 页。

加大黄恐不为大柴胡汤。其余方下注云：疑非仲景方者，尚有数条皆见治平林校原本，成注己多去之。以此知叔和所见各本不同，故往往致其疑惑。夫据宋不同之本互相补充成为定本，自不能秩然就理，固非有意颠倒也。《痉湿暍篇》云：太阳所致痉、湿、暍等宜应别论。此则各本杂在《太阳篇》中，至叔和始，特为改编者，虽非仲景真本，以其自成条理，故后人无异言，今世改编《伤寒论》者亦犹叔和之编《痉湿暍》耳。夫戴记述事无序而魏征集类礼，左氏五十几例因事箸见，而杜预集释，例其在医经《素问》《针经》旧有篇第，而皇甫谧、杨上善之流又各分科编次，凡以使人易晓而已。夫改编《伤寒》者亦然，若必诬谰叔和，自谓己所定者即为仲景真本，只见其惑也，柯氏凡例云：虽非仲景编次或不失仲景心法，视方喻诸家为慎。①

纠前人之所误，补前人之不足，实与柯氏之论相得益彰，启迪后学。

所藏尤怡《伤寒贯珠集》八卷，批注 16 则，对尤氏注释的未尽之处予以阐发，有误者给予补正，足见太炎对《伤寒论》研究之精深。《金匮要略心典》三卷，批注 17 则，或释义，或引据《千金》《外台》以纠误，补尤氏书中之未备。

在太炎医学批注中，除柯琴、尤怡等少数医家外，对仲景以后的医家及其著作的评价均偏低。如在徐大椿《徐灵胎医书》的批注中，像"徐氏此论足破房劳伤寒用温补之惑"②的肯定评语凤毛麟角，而像"岂有七窍出血，状如服毒，而病家不咎，医家处得者，此殆妄语"③，"今人犹守洄溪之说，是亦不知天时者也"④，"洄溪但知人参补中，乃陋见也"⑤，"此说大谬！《伤寒论》称淋家、疮家、衄家、

① 此则题记见于太炎所藏《伤寒论注》卷首自序末之空白处。
② 章太炎所藏《医学源流论》卷上，第 29 页。
③ 同上书，第 64 页。
④ 章太炎所藏《医学源流论》卷下，第 6 页。
⑤ 同上书，第 19 页。

亡血家不可发汗，非为体虚及有旧病者制禁乎？"① "洄溪以为方不足取，真乡曲一孔之见！"② "观洄溪各案，伤寒只大承气一案。盖善治杂病，短于伤寒。正孙思邈之支裔也。《兰台轨范》乃用意纂述者，《伤寒类方》则随方编辑，而非有得于心也"，"此种妄称不知得自何书？"③等批评之语则俯拾皆是。

医学是太炎学术思想体系中一个极其重要的组成部分。他一生撰写各种医论百余篇，其藏书中的医学批注涉及大量中医文献考据、训诂、医史方面内容，在古医籍的文字释诂、辨异、本草及医经考校等方面的贡献尤为突出，学术价值甚高，值得整理研究。

三　佛教典籍中的批注

章太炎先生对佛学具有十分浓厚的兴趣，早在 1903 年，太炎因"苏报案"与邹容一起被囚禁于上海西牢，即于狱中潜研佛教，朝夕研诵《瑜伽师地论》，④ 对佛学理论进行深入的研究和阐释，尤其在对法相宗的研究中见解独到，造诣颇深。他评价佛教流派，倡言宗教改革；考证大乘源流，梳理佛教学说，为此曾著有大量研究佛学的文章。据许寿裳回忆，鲁迅接触佛学是受章太炎的影响。⑤

太炎藏书中，佛教经典多达 55 部，足可印证佛学在太炎思想中所占之重要地位。太炎为《白沙子全集》题记云："可谓豪杰贞固之士，于孔佛皆不尽也。"⑥另批注中多见对王学与佛儒异同阐幽发微的文字，这都说明了近代中国儒佛思想交叉渗透对文人的影响。"自清之季，佛法不在缁衣，而流入居士长者间"（《支那内学院缘起》），近代佛教的"居士佛教"特性，为文人研习佛教提供了更多便利。太炎于佛学"颇尝涉其樊柢者"（《支那内学院缘起》），他与近代一

---

① 章太炎所藏《医学源流论》卷下，第 23 页。
② 章太炎所藏《兰台轨范》卷 1《通治方》，第 26 页。
③ 章太炎所藏《洄溪医案》，第 7 页。
④ 许寿裳：《亡友鲁迅印象记》，人民文学出版社 1953 年版，第 46—48 页。此书见太炎藏书中。
⑤ 同上。
⑥ 章太炎所藏《白沙子全集》封面题记，太炎批注本为清康熙四十九年何九畤刻本。

些著名佛教居士，如杨文会、欧阳竟无、僧人太虚等有着很深的过往，其佛教类藏书中就有杨文会《等不等观杂录》和欧阳竟无《瑜伽师地论叙》等著作。在55种佛教类藏书中，"金陵刻经处"所刻多达25种。"金陵刻经处"由杨文会于清同治五年（1866）募资筹办，不仅从事佛经刻印、收藏、编校、流通的事业，还开展佛经的讲习和研究工作，梁启超即在此研习过。1918年，太炎与欧阳竟无、梁启超等人在金陵刻经处设立支那内学院筹备处，太炎为之撰《支那内学院缘起》，[①] 刊布在《支那内学院简章》中。《缘起》极其精练地概括了太炎学佛缘起，从入之途，唯识法相并为一宗，以及学佛"治心""修己治人"等现实主义，可以作为研究太炎哲学思想的重要材料。其后，又与太虚、王一亭等居士在上海成立佛学团体"觉社"，创办著名佛学杂志《觉社丛书》（后改名《海潮音》）。

就章太炎佛教类藏书内容看，主要有如下几类。

第一，大乘佛教各部类的重要译经，如《妙法华莲经》《大般涅槃经》《大方广佛华严经》《大宝积经》《维摩诘所说经卷》等。

第二，反映大乘佛教两大学派"中观学派"和"瑜伽行派"学说的经论等，如"中观学派"创始人龙树的著作《中论》《十二门论》；"瑜伽行派"创始人无著、世亲的著作《摄大乘论》《唯识二十论》等。

第三，佛教中国化（本土化）后反映各宗派学说的序、疏、解、赞等，包括华严宗、法相宗、禅宗净土宗等宗派。此外还有佛教音义方面的书，以及反映佛教名山祖庭肇始沿革的寺志和山志。寺志如《天童寺志》《天童寺续志》；山志如《清凉山志》《普陀洛迦新志》《峨眉山志》。其他如《南岳总胜集》等。可以看出太炎对于佛教各宗教义均能认真研习，从而较为全面吸收其内核，不偏激或贬损某一宗派。1934年9月，太炎在《与欧阳竟无论禅宗传授书》中云："大氐沙门以宗派相轧，务尽抑扬，如异部宗论述大众部师，大天恶行，

---

① 这篇文章不见《章氏丛书》《章氏丛书续编》《章氏丛书三编》《太炎文录续编》及新中国成立后出版的章太炎各种《选集》收录。全文见章炳麟《支那内学院缘起》（ht-tp：//www. cul—studies. com/Article/Print. asp？ArticleID＝3433）。

真乃覆载不容，彼《坛经》之揶揄师秀，又何足怪？"①

　　作为经学大师，太炎思想最主要方面还是"儒宗"，他于儒家思想中融汇了大量佛家各宗思想。他对清末居士彭绍升《二林居集》作了较为详细的批注，正表明了这一点。

　　彭绍升（1740—1796），字允初，别号尺木居士，又号知归子。江苏长洲（今吴县）人。清乾隆进士。家居不仕。喜陆、王之学，论学皆以见性为宗。尝与友人大阅藏经，居深山习静，素食持戒甚严，以禅释儒，欲调和儒、佛一家。著《二林居集》，有述占、杂著、书问、序跋、碑传、事状等卷。太炎批本为清光绪七年（1881）刻本，批语凡55则，大抵辨尺木之学，驳其迂阔诞妄之处。如：

　　　　佛家酬业之说，谓自力所牵，非谓有天神主宰之也。尺木惑于《感应篇》诬罔之论，故为此说。②
　　　　主静亦犹言务静耳，安可执著文字以为主宰也。《图说》"定"字本与佛家"入定"之义有异正，使"定"即"入定"，见有身者，亦未必不定也。四禅四定皆未离我见，亦自入定。③
　　　　动静若一，非心已住者不能主静，犹佛法奢摩他。即六度禅字，亦译为静虑，何得以舍动而求静为非？大抵尺木好为高论，又素信净土，不习止观，故其为论如此。④
　　　　尺木之病，在堕入天乘而更迷信神教。自以为近于横浦、慈湖，道原又恐其沦于禅寂，实则尺木之学于禅绝不相涉，于横浦、慈湖亦不相似也。⑤

　　这些佛教藏书及其批注为研究太炎的佛学思想提供了非常原始直观的材料和佐证。

　　章太炎批注藏书具有唯一、不可重复的特性，故属孤本范畴，具

---

①　汤志钧：《章太炎年谱长编》下册，中华书局1979年版，第617页。
②　章太炎所藏《二林居集》卷1，第6页。
③　同上书，第7页。
④　同上。
⑤　章太炎所藏《二林居集》卷3，第15页。

有较高的学术价值和文物价值。太炎藏书题跋批注的整理出版，可为学者研究太炎学术思想提供新材料、新视角，亦可作为《章太炎全集》的补遗。

以上粗陋之见，以俟方家一哂。

（原载《章太炎藏书题跋批注校录》卷首，齐鲁书社 2012 年版）

卷　二

目录与版本

《四库全书总目》著录广东文献研究*

　　《四库全书总目》二百卷，收录历代典籍共 10254 部，① 按中国古代传统的图书分类法分为经、史、子、集四部，各部下又分若干小类。全部书目分为两种类型：著录书和存目书。所谓"著录书"，即为《四库全书》收录的书籍；所谓"存目书"，指那些虽然没有被《四库全书》收录，但在《四库全书总目》中撰写了提要的书籍。出自乾隆三十八年（1773）五月十七日的上谕："止存书名，汇为总目。"②《四库全书总目》每一小类下，先列著录书的提要，次列存目书的提要。其中著录书有 3461 部，占总数 33.75%；存目书有 6793 部，占总数 66.25%，存目书远远多于著录书。至于《四库全书总目》以及与之密切相关的《四库全书》《四库全书存目丛书》收录了多少广东文献，广东文献在这部总目中著录书与存目书所占的比例如何，目前尚未看到相关的统计数字，因此，笔者尝试进行全面的调查、统计与分析，试图用获得的数据说明一些历史问题及现象，从一个侧面揭示广东文献在清代文化学术中的地位和影响。

　　广东文献属于地方文献范畴，根据图书馆学家杜定友对地方文献范围的界定，地方文献包括地方史料、地方人物与著述、地方出版物三部分。③ 本文着重考察广东人士的著述与入粤人士论述广东的文献。

---

　　* 与黄李霞合作。

　　① 关于《四库全书总目》收书的数目史籍记载不一，本文据《四库全书总目·出版说明》，中华书局 1965 年版，第 3 页。

　　② 《谕内阁著总裁等将进到各书详核汇为总目并妥议给还遗书办法》，中国第一历史档案馆《纂修四库全书档案》，上海古籍出版社 1997 年版，第 117 页。

　　③ 杜定友：《地方文献的搜集整理与使用》，载钱亚新、白国应《杜定友图书馆学论文选集》，书目文献出版社 1988 年版，第 364 页。

关于《四库全书总目》及相关丛书中的粤版书将另文介绍。

一　《四库全书总目》著录书和存目书中的广东文献

（一）存目书远多于著录书

根据调查，《四库全书总目》收录广东文献存目书数量远多于著录书数量，详见表1：

表1　　　《四库全书总目》收录广东文献著录书、存目书统计

收录情况　　　　分类	经部	史部	子部	集部	合计
《四库全书总目》收录总数（部）	16	70	40	67	193
著录书数（部）	2	16	12	13	43
占收录总数（%）	12.5	22.86	30	19.4	22.28
存目书数（部）	14	54	28	54	150
占收录总数（%）	87.5	77.14	70	80.6	77.72

从表1可见，广东文献之存目书超过70%，而著录书不足30%。在编纂《四库全书总目》过程中，四库馆臣根据当时严格的去取标准，对图书进行了分级，优秀之作及长短互见、瑕不掩瑜者列为著录书，《四库全书》予以收录；寻常著述、无所启发者，或"言非立训，义或违经"者，[①] 列为存目书，仅存书名和提要，《四库全书》不予收录。在今天看来，存目书中的广东文献，绝大部分都有它的文献和学术价值，如明陈建、黄佐、湛若水，清梁佩兰、何梦瑶、郑之侨等人的著述，只因不符合《四库全书》的收录标准而被列入存目书。正如黄永年指出，"存目之书不一定都不如著录书"，"有许多还正可补著录之所缺"[②]。

---

① 纪昀：《四库全书总目·凡例》，《四库全书总目》卷首，中华书局1965年版，第17页。

② 黄永年：《谈〈四库全书存目丛书〉》，《黄永年古籍序跋述论辑录》，中华书局2007年版，第313页。

（二）收入《四库全书》的广东文献

清代抄写的七部《四库全书》中，今仅存文渊阁、文溯阁、文津阁和文澜阁四部。① 其中文渊阁本收录广东文献数量见表2：

表2　　　　　　　《四库全书》收录广东文献统计

收录情况＼分类	经部	史部	子部	集部	合计
《四库全书总目》著录书数（部）	2	16	12	13	43
《四库全书》收录数（部）	2	16	12	13	43
占著录书数（％）	100	100	100	100	100

《四库全书总目》著录书中的广东文献有43部，全都能够在文渊阁本《四库全书》中查到，说明已经收进《四库全书》的广东文献在之后的历次审查中没有被抽毁撤换。相关研究显示，不同版本的《四库全书总目》所载书的数目各不相同，而七阁《四库全书》的收书数量也是不一致的。陈垣调查统计文津阁《四库全书》（3470部）② 比《四库全书总目》收录书目（3461部）多出9部，③ 就是一个例证。更有甚者，"不同阁本的同一种书，其卷数、篇数未必相同，有的甚至出入较大；即使卷数、篇数相同，文字也会存在差异"④。这种情况在广东文献中同样存在。与文津阁《四库全书》对比，文渊阁《四库全书》遗漏尚多。如宋李昴英《文溪存稿》，遗漏《文溪存稿原序》《文溪文稿论》等19篇；明孙蕡《西庵集》，遗漏黄佐、叶春及撰《西庵集传》2篇；明丘濬《重编琼台稿》，遗漏《梁文

① 文澜阁本因战火残存半部，清光绪间，丁申、丁丙兄弟搜集抄补齐全，现藏浙江省图书馆。

② 陈垣：《景印四库全书原本提要缘起》，《中华图书馆协会会报》1927年第3期。

③ 中华书局1965年版《四库全书总目》附《四库撤毁书提要》恰好9部，两者是否有关，待考。

④ 杨讷、李晓明：《文渊阁四库全书补遗·前言》，《文渊阁四库全书补遗》卷首，北京图书馆出版社1997年版，第4页。

吟》《浩浩歌》等21篇；明梁储《郁洲遗稿》，遗漏卷首黄佐《郁洲遗稿序》、卷三《乞致仕疏》（两首）等5篇；明黎民表《瑶石山人稿》，遗漏《和白石蔡公蓟镇报捷》《闻青州报警》2篇；明海瑞《备忘集》，遗漏《保甲告示》《禀袁察院揭帖》等5篇；明叶春及《石洞集》，遗漏卷首万历甲午沈铁继《石洞集序》、卷二《上书记》2篇。① 其篇数之不同竟如此之大，以至于同一本书字词句之间的差异更是不胜枚举。

（三）收入《四库全书存目丛书》的广东文献

《四库全书存目丛书》由季羡林任总编纂，收录《四库全书总目》存目书中的4508部，于1996年由齐鲁书社出版。2002年，该社又影印出版《四库全书存目丛书补编》，收入正编所遗存目书219部。正、续编合计共收书4727部，占《四库全书总目》存目书总数69.59%。《四库全书存目丛书》收录广东文献数量见表3：

表3　　　　《四库全书存目丛书》（含补编）收录广东文献统计

收录情况　　　分类	经部	史部	子部	集部	合计
《四库全书总目》存目书数（部）	14	54	28	54	150
《四库全书存目丛书》收录数（部）	11	43	20	43	117
占存目书数（%）	78.57	79.63	71.43	79.63	78

《四库全书总目》存目书与《四库全书存目丛书》实际收书不是一一对应的。两者的编纂时间相隔两百多年，因天灾人祸等，存目书很多不复存在，所以《四库全书总目》存目书中有2066部没有收进《四库全书存目丛书》中，占总数30.41%，这些典籍除部分暂未查明下落外，大部分已不存于世。《四库全书总目》存目书中有广东文献150部，其中有33部没有被收进《四库全书存目丛书》中，占总

---

① 以上见杨讷、李晓明编《文渊阁四库全书补遗》（集部），北京图书馆出版社1997年版。

数22%，反映出广东文献散佚情况比较严重。如明番禺王渐逵的《青萝集》、南海陈绍儒的《大司空遗稿》、广州佘世亨的《佘山人诗集》等一批著作今已难觅其踪影。陈登原在《古今典籍聚散考》中提出，文献散佚的原因有"四厄"：受厄于独夫之专断而成其聚散；受厄于人事之不臧而成其聚散；受厄于兵匪之扰乱而成其聚散；受厄于藏弆者之鲜克有终而成其聚散。① 另外，因为"岭南地湿，易长蠹鱼，藏书无至二百年者"②，湿热的气候不利于书籍的保存，这也是造成广东文献散佚的重要原因之一。

二 《四库全书总目》中的广东人士著述

（一）以四部划分的情况

表4 分类统计

收录情况 \ 分类	经部	史部	子部	集部	合计
《四库全书总目》收录总数（部）	16	70	40	67	193
广东人士著述数（部）	16	32	23	56	127
占收录总数（%）	100	45.71	57.5	83.58	65.8

《四库全书总目》收录的广东文献中有65.8%是广东人士的著述。其中经学著作和诗文集所占比例较大，特别是经部的著作，百分之百为广东人所编撰。③ 广东经学研究在宋代得到较大发展，至明代而蔚然大观，经学家辈出，其中较有名者有方献夫、郑朔、黎遂球、薛侃、庞嵩、湛若水、丘濬、黄佐、杨起元、区大伦、黄士俊、张萱、梁斗辉、杨昌文等。诸家或通一经，或兼通数经。明代广东学者释经解经之作，据阮志《艺文略》著录凡141部。各类中，以《易》

---

① 陈登原：《古今典籍聚散考》卷首，上海书店1983年版，第16页。

② 曾钊：《古输廖山馆藏书目录序》，载陈在谦《国朝岭南文钞》卷17，清道光学海堂刻本，第5页。

③ 屈大均：《广东新语》卷11，中华书局1985年版，第320、323页。

《礼》为最多，《春秋》《四书》次之。明儒师承"宋学"，只读朱熹《四书集注》，而不读"五经"，以此参加八股文取士。值得注意的是，在这一时期，广东治"五经"者颇多。考察现存广东经学文献，有关《易》和《礼》的占了很大的比例，研究经书的论著十分可观，其成就甚至超过了唐、宋两代，这说明广东经学研究努力冲出宋元"奉程朱理学为圭臬"的氛围，打破程朱思想的垄断，具有积极的意义。明末清初，理学流于空谈，逐渐衰微，实学取而代之。《四库全书总目》收录薛侃《图书质疑》、方献夫《周易传义约说》、黎遂球《周易爻物当名》等明人经学著作凡 14 部，而清人著作仅有何梦瑶《赓和录》和廖文英《正字通》2 部，而且都被列入存目书。

（二）以朝代划分的情况

表 5 　　　　　　　　　　　**朝代统计**

收录情况　　　　　　　分类	晋	唐	南汉	宋	明	清	不详	合计
《四库全书总目》收录总数（部）	5	5	1	9	120	50	3	193
广东人士著述数（部）	0	4	0	6	102	14	1	127
占收录总数（%）	0	80	0	66.67	85	28	33.33	65.8

表 5 显示，《四库全书总目》收录广东人士的著述，只有唐、宋、明、清四朝的记录。在唐代 5 部广东文献中，广东人士著述共 4 部，其中张九龄独占 3 部，另一部是刘恂的《岭表录异》。这是《四库全书总目》记载最早的广东人士著述。明代广东人士著述最多，占总数的 85% 。简又文说："广东文化至明而大盛。"[①] 其时全省有科举人才接近 8000 人，陈献章、黄佐等大儒名家辈出，"一扫以往广东人才单薄局面"[②]。且书院林立，藏书、刻书业发达，广东文献数量增加，

---

① 简又文：《广东文化之研究》，《广东文物》卷 8，中国文化协进会 1941 年版，第 678 页。

② 广东历史地图集编辑委员会：《广东历史地图集》，广东省地图出版社 1995 年版，第 143 页。

影响扩大。相关统计数字显示，到了清代，广东文献数量急剧下降，广东人士著述仅有 14 部。这种情况的出现，一方面是因为《四库全书总目》本身收录不全，主观或客观上的遗漏很多（如宋方信孺《南海百咏》、葛长庚《重编海琼白玉蟾文集》等），而收书年限只到乾隆四十六年（1781）；另一方面是因为清廷编纂《四库全书》时，对明末清初著作禁毁删削严酷。清初满兵南下，广东是主要战场，许多知识分子仗义死国，幸存者或退隐山林，或遁迹空门，或以诗文自娱，学者无闻，人才浅露。虽有屈大均、陈恭尹、梁佩兰等岭南大家，但他们的著述或多或少带有反清复明的思想，所以许多抗清志士的著作为清廷所禁。如番禺屈大均《翁山文外》等著作在康熙、雍正、乾隆三朝都被禁毁，是影响颇大的一宗文字狱案；顺治年间，博罗韩宗骒（释函可）因撰《变记》（又名《再变记》）一书而成了清朝以文获罪的第一个罹难者；乾隆年间，丹霞寺住持澹归和尚（金堡）《遍行堂集》等一切著作包括墨迹、碑刻一并销毁，不许片纸只字留存；嘉应州疯人梁三川因一部《念泉冤录》而给他的全家及亲族带来了抄斩之祸；崖州三亚村回民海富润只因携带回汉文经书《特直威德》《天方至圣实录年谱》等差点酿成悲剧。据雷梦辰《清代各省禁书汇考》统计，乾隆间被禁毁的广东文献多达 182 部（次）。①清代广东文献数量急剧下降与文字狱有很大的关系。

（三）以地域划分的情况

表6　　　　　　　　　　　　地域统计②

序号	作者里籍	《四库全书总目》收录数（部）	占广东人士著述总数（127 部）（%）
1	南海	26	20.47
2	香山	13	10.24
3	番禺	13	10.24

---

① 据雷梦辰《清代各省禁书汇考》统计，书目文献出版社 1898 年版。
② 因个别著作有多个作者，故与广东人士著作总数略有出入，又各表百分比保留小数点后两位，本表和表9中合计之百分比会有微小差异，因无碍阅读理解，故仍之。

续表

序号	作者里籍	《四库全书总目》收录数（部）	占广东人士著述总数（127部）（%）
4	琼山	11	8.66
5	增城	11	8.66
6	东莞	9	7.09
7	新会	8	6.3
8	顺德	6	4.72
9	归善	6	4.72
10	揭阳	4	3.15
11	曲江	4	3.15
12	海阳	3	2.36
13	博罗	2	1.57
14	连州	2	1.57
15	澄海	2	1.57
16	从化	2	1.57
17	不详	2	1.57
18	潮阳	1	0.79
19	安定	1	0.79
20	海康	1	0.79
合计		127	100

　　屈大均认为，岭南文化的发展轨迹与"天地之气"（指社会、经济、文化的客观因素和趋势）的变化流向相同，即都是"自西北而东南"发展。① 考察广东的历史，与屈氏所言吻合。宋代以后，岭南经济文化重心南移，特别是明清两代，以番禺为中心的珠三角地区迅速崛起，成为政治、经济、文化中心。其时人才荟萃，书院林立，学术、著述风气浓厚，文化甚为发达。表6显示，《四库全书总目》收录的广东人士著述，其作者主要集中在南海、香山、番禺、增城、东

---

　　① 屈大均：《广东新语》卷11，中华书局1985年版，第320、323页。

莞、新会、顺德、归善等。如陈献章、方献夫、霍韬、黄佐、郭棐、湛若水等，都是该地区著述丰富、卓有成就的文献学家。明清这一地区出版业高度发达，因而文献数量高居全省前列。值得注意的是，从明代起，随着社会经济进步，海南琼山地区人才辈出，学风隆盛。丘濬、海瑞等著名人物诞生其间，流风所播，教化大开，学校兴盛，出现了文化繁荣局面，该地区的著作竟多达 11 部，超过东莞、新会，与增城比肩。

三 《四库全书总目》中论述广东的文献

（一）以四部划分的情况

表 7 分类统计

	经部	史部	子部	集部	合计
《四库全书总目》收录总数（部）	16	70	40	67	193
入粤人士论述广东的文献数（部）	0	38	17	11	66
占收录总数（%）	0	54.29	42.5	16.42	34.2

《四库全书总目》收录的广东文献中，有 34.2% 是入粤人士论述广东的文献。其中最多的是史部，次则子部和集部。史部著作主要集中在奏疏、传记、史志、风土杂记以及主持编修的地方志诸类。例如，明江苏昆山叶盛，天顺二年（1458）巡抚两广，其间所上疏稿之汇编《两广奏疏》；清山东高唐人朱宏祚，曾巡抚两粤，在粤五年，凡上 165 疏，汇编为《清忠堂奏疏》；明浙江奉化人戴璟的《广东通志初稿》，清代三部《广东通志》分别由历任两广总督金光祖（汉军正白旗人）、郝玉麟（汉军镶白旗人）、阮元（江苏仪征人）所修。子部有东晋医药学家葛洪（江苏句容人）的著作多部，咸和年间（326—334）葛洪在广东罗浮山边炼丹行医，边从事著述，代表

作有《抱朴子内外篇》等；唐宋八大家之一苏辙（四川眉山人），绍圣三年（1096）谪居雷州，后移循州（今广东龙川县），其间撰《龙川略志》《龙川别志》，追忆生平经历及记载所闻见之事。集部著作主要集中在别集和总集。别集多为入粤人士在广东游历所见所闻之结集，如明江西泰和人郭子章、福建连江人陈第各有《粤草》一书；清山东新城人王士禛、江西金溪人冯咏各有《南海集》一书。总集多为岭南一地文献的汇编，如明湖广蕲阳人张邦翼所辑的《岭南文献》、福建晋江人杨瞿崃所辑的《岭南文献轨范补遗》等。广东文献的形成和发展，不仅取决于自身的历史、地理条件，也有赖于开放容纳、兼收并蓄的风尚。历史上入粤人物对岭南地方文献的繁荣和发展起着重要的作用。

（二）以朝代划分的情况

表8　　　　　　　　　　　朝代统计

收录情况＼分类	晋	唐	南汉	宋	明	清	不详	合计
《四库全书总目》收录总数（部）	5	5	1	9	120	50	3	193
入粤人士论述广东的文献数（部）	5	1	1	3	18	36	2	66
占收录总数（％）	100	20	100	33.33	15	72	66.67	34.2

表8显示，晋、明、清三朝入粤人士论述广东的文献较多。晋代主要包括葛洪的著作和嵇含的《南方草木状》等，这是《四库全书总目》收录最早的入粤人士论述广东的文献。到了唐代，由于大庾岭路的开通，大大促进了岭南与中原的文化交流，推动了岭南政治、经济、科技、学术的发展。明清两代，广东与岭外的文化交流增多，各地人民不断逾岭南来，述粤文献明显增多。有趣的是，明代的广东文献多至120部，而入粤人士论述广东的文献18部，所占比例仅有15％，远远低于其他各朝，其个中原因有待进一步研究。

（三）以地域划分的情况

表9　　　　　　　　　　地域统计

序号	作者里籍	《四库全书总目》收录数（部）	占入粤人士论述广东的文献总数（66部）（%）
1	江苏	13	19.70
2	浙江	11	16.67
3	山东	11	16.67
4	福建	9	13.64
5	江西	5	7.58
6	安徽	5	7.58
7	湖北	3	4.55
8	未详	2	3.03
9	河南	2	3.03
10	内蒙古	2	3.03
11	上海	1	1.52
12	四川	1	1.52
13	广西	1	1.52
合计		66	100

　　表9显示，在入粤人士论述广东的文献中，作者来自全国13个地区。这些作者的身份以及进入广东的原因各异：有诗人学者、文臣武将、道释二氏；或为朝廷命官，或为游山玩水，或为传经说教。他们把在广东的所见所闻著述成帙，从不同角度记述和介绍了广东山川地貌、风土人情、工艺物产、历史文化、逸闻掌故等，以广东或岭南为主要内容的文献一时十分盛行。来自偏远地区的有内蒙古汉军镶白旗人郝玉麟，清雍正六年（1728）奉旨任广东总督，任上主持编修《广东通志》，创新体例，设《编年志》二卷，记自五帝至雍正八年（1730）的广东事史。另一内蒙古汉军镶蓝旗人韩作栋，顺治间分巡肇高廉罗道，任上编有《七星岩志》。清陕西武功县人焦映汉，康熙

四十四年（1779）任海南分巡雷琼兵备道，任上重视教化，倡议捐资筹建琼台书院。他和来自河北河间的贾棠一道，搜集当地名贤丘濬和海瑞的著作，合刻为《丘海二公文集合编》。江苏、浙江、山东和福建四个省份入粤人士论述广东的文献最多，这些地区经济、文化发达，人文气息浓厚，人才辈出，为官在外的人自然不少。另外，因地属沿海，与交通、地缘因素也有很大的关系。

四　《四库全书总目》中广东文献版本来源

《四库全书总目》所收录之书均记其版本来源，大体可分为六种：一曰敕撰本；二曰内府本；三曰永乐大典本；四曰各省采进本；五曰私人进献本；六曰通行本。[①] 广东文献所据版本来源详见表10：

表10　　　　　　　　　版本类型及来源统计

版本类型	序号	版本来源	经部	史部	子部	集部	合计
内府本	1	内府藏本	0	3	4	1	8
永乐大典本	1	永乐大典本	0	2	1	0	3
各省采进本	1	浙江巡抚采进本	2	9	7	11	29
	2	两淮盐政采进本	3	8	1	3	15
	3	江苏巡抚采进本	0	5	3	4	12
	4	两江总督采进本	1	1	4	5	11
	5	江西巡抚采进本	0	3	2	5	10
	6	安徽巡抚采进本	0	3	1	4	8
	7	山东巡抚采进本	0	3	1	1	5
	8	广东巡抚采进本	1	0	1	3	5
	9	河南巡抚采进本	1	1	2	0	4
	10	直隶总督采进本	0	0	1	1	2
	11	福建巡抚采进本	0	0	0	1	1

---

① 郭伯恭：《四库全书纂修考》，岳麓书社2010年版，第75—80页。

版本类型	序号	版本来源	经部	史部	子部	集部	合计
私人进献本	1	浙江汪启淑家藏本	1	7	0	4	12
	2	两淮马裕家藏本	2	5	0	4	11
	3	浙江范懋柱家天一阁藏本	0	8	1	1	10
	4	副都御史黄登贤家藏本	1	1	2	3	7
	5	江苏周厚堉家藏本	0	2	1	4	7
	6	浙江汪汝瑮家藏本	0	1	0	5	6
	7	浙江鲍士恭家藏本	0	1	2	0	3
	8	浙江郑大节家藏本	0	2	1	0	3
	9	浙江孙仰曾家藏本	0	0	0	3	3
	10	编修程晋芳家藏本	0	1	1	0	2
	11	兵部侍郎纪昀家藏本	0	1	1	0	2
	12	编修吴典家藏本	0	0	0	2	2
	13	原任工部侍郎李友棠家藏本	1	0	0	0	1
	14	少詹事陆费墀家藏本	0	1	0	0	1
	15	礼部尚书曹秀先家藏本	1	0	0	0	1
	16	编修励守谦家藏本	0	1	0	0	1
	17	编修周永年家藏本	0	0	1	0	1
	18	衍圣公孔昭焕家藏本	0	0	1	0	1
	19	编修汪如藻家藏本	0	0	0	1	1
	20	大学士英廉家藏本	0	1	0	0	1
通行本	1	通行本	1	1	1	1	4
合　计		34	16	70	40	67	193

　　据表10统计，《四库全书总目》收录广东文献版本来源有内府本8部、永乐大典本3部、各省（11个）采进本102部、私人（20家）进献本76部、通行本4部。从版本来源可考察广东文献的学术价值，如晋葛洪的《西京杂记》、宋苏辙的《龙川略志》、明陈建的《学蔀通辨》、清王士禛的《南来志》等内府本，是清内廷藏书珍品，专供皇帝御览之书。唐刘恂的《岭表录异》、宋王宗稷的《东坡年谱》、王辅的《峡山神异记》3部，是辑录《永乐大典》散佚之书，具有辑

佚和校勘的巨大价值。这些具有史学与学术价值的广东文献曾为海内学者、藏书家竞相搜求和购藏，使之得以在浙江、江苏、江西、安徽、山东、河南、福建等地区传播。可见，通过对版本来源的调查和统计，可以了解在编纂《四库全书》时关于广东文献的征集、进献以及在全国各地的收藏和流传情况。

（原载《图书馆论坛》2016 年第 7 期）

历代岭南书目编制与遗存

文献编目是整理文献的重要内容。记载学术著作的古书目录与古代学术密不可分，是中国古代学术的组成部分。书目不仅著录历代典籍的存与亡，而且反映历代学术发展、演变，叙列学术发展的脉络、源流，评价人品、学术之优劣、短长。推而广之，岭南地方性书目则反映岭南一地学术活动和学术发展、演变。本文着重叙述历代岭南文献著述、藏书、刻印书目的编制与遗存，从侧面反映岭南学术的发展、演变的状况。

一　历代书目大概

著述书目　断代史书中的图书目录，首创于班固的《汉书·艺文志》。有纪当代藏书和纪当代著述两种编纂方法。纪当代藏书者，今存《汉书·艺文志》《隋书·经籍志》《旧唐书·经籍志》《新唐书·艺文志》《宋史·艺文志》5 种，多据政府藏书目录简化而成。通录古今典籍，编入史书，以表一代藏书之盛，故称为史志目录。纪当代著述者有《明史·艺文志》《清史稿·艺文志》及清人各种补史中的《艺文志》。这些史志目录著录岭南文献的情况，明黄佐及清阮元修纂的《广东通志·艺文略》多有征引，可作参考。据初步统计，阮志《艺文略》征引《隋志》35 种、新旧《唐志》合 41 种、《宋志》61 种、《明志》50 种。另外，《直斋书录解题》《郡斋读书志》《文献通考》《通志略》《舆地纪胜》《千顷堂书目》《经义考》等公私书目也收录了数量不等的岭南文献，总计约 350 种，大致反映了清初以前史志目录记录岭南文献的情况。

　　地方文献书目收录地方史料、地方人士著述和地方出版物三方面的内容。官修者以史志中的《艺文志》较齐备，地方志中的《艺文略》记载当地先贤著述最为详尽，是人们研究当地历代文献佚存的重要材料。一般来说，艺文志的著录体例有杂录诗文和记载图书两种，而杂录诗文的《艺文略》不是严格意义上的目录。宋代修纂的岭南地方志未见流传，今天可见的以元大德八年（1304）陈大震重修《南海志》二十卷为最早，但这个刻本到明朝已残缺不全，所存卷六至卷十中，没有《艺文略》一门。现存广东明清两代的6部通志中，记载图书的只有明黄佐和清阮元的《艺文略》。可以说，岭南史志中的书目最早者首推黄志《艺文略》，最完备者首推阮志《艺文略》。除上述通志外，各府、州、县志多有《艺文略》可供查检。

　　藏书书目　徐信符在《广东藏书记略》中说："自宋而后，正史艺文、经籍诸志，于官家阁库所藏，固有书目，即私家藏书，亦自撰目录，今所传宋晁公武《郡斋读书志》，陈振孙《直斋书录解题》，其卓卓者也。"① 文中还列举了许多公私藏书目录，以证明宋以来编纂书目之盛。史载岭南在宋代编刻了大量的地方志，文化事业达到了比较繁荣的程度。有丰富的刻书，理应有相当数量的藏书，但未见岭南私人藏书目录传世，公藏方面仅见宋以后编纂的史志目录有零星记载。

　　宋以前的岭南私家藏书已不可考。明清时期，岭南藏书号称有数十家，但有书目传世者寥寥无几。徐信符认为，明代博罗张萱著作繁富，《西园全集》卓卓有名。有"论世斋""汇史楼""函雅楼""簏经堂""癖古斋"，皆其藏书之地，"惜乎藏目不可见耳"②。而清代嘉庆道光以后，广东南海吴荣光最富收藏，"筠清馆"中书画碑帖储蓄充牣，最后感叹说："但无藏书目录，斯为可惜。"③ 他在《广东藏书纪事诗稿》中说："荷屋（吴荣光）储蓄充栋，多属精椠，惜无藏书目录流布耳。"④ 可见他对岭南藏书目严重缺失感到无奈。这种状况

────────────

① 徐信符：《广东藏书记略》，《广东文物》卷9，上海书店1990年版，第852页。
② 同上书，第853页。
③ 同上书，第854页。
④ 徐信符：《广东藏书纪事诗稿》，《广大学报》1949年复刊第1卷第1期。

成为研究岭南著书史、刻书史、藏书史，乃至岭南文化史和学术史的桎梏。

　　岭南藏书家虽多未编制书目，但喜欢根据家中藏书编辑和刻印丛书。这些丛书规模宏大，覆盖面广，大致反映了各家藏书的基本情况，实际上也兼有私家藏书和刻书目录的功用，对研究当地藏书、刻书以及文献传播具有一定价值。

　　屈大均虽非以藏书著名，然对于岭南文献搜罗宏富。其于"兵火之余，搜罗残缺。出于壁中，求之枕上"①。家乡沙亭有"三闾书院"书藏，为乡学藏书之地。此外还有"四百三十二峰草堂"书藏。② 其著述繁博，得益于丰富的藏书，其整理辑刻岭南文献，亦得藏书之助。《广东文集》汇集"大约大家数十，名家数百。近而穗城，远而琼甸"③。人各一集，总计300余卷。《广东文选》凡40余卷，自汉至明，共选录169人的著作。内有各类文章483篇，诗词757题956首。此外，未成或成而未刻者有《广东文集》《岭南诗选》《广东丛书》等。若没有丰富的藏书为基础，也许屈大均是没有足够信心进行如此巨大工程的，其收藏之富可见一斑。

　　伍崇曜有"粤雅堂"书藏，"遍收四部图书，尤重此邦文献"④，名其藏书处曰"远爱楼"，内"储书万签"⑤。遂招揽人才，校刻古书。择其罕见遗书，先后刻成《岭南遗书》《粤十三家集》《楚庭耆旧遗诗》等。所刻丛书为南粤之首，亦可见其搜藏岭南文献至富。

　　温汝能家富藏书，曾筑室莲溪之上，藏书数万卷。由富藏而博览，毕数年之功，编成《粤东文海》66卷、《粤东诗海》100卷补遗6卷。二集收录岭南诗文近1500家，他书不载的作品，幸赖本书而得以保存和流传，实大有功于岭南文化。谭莹称其"乡邦之文献足

　　① 屈大均：《广东新语》卷11，中华书局1985年版，第318页。

　　② 屈大均：《翁山文外·自序》，《翁山文外》卷首，《续修四库全书》第1412册，上海古籍出版社2002年版。阮志《艺文略》著录存。

　　③ 屈大均：《广东新语》卷11，中华书局1985年版，第318页。

　　④ 谭莹：《粤雅堂记》，《乐志堂文集》卷11，《续修四库全书》第1528册，上海古籍出版社2002年版，第12页。

　　⑤ 谭莹：《远爱楼记》，《乐志堂文集》卷11，《续修四库全书》第1528册，上海古籍出版社2002年版，第15页。

徵，今古之耆贤略备"①，实不为过。

此外，潘仕成《海山仙馆丛书》、黄登《岭南五朝诗选》、梁善长《广东诗粹》、罗学鹏《广东文献》、凌扬藻《国朝岭海诗钞》等，皆当时各家所藏珍本。这些以家藏为辑刻对象的丛书，为我们今天研究岭南的历史，尤其是文化史、学术史提供了一部较全面系统的综合性群书目录。

古代书院富于藏书，其来源于朝廷赐书、官府征集和私人捐赠，也有用捐款或其他经费购置的。此外，书院还有"掌刊辑古今之经籍"的职责。从宋至清，岭南地区有书院近 500 所，② 编有藏书目录或刻书目录的只有广雅书院（广州）、丰湖书院（惠州）和绥江书院（四会）。现存有《广雅书院藏书目录》《广雅书院藏书目录补遗》《广东广雅书局刻书目》《广雅版片印行所书目》《丰湖藏书捐书编目》《绥江书院藏书目》等，均为晚清所编。《绥江书院藏书目》没有单行本，仅见地方志著录。所藏书籍系代理县事肇庆府经历陈应泰于清光绪十八年（1892）捐置。数量虽只有 30 种，然经、史、子、集、丛俱全。③

刻书书目　关于中国出版印刷史研究，奠基之作有叶昌炽的《藏书纪事诗》（1897）和叶德辉的《书林清话》（1911）。《藏书纪事诗》以诗的形式记述自五代到清末藏书家的事迹，其中收录了不少历代刻书、抄书、校书等方面的资料。④《书林清话》则用笔记体记载了我国古代图书的历史知识和出版印刷史料，包括雕板源流、官刻、私刻、坊刻及宋以来历代刻书情况。着意研究地方刻书者，则有王国维的《两浙古刊本考》、叶长青的《闽本考》等。

明清之际，岭南地区刻书业较为发达，但专门著录岭南地方出版物的书目并不多见。从现存资料看，黄佐《广东通志·艺文略》是

---

① 谭莹：《柳堂师友诗录序》，《柳堂师友诗录》卷首，清同治二年刻本，第 2 页。温汝能辑有《粤东诗海序目》1 卷，民国蓝格抄本。

② 据广东历史地图集编辑委员会《广东历史地图集》统计，广东省地图出版社 1995 年版，第 88—89 页。

③ 陈志喆修，吴大猷纂：光绪《四会县志》编二书院，清光绪二十二年刻本。

④ 此类文献广东有伦明的《辛亥以来藏书纪事诗》、徐信符的《广东藏书纪事诗》。

最早在书目中记载版本的志书。到了清中晚期，广雅书局的开设，始有专意编制刻书书目和发售书目者。近人的研究，则有黄慈博的《广东宋元明经籍椠本纪略》、黄荫普的《广东宋明清经籍椠本举要》《广东明清经籍椠本举要》等。欲全面了解岭南地区历代刻书情况，通常要凭借现存文物以及公私藏书目录、丛书目录等文献资料。

二　现存书目举要

著述书目

1. 嘉靖《广东通志·艺文志》　（明）黄佐纂修

此乃目前可见到最早的岭南书目。共二卷（即卷四十二至卷四十三）。上卷著录书目，下卷记载碑刻。书目著录凡经部72种、史部166种、子部72种、集部190种，合计500种。

书目收录四方面的图书：一是明代广东各学校所藏图书；二是由政府"颁降"之书籍；三是广东先贤著述；四是广东公私校刻之书。卷首"序"云："凡学校之所颁降庋置与夫先正之所作述梓传，可胜纪哉。爰仿刘歆，总括群篇，撮其指要，辨其讹谬，分录其目为四类，间附以序纪，厥大都梓有见存者必详书。"① 可见黄志《艺文志》兼备明代广东政府藏书、刻书书目与地方文献总目的性质，对研究明代广东文化学术颇有裨益。

是书目收书不多，但颇具特色。

（1）注明图书来源。如"经目"之《易经大全》《书经大全》《诗经大全》《春秋大全》《礼记大全》《大学大全》《中庸大全》《论语大全》《孟子大全》等，注明"右御制颁降书籍"②。"集目"之《崔清献公言行录》下注："按察司刻本，详于崔氏家藏者。"③

（2）标明为谁所刻。如"史目"之《大明律释》《军政条例》等，

① 《广东通志·艺文志叙》，载黄佐（嘉靖）《广东通志》卷42，广东省地方史志办公室1997年版，第1036页。

② 黄佐：嘉靖《广东通志》卷42《艺文志》，广东省地方史志办公室1997年版，第1036页。

③ 同上书，第1058页。

注明"布政司刊板"①。"集目"之《邵谒集》下注"翁源县刊板"②。

（3）注明存佚。如"子目"之《遁甲返复图》，下注"葛洪撰，今亡"。《金光大义诀》《仰山辨宗论》《金刚经口诀义》等，下注"俱六祖惠能撰，光孝寺刊板，今亡"③。

（4）多附序跋。如"集目"之《曲江集》《武溪集》等，附有丘濬"序"。④

（5）为作者小传。如"集目"之《李诚之集》下，传云："李师中，字诚之。中进士科，仁宗朝权广南转运使，终大章阁侍制。唐了方贬春州，尝有诗送行，盛传一时。"⑤

（6）介绍内容。如"集目"之《濂溪集》下，有"广东提刑营道周敦颐茂叔撰。遗文才数篇为一卷，馀皆附录也"，"本并《太极图》为一卷，遗事、行状附焉"⑥诸语。

2. 道光《广东通志·艺文略》（清）阮元修，陈昌齐等纂

是广东现存卷帙最多，体例最善，内容最富，具有百科全书特色的地方总志。其"体裁渊雅，纪载详审"，为清代通志之佳构，被海内推为善本。

阮志《艺文略》继承传统，锐意创新，将《广西通志·艺文略》单列之传记、事记、地记、杂记、志乘、奏疏、诗文各类，分别并入经、史、子、集四部，更显紧凑，整齐划一，编排更趋合理。书目均抬一字，突出书目，十分醒目。

《艺文略》凡十卷，分经、史、子、集四部，收录粤人著述2076种（此数不含乾隆修《四库全书》时所列粤人禁毁书），有关广东历史文化的著述700余种，诚然是一部清道光以前广东著述总目。从其著录体例看，各目均注明出处，分别存佚，以利参考。有关该书的题跋、序言、四库提要及作者生平等资料亦附录其后，具有"辨章学

---

① 黄佐：嘉靖《广东通志》卷42《艺文志》，广东省地方史志办公室1997年版，第1040页。

② 同上书，第1057页。

③ 同上书，第1054页。

④ 同上书，第1056页。

⑤ 同上书，第1040页。

⑥ 同上。

术，考镜源流"的作用，大致反映了清道光以前广东学术发展和演变的状况，因此大可视作一部广东学术之史纲。

3.《粤东金石略》（清）翁方纲编

全书共十一卷。收录广东金石文字有 500 余种。卷首为康熙、乾隆翰墨；卷一至卷三为广州府金石；卷四至卷六为韶州府金石；卷七为连州府金石；卷八为肇庆府金石；卷九为肇庆、惠州、潮州、高州、廉州、雷州及嘉应州金石；卷十、卷十一附九曜石考。书中所录金石，均详著所在之地，并分别注明存佚，实为详审。有乾隆本。清阮元纂修《广东通志》，金石一门即据此书，且多采其考证。翁氏弟子谢启昆仿此书例，撰有《粤西金石略》十五卷。有嘉庆本。

4.《广东文征》及其《续编》 吴道镕编 《续编》冯秉芬等编

以温汝能《粤东文海》为底本，荟萃自汉以来广东历代文献，共二百四十卷。收录作者 700 余家，采掇文辞数百万言。其中自汉至元，凡 82 家；明 300 家；清 320 家；释道各 5 人，较《粤东文海》，所增逾倍。

《续编》采录清末至民国间作者 340 余家，登录文章 1300 余首，300 余万言。

5.《广东文物·文献典籍目录》 广东文物展览会编

1940 年 2 月 22 日至 3 月 2 日，以爱国人士叶恭绰为主任委员的"中国文化协进会"，联合在香港的文化界有志之士、专家、学者、鉴藏家，在香港大学冯平山图书馆举办"广东文物展览会"，其宗旨是"研究乡邦文化、发扬民族精神"。展览会征集的展品多达 2000 余件，其中有典籍和志乘类的展品共 769 种。① 这是自阮元修志之后，对存世岭南文献的一次大检阅。会后编辑出版的《广东文物》，收入了当时展出的文献典籍目录，徐信符编有《展览史乘书目》，成为今天研究岭南文史以及岭南地方文献的重要参考资料。

6.《广东文献书目知见录》及《补编》 黄荫普编

20 世纪 70 年代末，黄荫普先生以一人之力，博采周咨，几遍寰宇，在原有藏书基础上，兼及海内外公私藏书目录 80 余种，辑录广

---

① 据《广东文物展览会出品目录》（《广东文物》卷 1，上海书店 1990 年版）统计。

东先哲遗著，编成《广东文献书目知见录》及《补编》。所录上自汉魏，下迄近代，凡粤人著述，或与粤事有关者共 6000 余目，① 数千年岭南文献首次得以较全面地调查和清理，基本上反映了岭南文献遗存数量以及在国内外的分布情况。

7.《省外人士有关广东文献著作》 黄荫普编

《广东文献书目知见录》附录一。收录历代有关广东事史文献 236 种。见存者注明题名、卷数、作者、版本、册数及收藏单位等。知见者注明来源出处。

8.《省外及其他人士有关广东文献著作》 黄荫普编

《广东文献书目知见录补编》附录一。是为《省外人士有关广东文献著作》之补编，收录历代有关广东事史文献 277 种。著录格式同上。

9.《学海书楼特藏——广东文献书籍目录》 邓又同编

1988 年，香港市政局公共图书馆主办"学海书楼特藏——广东文献书籍展览"，邓又同先生应邀从藏书中选出有关广东文献方面的书籍，包括广东版本、广东人士著作和学海书楼所出版的图书，合计 234 项。书目以四部分类，四部之外，还有"丛书及文集""古代文学""地理方舆志""人物传略、年谱、奏议""近期送存尚未编号"诸类。卷末附《学海书楼前期讲师著作目录》。

10.《广东文献综录》 骆伟主编

著录广东省各藏书机构所藏岭南文献 4000 多种，各公私藏书目录所著录的岭南文献 1000 多种，合计近 6000 种，这是最新的调查统计资料，与黄荫普著录的数量相当接近，大致反映了 20 世纪末岭南文献的遗存情况，特别是省内各大藏书机构收藏岭南文献的情况。

11.《广州文献书目提要》 李仲伟等编著

收录有关广州（含花都、从化、增城、番禺、佛山、南海）历史文化书籍 1 万多种，其中古代部分（公元前 206—1911 年）1013 种，民国部分（1912—1949 年）3656 种，其余为现代文献。所收主要源

---

① 实际统计数为 7195 目，内含少量一书数刻以及民国至新中国成立前著作、岭南地区出版物等。

于全国各公共、大学和社科院系统图书馆，个别采自《艺文志》及公私书目。

藏书书目

1.《持静斋书目》（清）丁日昌编

以四部分类，各一卷，续增卷五，收录图书3300种。著录项目包括：书名、卷数、著者、版本，间注行款、题跋、印记，时亦稍加说明。附有《持静斋藏书纪要》二卷。原印本流传不多，后来版片归北京来薰阁书店，重印再行，逐渐流布。有清同治中丰顺丁氏刊本。

2.《丰顺丁氏持静斋宋元校抄本书目》（清）江标编

此目原为汪鸣銮（字郘亭）所藏，共四卷续一卷。江氏改变原来的"四部"分类，分为宋、元、校、抄及旧刊本五类，抄录重排，即成四卷附一卷。此目的著录内容大都摘自《持静斋书目》，并无其他增补订误，所以参考价值不高。卷首有清光绪十二年（1886）自序和清光绪二十一年（1895）自跋。有《江刻书目三种》本、《宋元版书目题跋辑刊》本。

3.《持静斋藏书纪要》（清）莫友芝编

此目乃莫友芝受丰顺丁日昌之命，将其主要藏书写成提要，分类编订。卷上收录宋刊本、元刊本、明刊本，附载近刊佚书；卷下专门收录抄本。各按"四库"顺序排列。其简者仅略记版本，"四库"未收书则重点说明；其详者则作者传略、版刻叙述、内容提要、传本多寡、序跋印记、识语抄录等。此目与丁氏自编《持静斋书目》，较详细地反映了丁日昌藏书的版本情况。卷首有清同治八年（1869）自序。莫氏传记另项记载。有清同治中丰顺丁氏刊本、民国间苏州文学山房活字印本。

4.《广雅书院藏书目录》（清）朱一新、廖廷相编

卷首有《广雅书院督署发存书籍目录》。凡分御制敕撰书、经、史、子、集、杂著、丛书七类，计2672部，43555册，又附7000余册。首有廖廷相序。有清静嘉堂文库刊本。《广州文献书目提要》著录有《广雅书院藏书目录补遗》。

5.《三十三万卷书堂目录》《岳雪楼书目》（清）孔广陶编

收录孔氏家藏清代殿本、名人抄校本等。后来稿本归徐信符南州书楼收藏。次子昭鋆出嗣别房，岳雪楼未散时，先取宋、元佳本以归，藏于烟浒楼。1908 年后，藏书散出。1909 年，罗振玉代日人藤田封八择购部分精本。蒋式芬、沈曾桐、王秉恩等均有收藏。1912年，售余部分归康有为万木草堂。《广州文献书目提要》著录有《三十有三万卷堂书目略》四卷。

6.《东塾读书记》（清）陈澧撰

陈氏"东塾书楼"藏书，四部悉备，皆有批评校点。凡心有所得或心有所疑，皆记于书上。其阅书何日起，何日讫，所书评语，或朱或墨，悉庄重不苟。曾刊行《东塾丛书》。此书整理汇编了陈氏几十年读书心得，是其一生心力所在。内容涉及清代汉学、宋学之争，以及文字学、音韵学、地理学、历算、乐律等。李慈铭评曰："陈氏取材不多，不为新异之论，而实事求是……甚有功于世道。其文句于考据家中自辟町畦，初学尤宜玩味也。"[1] 陈氏生前仅刊行九卷，光绪间由门人廖廷相校刻十五卷，为通行本（论史十卷未完成）。未刊部分分名《东塾杂俎》，稿本藏中山大学图书馆。

7.《丰湖书院藏书目》 清光绪间刊本

分为经、史、子、集、典志、类书等类，计 15177 册，53556卷。著录多半为清人文集、孤本珍本、地方史志。内有梁鼎芬代撰《丰湖书院书藏四约》，即借书约、守书约、藏书约、捐书约。

8.《人境庐藏书目》 黄遵宪编

"人境庐"为黄氏藏书之所。是目虽无珍贵秘本，聊以备宗族、乡里阅览而已，唯庐中藏有《修慧寺塔铭》颇为珍贵。

9.《宝礼堂宋元本书录》 张元济编

收录南海潘宗周的藏书。书目由张元济代撰。潘氏乃现代宋版藏书家中之佼佼者，与张元济、董康等为莫交。其广搜宋版，江南出售的宋本几乎归其所有，可与黄丕烈"百宋一廛"藏书相埒。

此目原不分卷次，实则四部各一卷，合为四卷附一卷。收录宋本111 种，附元刊本 6 种，凡 1088 册。各书大都经海内著名藏书家、校

---

[1] 李慈铭：《越缦堂读书记》，商务印书馆 1959 年版，第 1224 页。

勘家先后收藏或题跋。其特点是各书皆有解题，详述版式，细记刻工姓名，列记宋讳、藏印，备录识语，这种体例，除河南袁克文《寒云手写所藏宋本提要》外，在当时尚无先例。而袁目已散佚，潘目更显珍贵。卷末附记元刊本 6 种。卷首有张元济序，兼及版本学史概观，值得一读。1952 年，全目所录各书全部捐存北京图书馆（现国家图书馆）。有民国二十八年（1939）南海潘氏铅印本。1984 年，江苏广陵古籍刻印社影印出版，首冠海内孤本书影 9 帧。

10.《五十万卷楼藏书目录初编》　莫伯骥编

此目二十二卷，著录图书 900 余种，全系宋元版刻、影宋元抄本、明清精刻精校本、旧抄名藏本等。每书撰写提要，详考撰者、抄刻者、收藏者之生平。有商务印书馆 1936 年版，1967 年台北广文书局收入《书目丛编》。

新中国成立前夕，莫氏又将藏书提要（外加汲古阁影宋钞本《虚斋乐府》一种）改订删补为《五十万卷楼群书跋文》，收书 403 种，以四部分类。跋文篇幅都很长，于撰校人生平、著作缘起、书林掌故、文史典故、经史专学等都有涉及。有广州文光馆 1948 年排印本，1968 年台北文海出版社辑入《国学集要二编》。

11.《梁氏饮冰室藏书目录》　北平图书馆编

梁启超（1873—1929）逝世翌年，族裔遵其遗嘱，将藏书寄存北平图书馆（今国家图书馆）。此目将碑帖书画以及梁氏稿本、私牍外之书籍分为四部、丛书，新书作为附录二卷。卷首有《梁氏饮冰室藏书寄存本馆经过》、民国二十二年（1933）余绍宋序、《凡例》，末有《书名笔画索引》。有民国二十二年（1933）北平图书馆铅印本。

刻书书目

1.《古今书刻》列广东刻书目　　（明）周弘祖编

此目是我国第一部按地域著录出版物的专题书目，载明初至隆庆二年（1568）各公私机构所刻书。全书分上下两篇。上编记录包括广东在内的全国 16 个地区所刻书籍，总计 2306 种，下篇记录各地所存石刻碑文，总计 920 种。其中所列广东官府刻书有：广东布政司刊书 17 种、按察司 2 种、广州府 13 种、南雄府 1 种、廉州府 2 种、惠州府 2 种、肇庆府 1 种、雷州府 1 种、潮州府 7 种、韶州府 2 种、琼州府 3 种，合计 51 种。这个数字显然是不全面的，其中万历、天启、崇祯三朝所刻书均未收入。尽管如此，仍为研究明代广东刻书以及碑石流传存佚情况的重要参考书。1957 年上海古典文学出版社与《百川书志》合刊，2005 年上海古籍出版社重印。

2.《广西存书总目·广东书目》　佚名编

此目揭示清光绪时期广西全省各府州的藏书情况。书目以购置各省出版物的先后为序编排，合计 1160 种，每种版本都有复本 10 部。其中粤版书目有《广东书目》（广雅书局刊本）凡 33 种，《广东续来书目》（学海堂刊本、菊坡精舍刊本）凡 223 种，《广东三次续来书目》凡 228 种，合计 484 种，占此目总数的 41.7%。各书记书名、卷数、撰者。可作当时广东官书局印行书目看。无序跋。有清光绪十六年（1890）广西桂垣书局刊本。此目有另一版本，各部根据前目按广东、湖北、湖南、金陵、江苏、浙江、江西各书局寄来本之顺序记录。在四部分类目录之外，有前书未录之《各省重来书目》等。

3.《广雅版片印行所书目》　广雅版片印行所编

是为发售书目。卷首《售书规约》称：印行所版片皆属学海堂、广雅书局、菊坡精舍，以及潘氏（仕成）、伍氏（崇曜）家刻。"皆经通人详校，号称精本。"凡广雅书局 219 种，其中包括经、史、子、集及丛书各类。内有何若瑶、陈澧、侯康等人著述，以及《岭南遗书》《海山仙馆丛书》等；学海堂、菊坡精舍以及潘仕成、伍崇曜家刻板凡 50 余种。其中集部图书以岭南文献为主。卷末所附"寄售书"凡 15 种，亦以岭南文献居多。各书均注明作者、册数、用纸、价钱等。

4.《广雅书局书目》　佚名编

是为发售书目。凡经类 60 种；史类 114 种；总集类 6 种；集类 9 种；寄卖各书 21 种。各书均注明作者、所据版本、册数、用纸、价钱等。①

5.《广东宋元明经籍椠本纪略》　黄慈博编

---

① 徐蜀、宋安莉：《中国近代古籍出版发行史料丛刊》第 4 册，北京图书馆出版社 2003 年版。

收录"平时偶记所及"① 之广东宋刊本 17 种；元刊本 3 种；明刊本 92 种。末附《明周弘祖〈古今书刻〉所载广东书目》。遗漏尚多，如广东宋刊本《新刊校定集注杜诗》（又名《九家集注杜诗》）、《附释文互注礼部韵略》等，均未提及。

6.《广东宋明清经籍椠本举要》　黄荫普编

《广东文献书目知见录》附录二。收录广东宋刻本 2 种；明代官刻本：崇正书院刻本 5 种，私刻本 26 种；清代官刻本：学海堂刻本 36 种、菊坡精舍刻本 15 种、端溪书院刻本 20 种（即《端溪丛书四集》）、应元书院刻本 1 种，私刻本 56 种，书局刻本：广雅书局刻本 183 种、明义书局刻本 31 种、《书目答问补正》所录广东刻本 12 种。

7.《广东明清经籍椠本举要》　黄荫普编

《广东文献书目知见录补编》附录二。收录明代广东官刻本 2 种，私刻本 2 种；清代广东私刻本 16 种；补遗 13 种。

8.《广东人士汇刻书籍举要》　黄荫普编

《广东文献书目知见录》附录三。收录广东人士所辑刻丛书 30 种。各目注明种卷数、辑者、版本、收录单位等。

9.《广东人士汇刻丛帖》　黄荫普编

《广东文献书目知见录》附录四。收录广东人士所刻丛帖 21 种。各目注明刻印者、版本、册数等。

（原载《历史文献与传统文化》第二十集，暨南大学出版社 2015 年版）

---

① 黄慈博：《广东宋元明经籍椠本纪略》，《广东文物》卷 9，上海书店 1990 年版，第 11 页。

明清广东刻书质量考述

广东地区雕板技术，在南宋时已称极精，刻印过《九家集注杜诗》和《附释文互注礼部韵略》等"惊人秘笈"①。就刻印质量而言，足以抗衡吴、越、闽三方之盛。降及明清两代，广东地区刻印书籍进入了鼎盛时期。雕刻印刷业十分普及，有些地区男女老少皆谙悉雕木刻字技术，因而受到外地学者和书贾的关注。

明代广东的刻板上承宋元，有些明代早、中期刻本或覆刻宋元本，仍表现有宋元余风，尤其某些地方特色较强的刻本，更为后人所称誉。近代广东著名藏书家徐信符认为，明朝"隆庆、万历而后，乡先哲遗著，其属于家刻者，多属写刻，字体端正，不至令人望而生厌"。从来镌工之美恶，视乎书法之优劣。他举例说，明末清初，如邝露的《峤雅》，其原刻本颇为精美，此书为邝氏自书，并督人雕刻，虽原本有杂用奇字，辗转假借，体多晚俗，不尽可为典要之病，然其"字有体势，锋棱活动，非良工不易为"。梁朝钟《喻园集》，书用颜柳体，端严有度，楷法亦甚精工。又如王隼所刻《文苑综雅》、释大汕所刻《离六堂集》，"其雕刻亦非鄙俗"②。

徐信符认为，官刻本也有不少佳作。明正统五年（1440），广东布政司刻杨士奇《少师东里杨公文集》二十五卷。此为杨氏手自选择之本，版式古雅，字画刀刻，"尚有宋元之遗"③，堪称精刻。明成化九年（1473），韶州府校刻余靖《武溪集》二十卷。此为黑口宋人

① 李致忠：《宋版书叙录》，北京图书馆出版社1994年版，第311页。
② 以上见徐信符《广东版片记略》，《广东文物》卷9，上海书店1990年版，第8页。
③ 莫伯骥：《五十万卷楼藏书目录初编》卷19，民国二十五年江阴缪氏排印本，第1126页。

集,"世以为珍"①。明成化十八年(1482),吴县张习为广东按察司
金事,其"嗜刻书,号称精雅,为世所重"。在广东任内,刊刻了
《姑苏杂咏》《槎轩集》《眉庵集》《北郭集》《静居集》《夷白斋集》
《侨吴集》等书。黄丕烈"跋"称所刻《侨吴集》:"刊本字迹古雅,
与新藏张来仪、徐北郭诸集悉同。""跋"称所刻《眉庵集》:"向书
估从太仓收来者,非企翱(张习)所梓,故不之取。"莫友芝"跋"
亦称:"明成化、弘治间,张习曾刻明初四大家杨基《眉庵集》、张
羽《静居集》、徐贲《北郭集》、高启《槎轩集》于广东,至为精
善。"② 明嘉靖十六年(1537),广东崇正书院刻《汉书》一百二十
卷、《后汉书》一百二十卷。每半叶 10 行,每行 22 字。张文虎《舒
艺室随笔》认为,是刻胜于毛本《汉书》。③ 莫伯骥《五十万卷楼书
目》则认为"善处甚多""与宋本合,不与俗本同""当是翻刻余襄
公靖校定之本,故能如此精善"④。

清代广东刻板被后人称誉的不少。阮元和张之洞先后出任两广总
督,在粤提倡朴学,劝人刻书,广东地区的学术风气为之一变,人们
对书籍流通的需求急剧增加,所以,清道光以后,广东地区的藏书、
刻书业兴旺发达,官私刻书风起云涌,可谓一时风化大开,名篇巨
著,居各省之冠。由于学者直接参与访求古籍,校勘刻印,广东地区
的官刻和家刻仍保持讲究质量的优良传统,坊肆所刻也没有因书籍流
通的增加而下降,反而有了显著提高。在清代中后期,广东地区刻印
数量超越了发达地区,走在全国的前列,成为新的刻书中心,刻印质
量受到普遍的好评。所刻之书校勘精审,版本完善,很受社会人士的
重视和称赞。

官刻方面以学海堂、广雅书局为代表,刻书数量居全国众书局之
首。当时著名学者陈澧为学海堂学长,主持刻书事宜。所刻《学海堂
丛刻》《剑光楼集》《南海百咏》《国朝广东文钞》《岭南集》等要

① 黄丕烈:《荛圃藏书题识》卷 8,民国八年江阴缪氏刻本,第 7 页。
② 以上见黄荫普《广东文献书目知见录》,忆江南馆 1978 年版,第 273 页。
③ 张文虎:《舒艺室随笔》卷 5,清同治十三年金陵冶城宾馆刻本,第 1 页。
④ 莫伯骥:《五十万卷楼藏书目录初编》卷 4,民国二十五年江阴缪氏排印本,第 221 页。

籍，皆校勘精审，版式古雅，最为流行。广雅书局是专司刻印古籍的机构，规模宏大，章制严密。有"提调"专司雕刻印刷诸事；"总校"提挈文字校勘事宜。下设分校多人，每雕刻一书，卷末必署名，某人初校，某人覆校，某人总校，以专责成。故广雅版本，必经三校，迥异俗本。清乌程严可均费二十七年心力，独自编纂《全上古三代秦汉三国六朝文》，起上古迄隋，分代编次为十五集，七百四十六卷，收录作者三千四百九十七人，"唐以前著作者，庶几大备，而历代之化成，亦灿然可观矣"①，洵为《全唐文》之前接部分。此书甫成，扬州鲍氏拟刻不果，黔县俞氏为祁文端校写文目，亦未刊印。直到光绪年间，黄岗王毓藻为两粤运使，集合二十余人，经八年工夫，八次校雠，始交广雅书局，并由羊城西湖街富文斋承刊而成。参加勘定者为广雅书局廖泽群、陶春海、黎震伯等。广雅书局刻书在全国影响最大。

私刻方面以番禺潘仕成、南海伍崇曜、新会陈焯之等为代表。潘仕成辑刻《海山仙馆丛书》，开粤人辑刻丛书收录西人著作风气之先。各书附以大量插图，颇具特色。丛书之外，所刻《佩文韵府》《水雷图说》及其族人所刻《听帆楼书画记》《朱批唐宋诗醇》《五色批古文渊鉴》等，雕刻颇为精工。伍崇曜以延聘著名文献学家谭莹辑刻《粤雅堂丛书》《岭南遗书》等而闻名于世，"以视琴川毛子晋，邬镇鲍廷博，殆如骖之靳"②。至校刻王象之《舆地纪胜》，诚为异书，张金吾《金文最》亦属名著。

清道光、咸丰以来，广东文化事业繁荣发达，出版业蓬蓬勃勃，潘、伍二家的刻书为出版界起到了示范的作用。于是书肆主人，亲炙观摩，切磋琢磨，争相模仿，以求传世。所以这一时期坊肆所刻不俗，在某种程度上改变了人们对坊刻本质量的看法。如藏修堂主人刘晚荣辑刻《藏修堂丛书》、番禺冯兆年辑刻《翠琅玕馆丛书》，其版式均仿照《粤雅堂丛书》和《海山仙馆丛书》，亦一清供良品。

---

① 王毓藻：《全上古三代秦汉三国六朝文·序》，《全上古三代秦汉三国六朝文》卷首，中华书局1958年版。

② 徐信符：《广东版片记略》，《广东文物》卷9，上海书店1990年版，第9页。

继潘、伍之后，孔广陶所刻《袖珍本古香斋十种》，诸名家校本《北堂书钞》，亦足称述。《岳雪楼书画录》为写刻本，更为精绝。

陈焯之聘请李文田、史澄等为校勘，以一人之力，刻成二十四史。刻工精美，版式大观，纸质优良，诚属难得。莫友芝《邵亭知见传本书目》谓此书无校对，"闻其《史》《汉》等二三部经校者意改字甚多，故迟迟未印行。今颇行矣，人亦不重之"①。首先，莫氏是风闻其事，并未亲见其书；其次，"盖由嫉忌使然"②。因为莫氏曾入曾国藩幕，参与江南官书局校勘之事。当时江宁、江苏、淮南、浙江、湖北五局合刻二十四史，版非一律。而陈氏所刻板归一式，整齐划一，远胜五局合刻本，洵为私家刻书之典范。

越华书院院长叶衍兰，自写刻《李长吉诗集》，简端兼录黎简等评语，印以朱色，尤为精绝，人皆宝之。又写刻《金刚经》《叶小鸾》《返生香》等，书法之工，"世人每以宋泉币之瘦金书相拟焉"③。又如胡伯蓟手书《陶渊明集》，逼肖东坡笔意，此即后人所说的"苏书陶诗"。

陶福祥为学海堂学长，专设"镕经铸史斋"管理学海堂版片，于印刷术素有研究。其"爱庐"所刻，如覆宋本《蔡中郎集》《陈后山集》《朱韦斋集》、沈括《梦溪笔谈》，皆巧匠良工，故与俗本不同。番禺陈昌治所刻一字一行本《许氏说文附通检》，皆艺术精良。

博学之士，著述等身。他们的著作不但内容充实，富于创见，而且十分注意刻板的质量，以达到内容和形式的统一。如陈澧《东塾丛书》《东塾遗书》《东塾读书记》《东塾集》等，林伯桐《修本堂丛书》，李光廷《榕园丛书》（又名《守约篇》）、《汉西域图考》《广元遗山年谱》《倪云林年谱》《宛湄书屋文钞》等，梁廷枏《藤花亭十种》《南汉丛书》《夷氛记闻》《粤秀书院志》《越华记略》《东坡事类》等，吴兰修《南汉纪》《南汉地理志》《南汉金石志》《端溪砚史》《桐华阁词》等，张维屏《松心十集》《听松庐诗文集》《国朝

① 莫友芝撰，傅增湘订补：《藏园订补邵亭知见传本书目》卷4，中华书局1993年版，第2页。

② 徐信符：《广东版片记略》，《广东文物》卷9，上海书店1990年版，第9页。

③ 同上。

诗人征略》《艺谈录》等，黄培芳《岭海楼集》《唐贤三昧集评》《粤岳子》《虎坊杂识》《浮山小志》《香石诗话》等，朱次琦《九江集》《朱氏传芳集》《朱氏家谱》等，简朝亮《尚书疏证》《礼记孝经疏证》等，版式良善。还有一些传本甚少的笔记，不但在内容上足供采摭，而且在刻印上很考究。例如，释大汕的《海外纪事》，有康熙三十五年刻本，其书雕印工雅，富有特色。

　　清代广东地区刻书成风，且讲究质量，外地学者在广东的刻书也受到感染。巴陵方功惠在广东以富藏书著称。清光绪年间，就所藏秘本，选择刊刻为《碧琳琅馆丛书》，所收皆难得的孤本，刻板雅善。方氏所刻陈鸿墀《全唐文纪事》，黄冈王氏所刻方氏藏《全上古三代汉魏六朝文》，① 皆为孤本。别有《朱墨本李义山诗集》《三宋人集》，所刻精善。汉阳叶志诜在广州有"平安馆"，收藏图书彝器甚多，吴荣光《筠清馆金石录》多加以采录。所刻书，书写精良，雕镂灵活，最为美善。如《状元图考》《梅花喜神谱》《瘗鹤铭考》《焦山鼎铭释》《刘跂泰山秦篆谱》《遂启祺鼎铭》等，书法韵秀，镌工巧妙，技术精湛，"其艺术足令人钦佩"②。此外，浔阳万氏在广东覆影胡刻《文选》，亦属艺术良品。

　　清朝末年，学校兴而书院废，铅印兴而雕刻微，于是版刻渐渐衰替。但是，广东地区仍有锲而不舍的刻书家。民国而后，如东莞陈伯陶所刻《聚德堂丛书》、张其淦所刻《东莞诗录》《元代八百遗民诗咏》《明代千遗民诗咏》、番禺汪兆镛所刻《画人传》《澳门杂诗》《陈东塾遗诗》《公孙龙子注》，虽属凤毛麟角，然其版刻在全国都有影响。

　　在各种刻本中，坊刻本的质量向被认为最下，然亦有称道之佳作。明代广东的刻书坊鲜见文字记录，清代较著名的则有富文斋、翰墨园、五桂堂等。

　　富文斋，铺设在广州西湖街内。主人姓余，清嘉庆至民国间，承

---

　　① 清光绪年间，粤运使王毓藻借广雅书局之力，集合了28位文人，经过八年工夫，八次校雠，才将此书刻印出来。1965年中华书局重印，增附篇名及作者索引，颇便阅读，堪称最佳刊本。

　　② 徐信符：《广东版片记略》，《广东文物》卷9，上海书店1990年版，第9页。

揽公私刻书,世代相继经营,是广州著名的刻书铺之一。学海堂、菊坡精舍、广东书局所刻各书,多为富文斋承印,伍崇曜、陈澧等私刻家的部分书籍也由富文斋印刷。所刻书籍经、史、子、集俱全,大抵因雕刻疏隽,行款韵秀而行销全国。从广东一些图书馆所藏古籍中,可以找到很多富文斋刻印的书籍。例如,黄培芳《浮山小志》、宋湘《史传事略》、洪颐煊《读书丛录》、杨学颜《恩平县志》、祝淮《香山县志》、张维屏《桂游日记》《花甲闲谈》、邓翔《知不足斋诗草》、陈澧《番禺陈氏东塾丛书》等著作。

翰墨园,主人骆浩泉。在清道光至光绪间刻印很多书籍,行销全国,是广州著名的书坊之一。该书坊刻书最大的特点是以朱墨套印本、五色套印本居多,色彩比较显目。内容以医书和诗文集为主。所知见套印本有:《五色批五家评点杜集》(六色套印本)、《昌黎先生诗集注》《七修类稿》《史记菁华录》《史通削繁》《史通通释》《朱批苏文忠公诗》《徐孝穆全集》《南北史捃华》《唐贤三昧集笺注》《海录轩朱批文选》《纪氏朱批苏诗》《朱批韩文》《朱批陶诗》《朱批庄子》等。

五桂堂,铺设在广州西关第七甫(今光复中路)。主人花县徐学源、徐学成兄弟。书坊创办于清光绪中叶,民国初年在香港设立分店(1972年关闭)。以专印发售木鱼书、南音、龙舟、曲本、小说而扬名省港澳。其经营的图书,不少交由顺德县马冈村刻板后运回广州印刷。所刻大批木鱼书、南音、龙舟、粤讴、班本、俗曲以及课本、通书、日历、四书五经、旧小说等,行销省港澳,远至海外。

清乾隆年间,广东民间雕板印刷业发展迅速,成为书籍的主要产地之一。最著名的是广东顺德县马冈村,后来逐渐发展到广州和佛山。广东的刻工多有妇孺参加,价格也较其他地区便宜,因而吸引了不少外地出版者。文献记载,当时苏杭一带的部分书商往往到广东刻板,再将书版运回当地印刷,以降低刻板和运输成本,甚至外地的一些官员也将自己的著述送到广东刻印。咸丰《顺德县志》卷三《舆地略·物产》:

> 今马冈镂刻书板,几遍艺林,妇孺皆能为之。男子但依墨迹

刻画界线，余并女工，故值廉而行远。近日苏州书贾往往携书入粤，售于坊肆，得值则就马冈刻所欲刻之板。刻成，未下墨刷印，即携旋江南，以江纸印装，分售海内，见者以为苏板矣。①

这段资料，除了说明顺德马冈妇孺皆能镂刻书版和工价低廉外，最值得注意的是，苏州书商携书入粤所刻书版，"见者以为苏板"，说明马冈妇孺所刻书版逼似苏版，简直到了以假乱真的程度。

《学海堂初集》卷十四录有南海李应中、高要何惠祖等人所写的"梓人诗"，其中叙及马冈刻书：

> 李应中诗略云："红闺新样纷迭出（今顺德马冈村人多刻字为业，而女工尤盛），唐版宋刻无光辉""流传未若付梓便，手翻万古藏书帷""还闻异物不胫走，良迁远地无残坠（今江浙板多粤刻）""三吴闽越虽亦好，价廉岂若多工锤"②。
>
> 何惠祖诗略云："郑刀鲁削因地产，虽有利器巧拙殊""北人为车南人梓，吾粤剞劂天下无""江浙书坊甲五都，坊板半出南方沽""归装满载梨与枣，不数翡翠夸珊瑚""马冈攻木亦绝技，何必尺寸师公输"③。

李、何二氏之诗，文辞虽有些许夸张，但亦印证了马冈刻板水平及其在全国的影响。汪宗衍认为，广州刻工"虽稍逊于江浙"，然《皇清经解》《广雅丛书》《粤雅堂丛书》《士礼居丛书》（部分）等在全国颇有影响的大型丛书，即出自马冈女子之手。④

或刻书水平参差，或财力不足，或片面追求工速和利润等原因，刻印质量不能保证。因而一地之刻书，自是有高低优劣之分。广东明

---

① 郭汝诚修，冯奉初纂：咸丰《顺德县志》卷3，清咸丰三年刻本，第50页。
② 阮元：《学海堂初集》卷14，清道光四年（1824）至光绪十二年羊城简书斋、富文斋刻本，第22页。
③ 同上书，第23页。
④ 汪宗衍：《清代女子刻书》，《艺文丛谈》，中华书局香港分局1978年版，第106页。

清刻书质量同样存在这种情况，清代学者曾就此表示过不满和批评。但就整体而言，"广东椠本书籍，自宋至近代皆有名"①。考察广东雕板印刷书籍的历史及其所刻印书籍的数量和质量，这一结论是比较符合实际的。

（原载《文献》2006 年第 2 期）

---

① 黄慈博：《广东宋元明经籍椠本纪略》，《广东文物》卷9，上海书店1990年版，第11页。

明代广东刻书家简述

　　明代的刻书业甚为蓬勃，从中央到地方，从官府到私坊，刻家星罗棋布，刻书蔚然成风。广东的刻书业虽不及江浙、福建、四川等地之盛，但刻书数量亦为可观。现根据部分藏书目录，将明代广东刻书者及所刻之书辑录如次。

　　方献夫

　　初名献科，字叔贤，南海县人。弘治十八年（1505）进士，官至礼部尚书。著有《周易传义约说》《西樵遗稿》。刻书：《通典》二百卷，（唐）杜佑撰，明嘉靖十九年（1540）刊本（见文后参考书[1][2][3][4]，余同）。

　　王安舜

　　字性父，南海县人。万历三十八年（1610）进士。著有《兰玉山房集》。刻书：《白沙先生文集》十二卷，《诗教解》十五卷，（明）陈献章撰，明天启元年（1621）刊本（见[2][5]）。

　　邓一新

　　字文宪，新会县人。刻书：《唐丞相曲江先生文集》二十卷，（唐）张九龄撰，明嘉靖十五年（1536）刊本（见[5]）。

　　邓云霄

　　字玄度，东莞县人。万历二十六年（1598）进士，长洲县令，累官至四川参议。著有《漱玉斋》《竹浪斋》《百花洲》《镜园》《解弢》诸集。刻书：《漱玉斋类诗》三卷，《初吟草》一卷，《解弢集》一卷，（明）邓云霄撰，明万历刊本（见[5]）；《李空同集》六十六卷，（明）李梦阳撰，明万历三十年（1602）刊本（见[3]）；《衡岳志》八卷，（明）邓云霄撰，明万历刊本（见[5]）。

区玉

番禺县人。弘治十五年（1502）进士，建阳县令。刻书：《山堂先生群书考索》六十六卷，后集六十五卷，续集五十六卷，别集二十五卷，（宋）章如愚编，明正德三年（1508）刊本（见［6］）。

区龙祯

字象先，顺德县人。万历三十八年（1610）进士，魏县令。刻书：《元城语录》三卷，（宋）马永卿撰，明万历四十五年（1617）刊本（见［3］）。

毛绍龄

字鹤汀，揭阳县人（一称海阳人）。嘉靖举人，衡山县令。著有《何仙姑传》《朱神仙传》《司马承祯传》。刻书：《医说》十卷，（宋）张杲撰，明嘉靖元年（1522）刊本（见［5］）。

冯元

字大本，号竹亭，番禺县人。师从香山黄佐。嘉靖二十年（1541）进士，金溪县令，官至南京户部郎中。著有《天文邃体》（一作《天文瑞体》）、《詹詹草》诸书。刻书：《金溪县志》九卷，（明）林初修，王冀纂，明嘉靖二十四年（1545）刊本（见［5］）。

冯彬

字用先，海康县人。嘉靖八年（1529）进士，平阳、上海县令。尝修纂郡志。著有《桐冈集》。刻书：《霁山先生白石樵唱》六卷，《文集》四卷，（宋）林景熙撰，（元）章祖臣注，明嘉靖十年（1531）刊本（见［1］［5］［8］）。

冯继科

字肖登，番禺县人。嘉靖举人，建阳县令。刻书：《说理会编》十六卷，（明）季本撰，明嘉靖三十二年（1553）刊本（见［5］）。

伦以训

字彦式，南海县人。正德十二年（1517）进士，官至南京国子监祭酒。博览，工文辞，尤熟于朝廷典章。著有《白山文集》。刻书：《通典》二百卷，（唐）杜佑撰，明嘉靖十七年（1538）刊本（见［5］）。

李时行

字少阶，号青霞，番禺县人。嘉靖二十年（1541）进士，浙江、嘉兴县令，南京驾部主事。与欧大任、梁有誉、黎民表、吴旦称"南园后五子"。著有《青霞漫稿》《驾部集》。刻书：《泰泉集》六十卷，（明）黄佐撰，明嘉靖二十一年（1542）刊本（见［5］）。

李延大

字四余，乐昌县人。万历二十年（1592）进士。刻书：《唐丞相曲江张先生文集》十二卷，（唐）张九龄撰，明万历刊本（见［5］）。

李翱

字如凤，号壁山，番禺县人。正德举人，浔州知府。刻书：《李忠简公文溪存稿》二十卷，（宋）李昴英撰，明嘉靖十年（1531）刊本（见［8］）。

陈一龙

字见甫，高要县人。嘉靖四十四年（1565）进士，金华知府。刻书：《芹山集》三十四卷，（明）陈儒撰，明隆庆二年（1568）刊本（见［8］）。

陈堂

字明佐，南海县人。隆庆二年（1568）进士，湖广道御史。父其鲁出湛甘泉门，堂承家学，居官多著风节。著有《朱明洞稿》。刻书：《何大复先生集》三十八卷附录一卷，（明）何景明撰，明万历五年（1577）刊本（见［8］）；《汉魏诗集》十四卷，（明）刘成德辑，明万历五年（1577）刊本（见［5］）；《古文类抄》十二卷，（明）林希元辑，明嘉靖三十年（1551）刊本（见［5］）。

陈建

字廷肇，号清澜，东莞县人。嘉靖举人，阳信县令。正嘉之际，王守仁致良知之学，盈满天下，建著《学蔀通辨》以辟之。又著有《皇明通纪》《滥竽录》《乐府通考》等。刻书：《新刊校正增补皇明资治通纪》十四卷，（明）陈建撰，明嘉靖三十四年（1555）刊本（见［5］）。

陈俊

字彦吾，南海县人。嘉靖四十一年（1562）进士，宣城县令。刻书：《三礼纂注》四十九卷，（明）贡汝成撰，明万历三年（1585）刊本（见［5］）。

庞尚鹏

字少南，南海县人。嘉靖三十二年（1553）进士，乐平县令，福建巡抚。生平忠介，有胆略。著有《百可亭存稿》。刻书：《军政事宜》一卷，（明）庞尚鹏撰，明万历五年（1577）刊本（见［8］）。

庞嵩

字振卿，南海县人。嘉靖举人，曲靖知府，历官顺天通判。早游王守仁门，讲学罗浮山，从游甚众。著有《太极解》《图书解》《弼唐遗言》等书。刻书：《测圆算术》四卷，（明）顾应祥撰，明嘉靖三十二年（1553）刊本（见［5］）。

张学颜

琼山县人。嘉靖四十四年（1565）进士，历建德知县、庆远知府、南京大理评事。① 刻书：《恩纶录》二卷，撰人不详，明万历刊本②（见［5］）。

张萱

字孟奇，号九岳，别号西园，博罗县人。万历举人，平越知府，历官吏部郎中。著有《西园存稿》《西园闻见录》《西园题跋》等。刻书：《汇雅前集》二十卷，（明）张萱编，明万历三十四年（1606）刊本；《许白云先生文集》四卷，（元）许谦撰，明万历元年（1573）刊本（见［5］）；《疑耀》七卷，（明）李贽撰，明万历三十六年（1608）刊本（见［1］［3］）；《宋季三朝政要》六卷，撰人不详，明万历刊本（见［1］）；《北雅》（一名《太和正音谱》）三卷，（明）朱权撰，明万历三十年（1602）刊本（见［8］）；《云笈七签》一百二十九卷，（宋）张君房撰，明万历刊本（见［5］）；《六书故》三十三卷，《通释》一卷，（宋）戴侗撰，明万历刊本（见［1］）；《玉山名胜集》不分卷，（元）顾瑛编，明万历刊本（见［5］）。

苏信

字宗玉，号确轩，饶平县人。正德十二年（1517）进士，陕西道御史。刻书：《晦庵先生朱文公文集》一百卷，《别集》十卷，《续

---

① 明谊修，张岳崧纂：《道光琼州府志》卷26，海南出版社2006年版，第1195页。
② 杜信孚：《明代版刻综录》第四卷，江苏广陵古籍刻印社1983年版，第64页。

集》十卷，（宋）朱熹撰，明嘉靖十一年（1532）刊本（见［5］）。

吴旦

字而待，号兰皋，南海县人。嘉靖举人，归州知州。幼颖悟，十岁即善属文。与欧大任、黎民表、梁有誉、李时行结社南园，为"南园后五子"之一。著有《兰皋集》。刻书：《茶经》三卷，《外集》一卷，（唐）陆羽撰，明嘉靖三十二年（1552）刊本（见［3］）。

丘濬

字仲深，号深庵，学者称琼台先生，琼山县人。景泰五年（1454）进士，官至礼部尚书，文渊阁大学士。著有《大学衍义补》《琼台会稿》《世史正纲》等书。刻书：《武溪集》二十一卷，（宋）余靖撰，明成化九年（1473）刊本；《张子寿文集》二十卷，（唐）张九龄撰，明成化九年（1473）刊本；《广东通志初稿》，（宋）戴璟修，明嘉靖十四年（1535）刊本（见［1］）。

丘尔谷

琼山县人，濬孙。万历举人，贵县县令。刻书：《重编琼台诗文会稿》二十四卷，（明）丘濬撰，明天启元年（1621）刊本（见［1］［2］）。

何歆

字子敬，博罗县人。弘治六年（1493）进士，徽州知府。刻书：《篁墩程先生文集》九十三卷，《拾遗》一卷，（明）程敏政撰，明正德二年（1507）刊本（见［2］［3］［5］［7］）。

何孟伦

字慎明，新会县人。嘉靖二十年（1541）进士，鄞县、建宁、新昌县令，浙江提学副使。著有《五代文选注》《八代文汇》等书。刻书：《辛稼轩词》十二卷，（宋）辛弃疾撰，（明）李濂评，明嘉靖二十四年（1545）刊本（见［5］［8］）。

何鳌

字子鱼，顺德县人。正德三年（1508）进士，松江知府，官至福建左都政使。刻书：《周礼注》六卷，《考工记》一卷，（明）陈凤梧辑注，明嘉靖六年（1527）刊本（见［5］）。

何太庚

顺德县人。万历十四年（1586）进士，临桂县令。刻书：《桂胜》十六卷，（明）张鸣凤撰，明万历十八年（1590）刊本（见［8］）。

何上新

字旬秀，号泰宇，新会县人。刻书：《白沙子全集》九卷附录一卷，（明）陈献章撰，明万历四十年（1612）刊本（见［2］［5］［8］）。

佘嘉诏

字彦伦，号斗南，顺德县人。嘉靖四十四年（1565）进士，合肥县令。刻书：《佘山人集》四卷，（明）佘世亨撰，明嘉靖刊本（见［5］）。

邹可张

字卫中，号海屿，南海县人。嘉靖举人，建阳县令。刻书：《新编古今事文类聚》前集六十卷，后集四十八卷，续集二十八卷，别集三十二卷，新集三十六卷，外集十五卷，（宋）祝穆撰，（元）富大用增补，明嘉靖刊小字本（见［1］［3］［9］［15］）。

郑旻

字世穆，号崑山，揭阳县人。嘉靖三十五年（1556）进士，官兵部主事，归德知府，山西参政，终贵州布政使。博学强记，自少知名。著有《哀拙稿》《崑山谈言》等书。刻书：《古文类选》十八卷，（明）郑旻编，明隆庆六年（1572）刊本（见［5］）。

郑廷鹄

字元侍，号一鹏，琼山县人。嘉靖十七年（1538）进士，工部都水司主事。著有《易说》《礼说》《春秋说》《琼志稿》《兰省集》《掖垣集》《石湖集》《学台集》等。刻书：《琼台会稿》十二卷，（明）丘濬撰，明嘉靖三十二年（1553）刊本（见［3］［8］）。

杨昌文

字宪卿，号北畹，自号三鳣主人，番禺县人。生活在明末清初，尝自钤印曰"耕凿孤臣"，可知为明遗民。① 善画兰花、竹、石。刻书：《三鳣堂篆韵正义》五卷，（明）杨昌文撰，明崇祯十三年

---

① 朱万章：《明清广东画史研究》，岭南美术出版社 2010 年版，第 62 页。

（1640）刊本（见［5］）。

林光祖

字益轩，揭阳县人。嘉靖十三年（1534）进士，广信知府，广西副使。刻书：《新刊重订叠山先生文集》二卷，（宋）谢枋得撰，明嘉靖三十四年（1555）刊本（见［3］［5］［9］［10］）。

林以良

增城县人。嘉靖举人，建德县令，横州知州。十一岁时被湛若水收到门下，在明诚书院读书。刻书：《钓台集》八卷，（明）吴希孟辑，明嘉靖三十年（1551）刊本（见［5］）。

林中梧

号云聚，番禺人。万历举人，梧州知府。刻书：《詹炎集》三十四卷，（明）叶维荣撰，明万历二十八年（1600）刊本（见［8］）。

罗绅

字象文，南海县人。万历举人，乳源教谕，应城县令，抚州知府。著有《大受堂稿》。刻书：《岳纪》六卷，（明）陈士元撰，明万历二十年（1592）刊本（见［5］）。

罗珊

字廷佩，南海县人。弘治举人，永安县令。珊政先爱民，不畏强御。刻书：《栟榈先生文集》二十五卷，（宋）邓肃撰，明正德十四年（1519）刊本（见［5］［8］）。

罗鸿

字廷猷，珊孙，南海县人。嘉靖二十六年（1547）进士，常熟县令。刻书：《皇明名臣经济录》十八卷，（明）陈九德辑，明嘉靖二十八年（1549）刊本（见［3］［5］）。

周庠

字明伦，号翠庭，东莞县人。天顺间布衣。刻书：《西郊笑端集》一卷，（明）董纪撰，明成化九年（1473）刊本（见［5］）。

赵鹤随

南海县人。嘉靖举人，南京户部司务，桂东县令。刻书：《南京户部通志》四卷，分志二十卷，（明）谢彬撰，明嘉靖间刊本（见［11］）。

海迈

字少高，琼山县人。瑞侄孙。万历举人，新会教谕。刻书：《海忠介公集》十卷，（明）海瑞撰，明万历三十年（1602）刊本（见[3]）。

唐胄

字平侯，琼山县人。弘治十五年（1502）进士，南赣巡抚，嘉靖间累官左侍郎。《明史》称其有执持，为岭南人士之冠。著有《琼台志》《西洲存稿》《江闽湖岭都台志》。刻书：《白玉蟾海琼摘稿》十卷，（宋）葛长庚撰，明嘉靖十二年（1533）刊本（见[8]）；《武溪集》十二卷，（宋）余靖撰，明嘉靖十三年（1534）刊本（见[1]）；《宋丞相崔清献公全录》十卷，（宋）崔与之撰，（明）崔子璲编、崔晓增辑，明嘉靖十三年（1534）刊本（见[8][10]）。

袁昌祚

字茂文，原名炳，东莞县人。隆庆五年（1571）进士，历仕至四川参议。与王学曾、郭棐同辑《广东通志》。著有《乐律考》《莞沙文集》等书。刻书：《名义考》十二卷，（明）周祈撰，明万历十一年（1583）刊本（见[5]）。

翁万达

字仁夫，揭阳县人，嘉靖五年（1526）进士，梧州知府，官至兵部尚书。著有《翁襄敏集》《稽愆集》等书。刻书：《渼陂续集》三卷，（明）王九思撰，明嘉靖二十四年（1545）刊本（见[2][3]）。

梁子璠

字辉岳，南海县人。天启二年（1622）进士，仓梧县令。刻书：《海忠介公全集》十二卷，（明）海瑞撰，明天启六年（1626）刊本（见[5]）。

莫如士

字子元，恩平县人。嘉靖二十六年（1547）进士，历官监察御史、大理寺丞。刻书：《韩文》四十卷、外集十卷、遗文一卷、集传一卷，（唐）韩愈撰，明嘉靖三十五年（1556）刊本（见[3][4][8][12][13]）；《柳文》四十三卷，别集二卷，外集二卷，附录一卷，（唐）柳宗元撰，刘禹锡编，明嘉靖三十五年（1556）刊本（见［3］［4］［12］）。

黄宸

字文断，清远县人。嘉靖举人，长兴县令，兵部主事，赣州知府。刻书：《八代纪要》三十卷，（明）顾应祥撰，明嘉靖三十七年（1558）刊本（见［5］［8］［14］［15］）。

黄衷

字子和，别号病叟，南海县人。弘治九年（1496）进士，湖州知府，官终兵部右侍郎。著有《海语》，述海中荒忽奇谲之状极为详细。又有《矩洲集》。刻书：《矩洲诗集》十卷，《樗亭集》一卷，（明）黄衷撰，明嘉靖九年（1530）刊本（见［5］）。

黄佐

字才伯，号泰泉，香山县人。正德十六年（1521）进士。著有《泰泉集》《乐典》《广东人物传》等书。刻书：《双槐岁钞》十卷，（明）黄瑜撰，明嘉靖二十二年（1543）刊本；《皇极经世书传》八卷，（明）黄畿撰，明嘉靖刊本（见［2］［5］）。

黄在素

字水濂，一字幼彰，香山县人，佐子。嘉靖举人。刻书：《黄文裕公泰泉先生文集》六十卷，（明）黄佐撰，明万历七年（1579）刊本（见［5］）。

黄中

字则权，东莞县人。万历举人。刻书：《朱阳仲诗选》五卷，（明）朱应钟撰，明万历刊本（见［5］）。

谢正蒙

字中吉，惠来县人。万历举人，安乡县令，河南参议。著有《疏草》等书。刻书：《高皇帝御制文集》二十卷，（明）朱元璋撰，明万历刊本（见［5］）。

湛若水

字元明，号甘泉，增城县人。弘治十八年（1505）进士，兵部尚书。著有《白沙子古诗教解》《圣学格物通》《甘泉集》。刻书：《元次山文集》十卷，拾遗一卷，（唐）元结撰，明正德十二年（1517）

刊本（见［5］）；《天先集》十卷，附录二卷，事实一卷，（宋）许月卿撰，明嘉靖十三年（1534）刊本；①《唐丞相曲江张先生集》二十卷，（唐）张九龄撰，明嘉靖十五年（1536）刊本；②《甘泉湛子古诗选》五卷，（明）湛若水撰，谢锡命辑，明嘉靖三十一年（1552）刊本（见［8］）；《甘泉先生两都风咏》四卷，（明）湛若水撰，明嘉靖刊本（见［5］）。

韩袭芳

字世远，文昌县人。成化贡生，宁都训导，庆元教谕。刻书：《诸葛孔明心书》不分卷，明正德十二年（1517）刊本（见［5］）。

蒋冕

字敬之，琼台县人。成化二十三年（1487）进士，正德间累官户部尚书。著有《湘皋集》《琼台诗话》。刻书：《曹祠部集》二卷，（唐）曹邺撰，明正德刊本（见［1］）。

谭耀

字惺堂，东莞县人。万历五年（1577）进士。著有《山东盐法志》。刻书：《廉平录》六卷，（明）傅履礼、高为表编辑，明万历十六年（1588）刊本（见［1］）。

潘光统

字少承，顺德县人。从黄佐于粤洲，究心子史，兼攻诗学。著有《史汉存疑》《山房纪闻》等书。刻书：《明音类选》十二卷，（明）黄佐编，明嘉靖三十七年（1558）刊本（见［3］）。

潘梅

字元夫，顺德县人。嘉靖举人，抚州通判，绍兴知府，官至户部郎中。著有《上吏部孙季泉少宰用人议》等。刻书：《删正唐诗品汇》五十卷，（明）俞宪辑，明嘉靖三十二年（1553）刊本（见［5］）。

黎民表

字维敬，号瑶石山人，从化县人。嘉靖举人，镇海县令，万历中官至河南布政使参议。好读书，工画，尤善书法。其诗与梁有誉、欧大任

---

① 莫友芝：《藏园订补郘亭知见传本书目》，中华书局 2009 年版，第 1281 页。
② 瞿冕良：《中国古籍版刻辞典》，齐鲁书社 1999 年版，第 591 页。

齐名。著有《北游稿》《梅花社稿》等书。刻书：《清泉精舍小志》一卷，（明）黎民表辑，明隆庆刊本（见［5］）；《复古编》二卷，（宋）张有撰，明万历刊本（见［1］）；《刘宾客文集》三十卷，外集十卷，（唐）刘禹锡撰，明万历二年（1574）刊本（见［5］）。

黎密

字缜之，番禺县人。天启举人，世称高士，赠兵部尚书。工诗、古文、词。著有《籁鸣集》。刻书：《黎缜之游稿》不分卷，《椒花初赠言》一卷，（明）黎密撰，明天启五年（1625）刊本（见⌊8⌋）。

霍与瑕

字勉衷，号勉斋，南海县人。嘉靖三十八年（1559）进士，起鄞县令，终广西佥事。著有《勉斋集》。刻书：《渭厓文集》十卷，（明）霍韬撰，明嘉靖刊本（见［5］）。

主要参考书

［1］《四库简明目录标注》
［2］《北京大学图书馆善本书目》
［3］《南京图书馆善本书目》
［4］《浙江图书馆善本书目》
［5］《明代版刻综录》
［6］《杭州大学图书馆善本书目》
［7］《北京师范大学图书馆善本书目》
［8］《北京图书馆善本书目》
［9］《天津市人民图书馆善本书目》
［10］《复旦大学图书馆善本书目》
［11］《范氏天一阁书目》
［12］《中国丛书综录》
［13］《西谛书目》
［14］《上海图书馆善本书目》
［15］《福建大学图书馆善本书目》

（原载《图书馆论坛》1991 年第 3、4 期）

清代广东部分书坊及私人刻书简述

　　广东私人刻书，在明代已有较大的发展，① 到了清代，特别是晚清，广东的出版业已走在全国的前列。② 知名的刻书家、刻书坊、刻书铺遍及粤东各地，甚至一些县邑也出现了规模不等的私人刻书。这些私人刻书大致有两种类型：一是在于营利；二是在于扬名或自娱、赠友以及教育后代。他们的刻书活动，使我国名世珍籍化身千百，广为流传，对推广书刊、促进文化，起了一定的作用。现根据部分目录，将清代广东私人刻书及书坊、书铺刻书略述如下。知而未详者则参考文末《清代广东私人刻书简表》。

　　十二石山斋

　　业主梁九图，字福章，顺德县人。承先世德荫，生有夙慧，十岁能诗。及长，博学工文，性雅淡，不乐仕进，唯喜山水。游衡岳归，得石十二，罗列斋前，因自号"十二石山人"。刻书以自撰自刻居多，如：清道光二十四年（1844）刻《紫藤馆诗钞》一卷（见文后参考书［6］，余同）；道光二十六年（1846）刻《十二石山斋诗话》八卷（见［6］）；道光二十六年（1846）写刻（清）梁翰《寸知堂遗草》一卷（见［7］）。

　　三十三万卷楼

　　业主孔广陶，字少唐，南海县人。国学生，官兵部郎中、编修。家藏书甚富，是广东著名的藏书家。刻书：清光绪九年（1883）刻

---

　　① 罗志欢：《明代广东刻书家简述》，《图书馆论坛》1991 年第 3、4 期。

　　② 金炳亮：《广雅板片历劫记》，《广东出版史料》第 3 辑，广东省新闻出版局《广东出版史料》编辑部 1992 年版。

（唐）徐坚等撰《古香斋鉴赏袖珍初学记》三十卷（见［13］）；光绪十四年（1888）刻（唐）虞世南《北堂书钞》一百六十卷（见［7］［13］）；光绪十五年（1889）刻（清）孔广镛等编《岳雪楼书画录》五卷（见［1］）。

万木草堂

业主康有为，原名祖诒，字广厦，晚自号更生，南海县人。光绪进士，官工部主事。康氏为朱九江弟子，博学能文，通中外大势，上书言事颇具远识。著有《讲学记》《游记》《诗文集》等，其门人汇刊为《万木草堂丛书》。康氏于清末至民国间刻书，主要有：《春秋笔削大义微言考》十一卷（见［6］）、《论语注》十六卷（见［6］）、《新学伪经考》十四卷（见［6］［7］）、《孔子改制考》二十一卷（见［13］）。以上四种均为康氏自著书。

文畬堂

业主温汝能，字希禹，号谦山，顺德县人。乾隆举人，官中书。性豪迈，筑"中斋"于莲溪上，所藏数万卷。又广搜乡先哲诗文集，辑为《粤东文海》及《粤东诗海》，都一百七十余卷，并于清嘉庆十八年（1813）自刻印行（见［12］）。自著有《龙山乡志》等。

风满楼

业主叶梦龙，字云谷，一字仲山，南海县人。清道光十年（1830）刻（清）李式谷辑《五经衷要》五种七十二卷（见［18］）。

邝斋

业主陈昙，字仲卿，番禺县人。廪生，澄海训导。昙生与明邝露同物，人谓为"露后身"，故又号"邝斋"。著有《感遇斋集》三十六卷、《邝斋杂记》八卷。清嘉庆十六年（1811）自刻《海骚》六卷（见［13］）。

四益友楼

业主易其霈，字公亮，鹤山县人。增贡生，考选训导。清道咸后，广东治古文者推高要彭泰来。易氏尝从受义法，故存文不多，而体皆雅洁。著有《四益友楼文钞》五卷。清光绪十五年（1889）自刻《通鉴纲目前编窃议》二十五卷（见［6］）。

达朝堂

业主梁善长，字崇一，顺德县人。乾隆进士，历宰白水、蒲城，官至建宁府同知。撰辑有《赐衣堂文集》《鉴塘诗钞》《广东文粹》等。清乾隆十二年（1747）自刻《广东文粹》十二卷补编一卷（见[12]）；乾隆十四年（1749）写刻（清）施念曾等编《宛雅》初编八卷、二编八卷、三编二十四卷（见[12]）。

红荔山房

业主湛祖贵，字仁昭，号东塘，增城县人。乾隆进士，官江西永宁、浮梁知县，定南厅同知。著有《式古堂文集》《红荔山房诗稿》（见[1]）。清乾隆六年（1795）重刻（明）湛若水《春秋正传》三十七卷附二卷（见[6][12]）。

听松庐

业主张维屏，字子树，号南山，番禺县人。道光进士，少有才名。历官黄梅、广济知县，改同知，权南康知府。以风雅饰吏治，所至有惠绩。工书，通医学，尤工诗。与林伯桐、黄乔松、谭敬昭、梁佩兰、黄培芳、孔继勋筑"云泉山馆"于白云山，曰："七子诗坛"。告归后，寓居花埭，筑"听松庐"，闭户著书，自号珠海老渔。性爱松，又号松心子。著有《听松庐文抄》《松心日录》《国朝诗人征略》等书。清道光十七年（1891）自刻《桂游日记》三卷（见[13]）。

述古堂

业主未详，铺址在广州。在清咸丰至光绪间刻书有：《南楚诗纪》四卷附补编一卷，（清）彭开勋撰，清咸丰元年（1851）刊（见[13]）；《日知录集释》三十二卷刊误四卷，（清）黄汝成撰，清同治八年（1869）刊（见[12]）；《昌黎先生集》四十卷附遗文，（唐）韩愈撰，清同治九年（1870）刊（见[12]）；《后汉纪》三十卷，（晋）袁宏撰，清光绪二年（1876）刊（见[13]）；《诗辑》三十六卷，（宋）严粲撰，清光绪三年（1877）刊（见[13]）。

岳雪楼

业主孔继勋，字开文，号炽庭，南海县人。广陶之父。道光进士，选庶吉士编修、国史馆协修（见[4]）。清光绪七年（1881）刻（清）孙承泽《古香斋鉴赏袖珍春明梦余录》七十卷（见[13]）。

面城楼

业主曾钊，字敏修，又字勉士，南海县人。道光拔贡，官合浦教谕，调钦州学正，举学海堂学长。博览群书，嗜蓄书，尝筑"面城楼"，藏书数万卷，自为之记。是清代广东著名藏书家。所著有《周礼注疏小笺》《面城楼文存》等。清嘉庆道光间自刻《面城楼丛刊》三种十九卷（见［6］［18］）、《诗毛郑异同辨》二卷（见［6］）。

春晖堂

业主罗学鹏，字秩宗，顺德县人。国学生。喜谈经济，好搜集乡先正诗文集。虽残篇断简，皆手自纂录，乃累用录成《广东文献》，共五集，鬻所居次第刊行焉。自著《春晖堂诗集》。清嘉庆自刻《广东文献》五集（见［13］）。

拜鸳楼

业主沈宗畸，字孝耕，号太侔，又号南雅。原籍浙江，世侨居番禺。所见辑刻丛书三部：《拜鸳楼校刻四种》五卷，清光绪二十六年至宣统元年（1900—1909）自刻本（见［7］［18］）；《晨风阁丛书》二十二种四十八卷，清宣统元年（1909）自刻本（见［7］［18］）；《香艳小品》五种十一卷，清宣统元年（1909）石印本（见［18］）。

修本堂

业主林柏桐，字桐君，号月亭，番禺县人。嘉庆举人，官德庆州学正。林氏践履笃实，宗宋儒，而治经则宗汉儒。《十三经注疏》手自丹铅，又尝作《朱子不废古训说》，故所学通博，而无门户。阮元建学海堂，首延为学长。所著有《毛诗通考》《史记蠡测》《学海堂志》《修本堂诗文稿》等，统名为《修本堂丛书》。清道光十九年（1839）刻（清）邓廷桢《许氏说文解字双声迭韵谱》一卷（见［13］）；道光二十四年（1844）自刻《修本堂丛书》十种九十三卷（见［18］）。

读书草堂

业主简朝亮，字竹居，一字季巳，顺德县人。所居简岸，乡学者称"简岸先生"。附贡生，为朱九江高第弟子。平日恪守师说，作《朱九江先生讲学记》，评述而阐明之。在阳山辟"读书堂"，从学者多才杰士，梁鼎芬、丁仁长皆推重之。国变后，年逾八十，杜门著述，足迹罕入城市。早岁与番禺陶邵学、新会陈树镛以学问相切劘，陈氏卒后，为志其墓，又手订其遗书刊行之。① 所著有《尚书集注述疏》《读书堂正续集》等书。所刻书籍，多半为自著。清光绪至民国间自刻《礼记子思子言郑注补正》四卷（见［6］）、《朱子大学章句释疑》一卷（见［6］）、《论语集注补正述疏》十卷（见［6］）、《孝经集注述疏》附读书堂答问（见［6］）。此外，清光绪二十三年（1897）刻（清）朱次琦撰《朱九江先生集》十卷首四卷（见［13］），又自刻《朱九江先生讲学记》一卷（见［8］），民国二十五年（1936）自刻《酌加毕氏续资治通鉴论》八卷（见［7］）。

读有用书斋

业主冯焌光，字竹儒，南海县人。咸丰举人，累官至苏松太道。创设"求志书院"，以经史有用之学课士。其生平好蓄书，得秘籍，必求善本互校，自为序跋，刊刻行世（见［4］）。冯氏于清同治光绪间刻书有：《皇朝舆地略》，（清）六承如绘、冯焌光增补，清同治二年（1863）自刻（见［13］）；《李文公集》十八卷、补遗一卷，（唐）李翱辑，清光绪元年（1875）校刻（见［13］）；《皇甫持正文集》六卷，（唐）皇甫湜撰，清光绪二年（1876）校刻（见［13］）；同年又校刻《孙可之文集》十卷，（唐）孙樵撰，（见［13］）；《六朝文切挈》四卷，（清）许梿评选，清光绪三年（1877）套印本（见［8］）；《金石三例》十五卷，（清）卢见曾辑，清光绪四年（1878）朱墨印本（见［13］）；《三唐人集》三种三十七卷，（清）冯焌光辑，清光绪自刻（见［18］）。

海山仙馆

业主潘仕成，字德畲，番禺县人。道光十二年（1832）顺天乡试副榜，贡生，官兵部郎中。好藏书，创筑荔香园于广州西门外泮塘荔枝湾。于清道光咸丰间刻《海山仙馆丛书》五十九种四百八十五卷（见［6］［18］），延南海谭莹校定之，世称善本。此外，清道光刻有《佩文韵府》一百六卷拾遗一百六卷（见［15］）、《大清律例按语》

---

① 大陆杂志社：《中国近代学人像传初辑》，载沈云龙《近代中国史料丛刊三编》，文海出版社1986年版，第332页。

一百四卷（见［13］）、《选刻经验良方》十卷（见［5］），等等。

　　耕云别墅

　　业主邬启祚，字续蕃，号吉人，番禺县人。喜吟咏。著有《耕云别墅诗集》一卷、《耕云别墅诗话》一卷、《诗学要言》一卷（见［5］）。所刻书籍，以乡邑文献及先世著述为主。所见有：清宣统元年（1909）刻（清）邬宝珍《邬道源先生遗书》四种四卷（见［4］）、《智因阁诗集》一卷（见［13］）、《吉祥录》不分卷（见［13］）。又自刻《耕云别墅诗集》一卷（见［13］）。民国初刻（清）邬宝珍《明珠》不分卷（见［13］）。

　　爱庐

　　业主陶福祥，字春海，别号爱庐，番禺县人。光绪举人，陈兰甫门人。家富藏书，所藏逾十万卷，多精椠本。同治间，张之洞创设广雅书局，聘陶氏为总校，刊行书籍百数十种，正伪订谬，咸称善本。晚年举为学海堂、菊坡精舍学长，禺山书院讲席。所著有《东汉刊误》《北堂书钞校字记》《梦溪笔谈校字记》《爱庐文集》《说经丛钞》等（见［5］）。陶氏所刻书籍，多为名人名著，质量颇高。以胡伯蓟手写苏书、陶集尤为著名。清光绪十一年（1885）校刻（宋）陈师道《后山先生集》二十四卷（见［13］［15］）；清光绪十六（1890）校刻海源阁复宋本《蔡中郎集》十卷、外纪一卷、外集四卷（汉）蔡邕撰（见［13］）；清光绪三十二年（1906）校刻（宋）沈括《梦溪笔谈》二十六卷、补笔谈三卷、续笔谈一卷、校记一卷（见［13］）。

　　留香斋

　　书铺在广州西湖街。清同治至民国初年刻印书籍多为粤人著述，以及地方志、族谱、家谱等。如：清同治十一年（1872）刻（同治）《南海县志》二十六卷，（清）郑梦玉等修纂（见［6］）；清宣统元年（1909）刻《吴氏家谱》二十卷，（清）呈绍萃纂修（见［10］）；清宣统三年（1911）刻（宣统）《南海县志》二十六卷，（清）郑荣等修（见［9］）；民国初刻《梁氏家谱》二卷，梁鸾翔纂修（见［10］）、（宣统）《阳江县志》三十九卷，张以诚等纂修（见［9］）。据有关资料记载，此书铺后来发展为专业性的出版机构，名曰"留香斋印务局"。

萃文堂

清代广州刻书铺多在西湖街、龙藏街一带，如"聚珍堂""简书斋""富文斋""墨宝楼"等。"萃文堂"就是其中一家。在同治至清末，该书铺刻有：清咸丰十年（1869）刻（清）李长荣等辑《庚中修禊集》一卷（见［6］）；清同治五年（1866）刻（清）熊景星《吉羊溪馆诗钞》三卷（见［6］）；清同治九年（1870）刻（唐）李商隐《李义山诗集》三卷附诸家诗评及诗谱（见［15］）；清同治十年（1871）刻《南海县图》一卷，（清）邹伯奇等纂（见［7］）、（嘉庆）《增城县志》二十卷，（清）赵俊等修（见［9］）；清同治十二年（1873）刻《皇舆全图》，（清）邹伯奇绘（见［6］）。

梦菊堂

业主阮榕龄，字竹潭，新会县人。髫龄，即抗心希古，精力绝人，博学强记。自经、史、子、集及方舆、象纬、农医、历律、释典、道藏，无不竟委穷原，含宏放溢。以故所为文章，盘深奥远，街里巷小生多不解所谓。邑名士何明经殿春辈雅重之。著有《白沙丛考》六卷、《竹潭诗文集》八卷。清咸丰元年（1851）自刻《白沙先生年谱》二卷附二卷（见［6］［7］）。

随山馆

业主汪瑔，字芙生，一字越人，号玉泉，又号谷庵。本贯山阴，先世客粤，久遂为番禺人。生平博极群籍，尤工诗词，精汉隶书。著有《随山馆诗》十二卷文四卷词二卷、《无闻子》一卷、《松烟小录》一卷。清光绪刻（清）杜隽《小樊川诗钞》二卷（见［6］）。

富文斋

铺设在广州西湖街内。清嘉庆至光绪年间，世代相继经营。所刻书籍经、史、子、集俱全，行销全国。从一些图书馆的古籍书目中，可以找到很多富文斋的刻本，是广东著名的刻书铺之一。所刻书辑录如次。

清嘉庆十八年（1813）刻《浮山小志》三卷，（清）黄培芳辑（见［6］）；二十年（1815）刻《史传事略》一卷，（清）宋湘撰（见［6］［12］）。

清道光二年（1822）刻《读书丛录》二十四卷，（清）洪颐煊撰
（见［7］）；五年（1825）刻《恩平县志》十八卷，（清）杨学颜等
纂修（见［6］［9］）；八年（1828）刻《香山县志》八卷，（清）祝
淮等纂修（见［9］）；十七年（1837）刻《桂游日记》三卷，（清）
张维屏撰（见［6］）；十九年（1839）刻《花甲闲谈》十六卷，
（清）张维屏撰（见［8］）。

清咸丰十年（1860）刻《知不足斋诗草》十卷，（清）邓翔撰
（见［6］）；咸丰至光绪间刻《番禺陈氏东塾丛书》四种三十卷，
（清）陈澧撰（见［7］）。

清同治二年（1863）刻《柳堂师友诗钞》，（清）李长荣辑（见
［6］［7］）；五年（1866）刻《求自得之室文钞》十二卷，（清）吴
嘉宾撰（见［13］）；六年（1867）刻《古韵通说》二十卷，（清）
龙启瑞撰（见［13］）；七年（1868）刻《仰蘧书屋诗稿》一卷，
（清）岑灼文撰（见［6］）；八年刻（道光）《南海县志》四十四卷，
（清）潘尚楫等纂修（见［8］）；十年（1871）刻《周官精义》十二
卷，（清）连斗山撰（见［15］）。

清光绪刻《浮山志》五卷，（清）酥醪洞主辑（见［17］）、《小
学汇函》十四种，（清）钟谦钧辑（见［13］）、《说文通检》十四
卷，（清）黎永春编（见［6］）；二年（1876）刻（道光）《肇庆府
志》二十二卷，（清）屠英等纂修（见［8］［9］）、（同治）《南海
县志》二十六卷，（清）郑梦玉等纂修（见［6］［9］）、《蔼俦诗钞》
一卷，（清）梁玉森撰（见［6］）；五年（1879）刻光绪《广州府
志》一百六十三卷，（清）戴肇辰等纂修（见［8］）；七年（1881）
刻《浮山志》五卷，（清）陈铭珪辑（见［6］）；十六年（1890）刻
《日本国志》四十卷，（清）黄遵宪编纂（见［7］［8］［13］
［15］）；十七年（1891）刻《养蒙初基》九卷，（清）杨荫廷编（见
［8］）；十八年（1892）刻《鸿爪前游日记》六卷，（清）孔广陶述
（见［6］）；二十年（1894）刻《何氏族谱》，（清）何泽棠等纂修
（见［9］）；二十二年（1896）刻《郑氏诗笺礼注异义考》一卷，
（清）桂文灿撰（见［13］）；二十三年（1897）刻《菊坡精舍集》
二十卷，（清）陈澧辑（见［8］）；二十四年（1898）刻《五百石洞

天挥尘》十二卷，（清）邱炜菱撰（见［6］）。

超华斋

业主陈氏，铺在广州，多刻乡邦文献。清道光十年（1830）刻《国朝诗人征略》六十卷，（清）张维屏辑（见［6］）；清宣统三年（1911）刻（宣统）《续修南海县志》二十六卷，（清）郑荣等纂修（见［9］）；民国刻《养真草庐诗集》二卷，（清）孔继芬撰（见［6］），《九峰采兰记》一卷，邬庆时撰（见［6］）。

蒇古堂

业主陈焯之，字伟南，新会县人。清同治时，有金陵、淮南、江苏、浙江、湖北五省官书局合刻《二十四史》。陈氏以个人之力，请南海曾钊任校勘，于同治八年（1869）刻成一部，诚属盛举，这是私人出版书籍规模最大的一家。所刻《二十四史》系以殿板为底本，较五省官刻用汲古阁本为上。杭州大学图书馆有藏（见［15］）。

粤雅堂

业主伍崇曜，原名元薇，字紫垣，南海县人。邑廪生，以赈捐赐举人，后加布政使衔。家富于财而专结交文人，致力于搜书、藏书、刻书。筑"远爱楼"为藏书之所，构"粤雅堂"为辑书校书之地。伍氏刻书，重视乡邦文献，偏好孤本秘籍，内容涉及经、史、子、集、丛书，凡传统学科之门类都有。所辑刻各书，请南海曾钊任校勘，错讹脱夺极少，雕板精良，形式大观。尤以辑刻《粤雅堂丛书》为人称誉，不愧为清代广东乃至全国著名的刻书家之一。伍氏的刻书活动，从道光十一年（1831）起至同治二年（1863）止，持续了三十余年，前后辑刻达二百多种，二千余卷。所见有：《粤雅堂丛书》三编三十集一百八十五种一千三百四十七卷（见［15］［18］）、《岭南遗书》六集五十九种三百四十八卷（见［7］［8］［15］［18］）、《楚庭耆旧遗诗》三集七十四卷（见［13］）、《粤十三家集》十三种一百八十二卷（见［7］［8］［18］）、《金文最》一百二十卷（见［6］）、《舆地纪胜》二百卷（见［7］）、《西湖书院重校史论丛编》四种十一卷（见［18］）。

筠清馆

业主吴荣光，字荷屋，号伯荣，南海县人。嘉庆进士，由编修擢御史，道光间官至湖南巡抚，后兼署湖广总督。工书画，精鉴金石。

有《历代名人年谱》《筠清馆金石录》《白云山人诗稿》《吾学录》《绿伽南馆》诸集。所刻书籍，以自著居多。如：清道光十二年（1832）自刻《吾学录初编》二十四卷（见［6］［13］）；二十一年（1841）自刻《白云山人集》三十四卷（见［6］）；二十二年（1842）自刻《筠清馆金石录》五卷（见［6］［13］［15］）。

微尚斋

业主汪兆镛，字伯序，号憬吾，番禺县人。光绪举人。治经史依陈澧，作辞章则学姜白石、辛弃疾，笔调雄健有力。辛亥革命后移居澳门，不问国事，埋头著述，自抒胸怀，1939 年病故。编著有《晋会要》《碑传集三编》《微尚斋诗文集》等。清宣统至民国间自刻《微尚斋丛刻》六种十一卷（见［6］［18］）；1914 年刻《忆江南馆词》一卷，（清）陈澧撰（见［6］）；1925 年刻《公孙龙子注》一卷，（清）陈澧注（见［6］）。

翰墨园

业主骆浩泉，花县县人。继承父业"翰墨园"，又在广州双门底（今北京路北段）自创"登云阁书店"①。先以代销各方书籍，随着业务拓展，继之雕板印书，② 并在双门底附近的永汉路增设分店。③ 在清道光至光绪间自刻、承刻或翻刻了很多书籍，行销全国，是广东著名的刻书铺之一。其刻书最大的特点是朱墨套印本、五色套印本居多。所见有：清道光十三年（1833）承刻朱墨套印《史通削繁》四卷，（清）纪昀辑、浦起龙注（见［15］），《史通通释》二十卷，（清）浦起龙撰（见［13］）；清同治八年（1869）承刻朱墨套印《苏文忠公诗集》五十卷目二卷，（宋）苏轼撰（清）纪昀评（见［15］）；清光绪二年（1876）重刻朱墨套印《徐孝穆全集》六卷，（陈）徐陵撰（清）吴兆宜笺注（见［13］）、五色套印《五家评注杜工部集》二十卷，（唐）杜甫撰（清）卢坤集评（见［6］［7］［15］）；六年（1880）刻《七修类稿》五十一卷续稿七卷，（明）郎

---

① 清光绪本《战国策校注》，内封题"粤东双门底登云阁藏板"。

② 广东省地方史志编纂委员会编：《广东省志·出版志》，广东人民出版社 1997 年版，第 70 页。

③ 清末本《经脉图考》，内封有"广州永汉路登云阁藏板"朱印。

瑛撰（见［13］）、《南北史捃华》八卷，（清）周嘉猷撰（见［13］）；九年（1883）重刻三色套印《昌黎先生诗集注》十一卷，（唐）韩愈撰（清）顾嗣立注（见［8］［13］）、朱墨套印《唐贤三昧集笺注》三卷，（清）王士禛选、吴煊等辑注（见［13］）。

藏修书屋

业主刘晚荣，字节卿，新会县人。清同治至光绪间辑刻丛书三种：《述古丛钞》四集二十六种（见［18］）；《麈谈拾雅》十种十一卷，清同治八年（1869）刊；《藏修堂丛书》六集三十六种，清光绪十六年（1890）刊。此外，光绪又刻《六醴斋医书》十种，（清）程永培辑（见［18］）。

附　　　　　　　　　　**清代广东私人刻书简表**

铺号	铺址	铺主	刻书	出处
厂广山房	广州		《烟经》二卷（清）赵古农撰，清道光九年（1829）刊 《槟榔谱》一卷，（清）赵古农撰，清道光九年（1829）刊 《龙眼谱》一卷，（清）赵古农撰，清道光九年（1329）刊	见［8］
九经阁	粤东		《禹贡水道论》一卷，（清）吴远光撰，清刊	见［6］
广文堂	广州		《片云行草》一卷，（清）释纯谦撰，清道光二十七年（1847）刊	见［8］
三德堂	高州	莫氏	光绪《信宜县志》八卷拾遗一卷，（清）梁安旬等修，清光绪十五年（1889）刊	见［8］［9］
万竹山房	东莞	宁氏	《竹湾题赠录》一卷，（清）宁文波撰，清道光七年（1827）刊	见［6］
万竹园	韶城		同治《韶州府志》四十卷，（清）林述训等纂修，清同治十三年（1874）刊	见［8］

续表

铺号	铺址	铺主	刻书	出处
六书斋	广州		道光《阳春县志》十四卷，（清）陆向荣等纂修，清道光元年（1821）刊《岭南名胜记》十六卷，（明）郭棐撰，清乾隆五十五年（1790）刊	见〔6〕〔9〕
文蔚堂	新安	朱氏	《苏东坡诗集注》三十二卷，（宋）苏轼撰，清康熙三十七年（1698）刊	见〔13〕
文昌宫	惠州		光绪《惠州府志》四十五卷，（清）邓抡斌等纂修，清光绪七年（1881）刊	见〔8〕
心简斋	广州		嘉庆《重修三水县志》十六卷，（清）李友榕等纂修，清嘉庆二十四年（1819）刊	见〔8〕〔9〕
太清楼	广州		《春秋公羊经何氏释例》十卷附四卷，（清）刘逢禄撰，清光绪二十三年（1897）刊	见〔13〕〔15〕
艺苑楼	广州		《岭南杂事诗钞》八卷，（清）陈坤撰，清光绪刊	见〔15〕
艺芳斋	广州		《粤东词钞》不分卷，（清）许玉彬等辑，清道光二十九年（1849）刊	见〔6〕〔7〕
王存文楼	潮州		《林氏重修族谱》十四卷，（清）林西园撰，清宣统二年（1910）刊	见〔10〕
古雪楼	广州	杨氏	《草色联吟》二卷，（清）杨永衍编，清光绪十三年（1887）刊	见〔6〕
正文堂	西湖街		《访粤集》一卷，（清）戴熙撰，清道光二十年（1840）刊《梁氏族谱》不分卷，佚名纂，民国九年（1920）刊	见〔7〕见〔10〕
可继堂	琼山	丘氏	《邱海二公合集》十六卷，（明）丘濬、海瑞撰，清同治十年（1371）刊	见〔7〕〔18〕

铺号	铺址	铺主	刻书	出处
业文堂	广州		《粤海关志》三十卷，（清）梁廷枏纂，清刊	见［13］
有文楼	潮州		《潮州耆旧集》三十八卷，（清）冯奉初辑，清光绪三十四年（1908）刊	见［8］
同和堂	惠州		道光《永安县志》五卷，（清）宋如楠等纂修，清道光二年（1822）刊	见［9］
合成斋	广州		《古今孝子所见录》十二卷，（清）李燕昌辑，清道光十四年（1834）刊	见［13］
全经阁	广州		《桂学答问》一卷，（清）康国器撰，清光绪二十年（1894）刊	见［6］
竹香斋	广州		《说文测议》七卷，（清）董诏撰，清道光二年（1822）刊	见［17］［19］
华文堂	广州		《郑氏四种》二十四卷，（清）郑晓如撰，清同治八年（1869）刊	见［18］
怀善堂	曲江		道光《曹溪通志》八卷，（清）刘学礼纂，清道光十六年（1826）刊	见［6］
良产书屋	岭南		《古文眉诠》七十九卷，（清）浦起龙辑，清光绪二十四年（1898）刊	见［13］
诒燕堂	岭南	梁氏	《兰汀存稿》八卷，（明）梁有誉撰，清康熙二十四年（1685）刊	见［12］
求作堂	南海	邹氏	《道乡集》四十卷，（宋）邹浩撰，清同治九年（1870）刊	见［7］
芸晖阁	新安	汪氏	《黄氏日抄分类》九十七卷，（宋）黄震撰，清乾隆三年（1738）刊	见［15］
仒月楼	南海	叶氏	《诗绪余录》八卷，（清）黄位清撰，清刊本	见［14］
纯渊堂	香山	黄氏	《黄氏家乘续编》三卷，（清）黄佛颐撰，清光绪二十九年（1903）刊	见［18］
纬文堂	广东		《鹿洲全集》四十三卷，（清）蓝鼎元撰，清同治四年（1865）刊	见［18］

续表

铺号	铺址	铺主	刻书	出处
宝敕楼	琼山		《文公家礼仪节》八卷，（明）丘濬撰，清乾隆三十五年（1770）刊	见［6］
宝珍楼	广州		《珠江酬唱集》，（清）赤竹村人撰，清光绪二十五年（1899）刊	见［6］
			《邓氏族谱》不分卷，邓维岳等修，民国八年（1919）刊	见［10］
			《梁氏族谱》十卷，（清）梁锡蓉修，清光绪二十二年（1896）刊	见「10］
宝经阁	广州		《朱九江论史口说》一卷，（清）朱次琦撰，清光绪二十六年（1900）刊	见［6］
致和堂	羊城	黄氏	《鼠疫非疫六经条辨》，黄仲贤撰，清宣统元年（1909）刊	见［4］
明道堂	粤东		《增订三字鉴注释》一卷，（清）万藕舲撰，清光绪二十七年（1901）重刊	见［14］
知守斋	番禺	梁琼芳	《守瓶堂全集》六种，（清）孔继宣撰，清道光三十年（1850）刊	见［19］
知服斋	顺德	龙凤镳	《知服斋丛书》二十五种，（清）龙凤镳辑，清光绪十九年（1893）刊	见［6］［18］
			《螺树山房丛书》四十五卷，（清）龙裕光辑，清光绪刊	见［18］
金壁斋	广州		《梁氏家谱》四卷，（清）梁纶修，清宣统三年（1911）刊	见［10］
经韵楼	广州		《广州乡贤传》四卷续编二卷，（清）潘楪元辑、谭莹续辑，清光绪六年（1880）刊	见［6］
			《宋李忠定公奏议选》十五卷，（宋）李纲撰，清光绪二十三年（1897）刊	见［13］
			《范文正公政府奏议》二卷，（宋）范仲淹撰，清光绪二十三年（1897）刊	见［13］
拾芥园	广州	邹达泉	《邹征君遗书》十九卷，（清）邹伯奇撰，清同治十三年（1874）刊	见［8］［18］

铺号	铺址	铺主	刻书	出处
柳书堂	广州	简氏	《银儿墓题词》,(清)简熊飞等撰,清同治十二年(1873)刊	见[6]
秋梦庵	羊城	叶氏	《返生香》,(明)叶小鸾撰,清光绪二十二年(1896)刊	见[13]
效文堂	西湖街		《鸿桷堂诗文集》五卷附四卷,(清)胡方撰,清同治三年(1864)刊	见[8]
海门禅院	增城		《华峰山志》五卷,(清)释鉴传撰,清光绪二十六年(1900)刊	见[8][9]
酌雅斋	羊城		《圣经》一卷,(清)罗仲藩注,清同治六年(1867)刊	见[16]
扈篱馆	番禺	潘氏	《算术驾说》十一卷,(清)潘应祺撰,清光绪三十三年(1907)刊	见[13]
鸿文堂	羊城		《四会守城纪略》,(清)张作彦撰,清同治八年(1869)刊	见[13]
惜分阴馆	广州		《春明梦余录》七十卷,(清)孙承泽撰,清光绪九年(1883)重刻古香斋本	见[13]
黄学劬斋	南海		《梅嵩诗钞》三卷附二卷,(清)陈良玉撰,清光绪元年(1875)刊 《鸿桷堂诗集》五卷,(清)胡方撰,清同治三年(1864)刊	见[6][7] 见[7]
黄从善堂	番禺		《粤中蚕桑刍言》一卷,(清)卢燮宸辑,清光绪十九年(1893)刊	见[8]
黄虞学稼草堂	南海		《唐人选唐诗》二十三卷,(明)毛晋辑,清康熙三十二年(1693)刊	见[18]
菁华阁	广州		《司马温公通鉴论》三卷,(宋)司马光辑,清光绪二十八年(1902)刊	见[15]
萃古堂	广州		《荔村草堂诗钞》十卷,(清)谭宗浚撰,清光绪十八年(1892)刊	见[6]
萃经堂	广州		乾隆《澳门纪略》二卷,(清)印光任等纂,清光绪十年(1884)刊	见[9]

续表

铺号	铺址	铺主	刻书	出处
曼本草堂	广州		《中西四千年纪历》，（清）孔昭焱编，清光绪二十三年（1897）刊	见［6］
敝帚斋	顺德		《敝帚斋诗文钞》六卷，（清）廖卓然撰，清咸丰五年（1855）刊	见［6］
绳斋	番禺	陈继德	《说文通检》十四卷，（清）黎永椿撰，清同治十二年（1873）刊 《说文解字》十五卷附通检十六卷，（汉）许滇撰；通检，（清）黎永椿撰，清同治十三年（1874）刊	见［7］
赏文楼	高州		光绪《高州府志》五十四卷，（清）杨霁修，清光绪十六年（1890）刊	见［9］
			光绪《电白县志》三十卷，（清）孙铸等修，清光绪十八年（1892）刊	见［9］
谢存文馆	潮州		光绪《重修海阳县志》四十六卷，（清）卢蔚猷等修，清光绪二十六年（1900）刊	见［8］
登云阁	广州		《徐孝穆全集》六卷，（南朝陈）徐陵撰，（清）吴兆宜注，清刊	见［16］
博宝和堂	南海		《宫傅杨果勇侯自编年谱》二卷，（清）杨芳撰，清道光二十年（1840）刊	见［13］
葆真堂	顺德	龙氏	《拙庵丛稿》二十卷，（清）朱一新撰，清光绪二十二年（1896）刊 《无邪堂答问》五卷，（清）朱一新撰，清光绪二十一年（1895）刊 《佩弦斋文存》二卷附四卷，（清）朱一新撰，清光绪刊	见［15］［18］ 见［15］ 见［11］
集益堂	羊城	马氏	《历代地理志韵编今译》二十卷附二卷，（清）李兆洛撰，清光绪元年（1875）重刊	见［13］
集古书屋	广东		《历代地理志汇编》五十五种，（清）罗汝南辑，清光绪二十四年（1898）刊	见［18］

续表

铺号	铺址	铺主	刻书	出处
勤贻堂	东莞		东莞《梁氏棠桂族谱》十卷，（清）梁活阶等续修，清光绪三十三年（1907）刊	见 [6]
肄城书院	增城	龙氏	《肄城舆颂》一卷、《增江舆颂》一卷，（清）龙泉辑，清光绪八年至十年（1882—1884）刊	见 [6]
简书斋	广州		道光《鹤山县志》十二卷，（清）徐香祖等修，清道光六年（1826）刊	见 [9]
锦书堂	广州		《悦城龙母庙志》二卷，（清）黄应奎辑，清光绪十三年（1887）刊	见 [6]
端溪书院	番禺		《端溪丛书》四集，梁鼎芬辑，清光绪二十五年（1899）刊	见 [18]
蓼怀草堂	琼州	云志高	《蓼怀堂琴谱》，（清）云志高撰，清重订刊本	见 [7]
聚陞堂	羊城		光绪《九江儒林乡志》二十一卷，（清）朱次琦等纂，清光绪九年（1883）刊	见 [6]
聚英堂	广东		《元气堂诗集》三卷，（明）何吾骀撰，清嘉庆二十四年（1819）重刊	见 [6]
墨宝楼	广州		道光《恩平县志》十八卷，（清）杨学颜等修，清道光五年（1825）刊 宣统《香山县志续编》十六卷，厉式金等修，民国十二年（1923）刊	见 [9]
翰文堂	佛山		《岭南即事全集》七集，（清）何惠群等撰，清光绪二十七年（1901）刊 《咏沙溪洞玉乐寺八景诗》，（清）张维屏编，清咸丰八年（1858）刊 《对类引端》三卷，（清）黄堃辑，清光绪六年（1880）刊	见 [6] 见 [6] 见 [14]

续表

铺号	铺址	铺主	刻书	出处
翰元楼	广州		光绪《清远县志》十六卷，（清）李文垣等修，清光绪六年（1880）刊 同治《南海县志》二十六卷，（清）郑梦玉等修，清同治十一年（1872）刊 三水《邓氏族谱》，（清）邓达珩撰，清光绪十四年（1888）刊	见〔9〕
橘香居	化州	李氏	《宝山橘话》一卷，（清）李翰臣辑，清光绪二十年（1894）刊	见〔8〕
儒雅堂	广州	陈氏	《五百四峰堂诗钞》二十五卷，（清）黎简撰，清同治十三年（1874）刊 《六醴斋医书》十种，（清）程永培辑，清光绪十七年（1891）刊	见〔6〕〔15〕 见〔18〕
藏珍阁	广州		河源《邝氏族谱》四卷，（清）邝道理等纂，清光绪二十八年（1902）刊	见〔10〕

主要参考书

[1] 嘉庆《增城县志·人物志》

[2] 民国《顺德县志·人物志》

[3] 民国《东莞县志·人物志》

[4] 道光《南海县志·人物志》

[5] 民国《番禺县志·人物志》

[6]《中山大学图书馆藏广东文献目录》

[7]《暨南大学图书馆藏广东文献目录》

[8]《华南农业大学图书馆藏广东文献目录》

[9]《广东省中山图书馆藏广东地方志目录》

[10]《广东省中山图书馆藏广东族谱目录》

[11]《南开大学图书馆善本书目》

[12]《中山大学图书馆古籍善本书目》

[13]《北京师范大学图书馆中文古籍书目》

[14]《复旦大学图书馆古籍简目初编》

［15］《杭州大学图书馆线装书总目》

［16］《华南师范大学图书馆古籍目录》

［17］《东京大学东洋文化研究所汉籍分类目录》

［18］《中国丛书综录》

［19］《丛书大辞典》

（原载《图书馆论坛》1993 年第 2、3 期）

清代广东套版印书与广州
翰墨园套印本[*]

套印技术在明代后期发扬光大，浙江吴兴（今湖州市）闵、凌两族多以朱墨色套印，风行全国。至清代中晚期，广东套版印书竟为之继美，其中骆氏翰墨园技术精湛，最为著名。

一　广东套版印书

自明闵齐伋以朱墨本得名，数百年后套印技术在清代有所继承和发展，套版之精可谓超越前代。时武英殿刻五色本《古文渊鉴》尚为稀罕之物，而广东私刻出现五色甚至六色套印本，闻名一时。徐珂在《清稗类钞·工艺类》"套板印书"条称："朱墨本，俗称套板，以印墨一套，印硃又一套也。广东人仿印最夥，亦最精。"①

清代广东刻板被后人称誉的不少。阮元和张之洞先后出任两广总督，提倡朴学，劝人刻书，广东学术风气为之一变。徐信符《广东版片记略》有云："自道光朝，阮元总督两广，以朴学课士，经史子集，皆为研究实学所必需。学海堂创立，文澜阁启秀楼，为藏书版校书之所，一时风化大开，上行下效，官刻私刻，风起水涌，其庞然巨帙，乃冠于各行省矣。"②

广东套版印书正是集中发生在这一时期，这与阮元、张之洞等人

---

*　与戴程志合作。
①　徐珂：《清稗类钞·工艺类》，中华书局1986年版，第2403页。
②　徐信符：《广东版片记略》，《广东文物》卷9，上海书店1990年版，第858页。

的倡导和广东学风的转变有莫大的关系。再者，套版书种类不多，流布非广，且卷繁价昂，非一般士子所能购备，于是广东套版印书乘时崛起。据不完全统计，道光光绪间广东不下 30 家机构或个人曾套版印书，兹就见存者略举如次，可见一斑。

道光间，两广节署卢坤刻朱墨套印《文心雕龙》《史通削繁》《苏文忠公诗集》等。清道光十四年（1834）卢氏芸叶庵自辑自刻《杜工部集》二十卷首一卷。内封题："道光甲午季冬/杜工部集/五家评本/王世贞元美紫笔　王慎中遵岩蓝笔　王士禛阮亭朱墨笔　邵长蘅子湘绿笔　宋荦牧仲黄笔/芸叶盒藏板。"全书以六色套印，雕刻精良，墨色如新，色彩斑斓，极为美观。所刻诸书多由广州骆氏翰墨园承刻承印，版片亦多归其收藏。

道光光绪间，骆氏翰墨园所刻套印本今见存最多，主要有《史记菁华录》《杜工部集》《陶渊明集》《昌黎先生诗集》《文选》《唐贤三昧集》等。翰墨园是晚清著名的刻书铺，尤以套版印书著称。

同治光绪间，广州倅署两次以三色套印《李义山诗集》。同治九年本内封题名"李义山诗集辑评上中下三卷"；牌记题"同治庚午季冬/刊于广州倅署"；卷末镌"武林沈映钤/巴陵方功惠校订"。此刻有粤东羊城龙藏街萃文堂重印本，牌记题"同治庚午季冬/刊于广州倅署/粤东羊城龙藏/街萃文堂刊刷"。光绪二十四年翻刻本内封题名"李义山诗集辑评上中下三卷 三色"；牌记题"光绪廿四年春/刊于广州倅署/竹香斋发兑"；卷末仍镌"武林沈映钤/巴陵方功惠校订"。是书汇何焯、朱彝尊、纪昀三家评注，分别以朱、墨、蓝三色刷印。开卷三家评语尽览之，不愧为清末套印本中之上品。

同治八年（1869），广州韫玉山房重刻朱墨套印本《苏文忠公诗集》。所据为道光十四年两广节署本（翰墨园藏板）。

光绪间，广州越华书院院长叶衍兰自写刻朱墨套印《李长吉诗集》。内封题："李长吉集/黄陶庵先生评本/黎二樵先生批点"；牌记题"光绪十有八年岁在壬辰孟秋刊于羊城/叶衍兰书"。通篇由叶衍兰手书上板，小字写刻极精雅，评点套朱色，刻印皆远胜清末常见套印本。叶衍兰跋云："李长吉诗如镂玉雕琼，无一字不经百炼，真呕心而出者也。"简端录明黄陶庵（淳耀）、清黎二樵（简）评语，最为精当。印以朱色，尤为精绝。①

这一时期另有广东文升阁刻朱墨套印本《历代史论》《史记精华录》；粤东学院前麟书阁刻朱墨套印本《唐人赋钞》《正音撮要》；粤东拾芥园刻三色套印本《大清光绪庚子年通书》；南海孔氏岳雪楼刻五色套印本《古香斋新刻袖珍御选古文渊鉴》；巴陵方氏碧琳琅馆在广州刻朱墨套印本《王孟诗评》《六朝文絜》等；粤某人刻朱墨套印本《画学心印》；广州某人刻朱墨套印本《绘像第六才子书西厢记》。

南海冯焌光读有用书斋刻朱墨套印本《金石三例》《六朝文絜》，亦称佳本。《六朝文絜》乃家刻中之珍品，最值得一提。是书乃冯氏影刻道光许氏朱墨套印本。牌记题"光绪丁丑年读有用书斋摹镌"，卷末有光绪三年（1877）冯焌光所撰跋文一篇。徐信符认为较原本"尤具体而微，足与媲美"②。在各种《六朝文絜》翻刻本中，冯刻最佳，胜于原刻，故多有书贩撤去牌记、后跋伪作道光本者。雷梦水将此本视同古刻善本，所撰《古书经眼录》，以著录宋元明古本和名家钞校稿本为特色，却没有收录为今人艳羡的许氏道光原刻，而是特别青睐冯氏本，称其"凡砵墨一遵原刊之旧，刻工亦较精致"③。此书六眼订原装二册，不仅点画锋芒清晰，朱、墨套版也极精准，颜色更是纯正，卷面甚为洁净，是套版与刷印都臻于完美的本子。鉴藏之家对此本极尽赞美之词，如"字体写刻精雅，套印雅丽悦目，纸白墨浓，朱墨灿然，美轮美奂，开本阔大，天头高阔，字口锋利，行格疏朗""品相绝精，展卷如新，赏心悦目，上上之品"等。可见此本实属名刻，洵为清代朱墨套印最为精善之作。

此外，道光光绪间，广州芸香堂、艺芳斋、文选楼、芸居楼、经史阁、正文堂、步余书斋、粤东省署、麟书阁、拾芥园、五云楼、万卷楼、萃英书室、岭南云林阁等均见套印本传世。

明末闵、凌二家套印本以二、三色本为主，四色本尚为稀有之物，"五色套印，明人无之"④。而到了清代，广东出现五色甚至六色

---

① 徐信符：《广东版片记略》，《广东文物》卷9，上海书店1990年版，第860页。
② 同上。
③ 雷梦水：《古书经眼录》，齐鲁书社1984年版，第162页。
④ 叶德辉：《书林清话》卷8，中华书局1957年版，第215页。

套印本。如南海孔氏三十有三万卷堂刻五色套印本《古香斋新刻袖珍御选古文渊鉴》，卢氏芸叶庵、骆氏翰墨园所刻六色套印本《杜工部集》等，刻印俱精。所以，孙毓修在《中国雕版源流考》中认同套印本"广东人为之最精"的结论。① 著名版本目录学家李致忠指出："这种技法把印刷水准和印刷效果提高到了新阶段。"②

二　翰墨园主人考

在广东诸家套版印书中，以骆氏翰墨园本最著名，见存者亦最多。翰墨园主人骆浩泉，生平语焉不详，其事迹仅见文献零星记载。冒广生《展丈叠至韵至二十八首书来怪仆不一继声杂书十首兼寄海上故人使读之如读仆新年日记耳》③诗及注云："双门无一存，（双门底乃南汉城闉，旧为书肆。）阅市偶然至。插架线装书，半易旁行字。西楼一俯仰，亦动今昔思。当时骆浩泉，颇颇接士类。（西楼在登云阁内，旧为名书贾骆浩泉设肆。浩泉精目录版本之学，及见曾湘乡、莫子偲诸公，吾友江建霞、沈子封藏书多其作缘。今八十余，不复操此业矣，继理事务者为顺德马宾甫，亦博雅士也。）"④

楮冠⑤《蠹鱼篇》云："前段所提及的骆浩泉，也是一位横通的专家，'书棚主人骆浩泉年七十余，幼从曾文正、莫独山诸家贩卖旧籍。眼见北宋本二百余种。辑有板本格式二十本，盖账簿也。为江建霞携去，据撰宋元明本行格表'。江标的书收在灵鹣阁丛书中，为向来谈板本者必备之要籍，不料却系转贩于横通大家，近来图书馆学的书报里，行格表的发表时有新者，盖即师骆氏遗意耳。"⑥

徐信符《广东藏书纪事诗稿》"辛仿苏·芋花庵"条云："（辛仿

①　孙毓修：《中国雕版源流考》，商务印书馆1933年版，第49页。
②　李致忠：《古代版印通论》，紫禁城出版社2000年版，第388页。
③　"展丈"指胡汉民（1879—1936），幼名胡衍鹤，后改名胡衍鸿，字展堂，晚号不匮室主人。出生于广东番禺（今广州市），祖籍江西吉安。
④　冒怀苏：《冒鹤亭先生年谱》，学林出版社1998年版，第374页。
⑤　楮冠为黄裳（1919—2012）笔名。
⑥　楮冠：《蠹鱼篇》，中国科学公司1942年版，第141页。按：《中国丛书综录》著录《灵鹣阁丛书》未见此书，待考。

苏）旋归粤，由登云阁主人骆浩泉作介，搜罗孔氏岳雪楼散出之书。"①

关于骆浩泉家世及其套版印书，刘禺生《世载堂杂忆》有较为详细的记载。其引胡毅语曰："胡毅生②云：'翰墨林'骆浩泉之尊人，曾随阮芸台督粤，装订书籍，精于版本。浩泉继父业，创登云阁书店，刻书精审，有北邓南骆之目。多见宋、元、明旧本，著行格表，章实斋所谓'横通'也。二十年前，浩泉年八十八，殁于双门底书店，无人理其业。毅生与陈融等经营之，扩张其事业，理其所刻，有名《古香斋十种》袖珍本，及其它版本，重印流行。又收购南海孔氏所刻朱墨五色本《渊鉴类函》，又五色批本杜少陵、李义山各诗集，更派人分出四乡，搜购旧家残留之版。不意日寇侵入，付之一炬，书籍镌版，灰烬满目，粤中著名五色印本，此后将日少一日矣。"③

根据上述资料，我们梳理一下骆浩泉生平大概：骆浩泉，约生于1838年，卒于1926年，终年88岁。④ 广东花县（今广州市花都区）人，骆文忠公（秉章）⑤ 族孙。⑥ 父亲曾为阮元幕僚，随之督粤。其人善于"装订书籍""精于版本"。骆浩泉幼年曾从曾国藩、莫友芝诸藏书大家访书和贩卖旧籍。后继承父业"翰墨园"，又在广州双门底（今北京路北段）自创"登云阁书店"⑦。先以代销各方书籍，随着业务拓展，继之雕板印书，⑧ 并在双门底附近的永汉路增设分店。⑨

---

① 徐信符：《广东藏书纪事诗稿·辛仿苏芋花庵》，《广大学报》1949年第1期，第82页。

② 胡毅生（1883—1957）名毅，字毅生，号隋斋，广东番禺（今广州市）人，是胡汉民的胞弟。

③ 刘禺生撰，钱实甫点校：《世载堂杂忆·粤中文献之劫运》，中华书局1960年版，第258页。

④ 骆浩泉生卒年，系据刘禺生《世载堂杂忆》等相关资料推算。

⑤ 骆秉章（1793—1867），原名俊，字吁门，号儒斋。清道光十二年中进士，被授以翰林编修，掌撰著记载等事。著有《骆文忠公奏议》。

⑥ 徐崇立：《移竹墨缘跋》，《瓾翁题跋》卷1，湖南图书馆《湖湘文库湖南近现代藏书家题跋选》，岳麓书社2011年版，第512页。

⑦ 清光绪本《战国策校注》，内封题"粤东双门底登云阁藏板"。

⑧ 广东省地方史志编纂委员会：《广东省志·出版志》，广东人民出版社1997年版，第70页。

⑨ 清末本《经脉图考》，内封有"广州永汉路登云阁藏板"朱印。

登云阁内有西楼，为当时文人雅士常聚之地，与冒广生①、胡毅、陈融等名士及鉴藏家多有往来，江标、沈曾桐、辛仿苏等人藏书多其"作缘"。精目录版本之学，喜藏书刻书。所藏多见宋、元、明旧本，经眼北宋本不下二百种，因辑《板本格式》账簿，多达二十册，实乃章学诚所谓"横通"②之专家，江标等辈所撰《行格表》多仿其例而增益之。其刻书精审，所刻以套印本见称，与北之邓氏相埒，有"北邓南骆"③之目。年老，不复操持此业，遂由饱学之士顺德马孝让（宾甫）④继理登云阁事务。年八十八岁卒于登云阁书店。翰墨园藏板，后多转入登云阁，胡毅和陈融⑤接手经营，并扩张其事业，整理《古香斋十种》袖珍本及其他版本重印流行，并收购南海孔氏所刻五色本《渊鉴类函》、五色批本杜少陵、李义山各诗集等。后因日寇侵入，付之一炬，书籍镌版，灰烬满目，粤中著名五色六色印本，此后日少一日。

清人江标所撰《宋元本行格表》二卷，记录宋、元、明诸本的版式、行款和字数，并标注该书所载之书目，为向来谈版本者必备之要籍。叶德辉《书林清话》卷六亦有提及："吾友江建霞标，著有《宋元行格表》二卷。余为校补，刻于长沙。言版片者当奉为枕中鸿宝也已。"⑥

有学者认为江标所著《宋元本行格表》乃"师骆氏遗意"，怀疑其材料实则从骆浩泉的《板本格式》账簿而来。黄裳在《蠹鱼篇》引言曰："（骆浩泉）辑有板本格式二十本，盖账簿也。为江建霞携去，据撰宋元明本行格表。"进而评议说："（江标书）不料却系转贩于横通大家，近来图书馆学的书报里，行格表的发表时有新者，盖即

---

① 屈向邦：《广东诗话正续编》，龙门书店 1968 年版，第 96 页。

② 语见章学诚《文史通义》卷 4 内篇《横通》。根据上下文，胡毅在此意指骆氏有"专门之精"，取褒义。

③ "北邓"，待考。

④ 马孝让，字宾甫，一作彬甫、宾父，广东顺德人，世居广州西关。精监赏，收藏书画甚丰，为广东著名鉴藏家。

⑤ 陈融（1876—1956），字协之，号颐庵，另有颙园、秋山、松斋。原籍江苏，迁居广东番禺（今广州市）人。其"颙园"藏书后归于中山大学图书馆和广州市立图书博物馆。

⑥ 叶德辉：《书林清话》卷 6，中华书局 1957 年版，第 160—161 页。

师骆氏遗意耳。"① 之后著名文献学家吴则虞更直接地指出："江标著《宋元行格表》实际上是从广州登云阁书店老板骆浩泉处买来的账本，从中找材料编写出来的。"② 骆氏所辑《板本格式》账簿，今不得见，江氏《宋元本行格表》出自骆氏账簿说，"其说真伪尚待考证"③。暂不讨论江氏行格表是否从骆氏而来，就此类专书而言，《宋元本行格表》实开但记行格一派，是一部鉴别宋元版本的工具书，是学习版本学的津梁。它不仅有历史意义，而且有现实意义。④

三　翰墨园套印本

从现存实物考察，骆浩泉同时经营翰墨园和登云阁两家书铺，所刊刻的品种和内容各有侧重。登云阁所刻以普通单色本为主，⑤ 内容以启蒙、医药和地方戏曲为多。如《经字正蒙》《医方论》《幼幼集成》《粤讴》等。见存最早的如清道光八年（1828）刻咸丰八年（1858）补刻《粤讴》，最晚的如清光绪二十二年（1896）刻《袁文笺正》。至民国间还刊行《胡青瑞先生哀思录》等书。翰墨园所刻多套印本，内容涉及经史子集，而以史籍和集籍为大宗。见存最早的如道光二十四年（1844）刻四色套印本《重刊补注洗冤录集证》，最晚的如清光绪九年（1883）刻三色套印本《昌黎先生诗集注》等。可见骆氏两家书铺的经营活动主要集中在道光光绪两朝。

翰墨园所刻套印本开本敞阔，套印精准，用墨上乘，开卷悦目，书籍行销全国。据初步统计，全国图书馆古籍书目中，版本项著录"翰墨园"者，今见存凡 7 种 130 部。翰墨园刻套印本主要有自刻、重刻、承刻三种情况。

---

① 楮冠：《蠹鱼篇》，中国科学公司 1942 年版，第 141 页。
② 吴则虞：《古典哲学书籍的收购和发行工作》，载《古旧图书业务知识》，河北省文化局 1962 年版。转引自程千帆、徐有富《校雠广义·版本编》，齐鲁书社 1991 年版，第 335 页。
③ 同上。
④ 钱亚新：《江标与〈宋元行格表〉》，《文献》1986 年第 4 期，第 254—255 页。
⑤ 偶见刻套印本记录：清末刻四色套印本《重刊补注洗冤录集证》6 卷，辽宁图书馆收藏。

（一）自刻：如《重刊补注洗冤录集证》《陶渊明集》《史记菁华录》等，流传最广。《重刊补注洗冤录集证》六卷，宋宋慈著，清王又槐增辑，清李观澜补辑，清阮其新补注，清张锡蕃重订，清文晟续辑。清道光二十四年（1844）刻本。内封题"道光二十四年夏月重校刊/补注洗冤录集证/萍乡文晟谨题/省城翰墨园藏板"。是书为世界上第一部系统的法医学经典著作，记述了人体解剖、检验尸体、勘查现场、鉴定死伤原因、自杀或谋杀的各种现象、各种毒物和急救、解毒方法等十分丰富的内容。已译成多国文字，被公认为世界法学界共同的精神财富。翰墨园率先以朱、蓝、黄、墨四色套印，色彩新鲜艳丽。之后，登云阁也以四色套印此书。同治十二年（1873）粤东省署再据以重刻，仍施以四色套印。此书重要略见一斑。

《陶渊明集》八卷首一卷末一卷，晋陶潜撰。清光绪五年（1879）刻本。牌记题"光绪己卯春三月/广州翰墨园开雕"。此开本阔大，纸白版新，套色精湛，是书为翰墨园名作。其将宋元明名家如苏轼、真德秀、黄庭坚等对陶诗的评注尽数收集，以朱墨印于文中，校勘记亦用朱墨印入原文，较印于书眉更便观览，为清末众陶集中之翘楚。

《史记菁华录》六卷，清姚祖恩辑。清光绪九年（1883）刻本。牌记题"光绪九年春正月/广州翰墨园校刊"。是书选录《史记》中的文章51篇，采用明清文学批评中通行的"评点"形式，集文本鉴赏与理论批评为一体，多独特见解，对研究《史记》有重要参考价值。是本天头宽敞，白纸精印，朱墨灿然，行格疏朗，套印颜色艳丽准确，洵为上乘之作。

（二）重刻：《杜工部集》（重刻卢氏芸叶庵本）、《文选》（重刻叶氏海录轩本）、《唐贤三昧集笺注》（重刻吴氏听雨斋本）、《昌黎先生诗集注》（重刻膺德堂本）等。

《杜工部集》二十卷首一卷，唐杜甫撰。清光绪二年（1876）重刻卢坤芸叶庵本。是书汇五家评点，以六色刊于天头行间。卷首有道光十四年（1834）涿州卢坤序曰："余藏有五家合评《杜集》二十卷，编次完善，汇五家所评，别以五色笔，炳炳烺烺，列眉可数。譬诸五声异器而皆适于耳，五味异和而各馨于口，自成一家，聚为众妙，公诸艺苑，得非读杜者一大快欤！"（卷首）叶德辉评曰："……是并墨印而六色矣，斑斓彩色，娱目怡情，能使读者精神为之一振。"① 相隔四十二年后，骆氏为之继美，续以六色套印。牌记题"光绪丙子三月/粤东翰墨园刊"；内封题"杜工部集/五家评本/王弇洲紫笔　王遵岩蓝笔/王阮亭朱墨笔　宋牧仲黄笔/邵子湘绿笔"。王弇洲即王世贞，评语用紫色；王遵岩即王慎中，评语用蓝色；王阮亭即王士祯，评语用朱墨二色；宋牧仲即宋荦，评语用黄色；邵子湘即邵长蘅，评语用绿色；正文用墨色。此本纸色洁白，字大行疏，六色分陈，十分醒目。有学者认为，比之卢氏芸叶庵原刻书品略小，艺术性要稍微逊色些。② 尽管如此，两部六色套印本均产自广东，是中国刻板印刷史上颜色最多、最为精美的套印本，具有较高的版本价值和文物价值。中国套印技术一直以其特殊的技巧与绚丽的色彩成为中国印刷史上璀璨的明珠，而其代表作正是这部六色套印本《杜工部集》。

《文选》六十卷，梁昭明太子撰。清同治间重刻长洲叶树藩海录轩本。内封题"何义门平点昭明文选李善注　吴兴包虎臣署首"；牌记题"叶涵峰参订羊/城翰墨园重刊"。卷首有乾隆三十七年（1772）叶树藩"重刻文选序"；下书口镌"海录轩"，据此，知骆氏翻刻叶氏海录轩本。原《凡例》云"用套板刷印，非炫华饰美，实欲展卷了然"（卷首）。正文墨印，叶评朱色，开卷赏心悦目，颇为藏家追捧。

《唐贤三昧集》三卷，清王士祯选本；清吴煊、胡棠辑注；清黄培芳评。清光绪九年（1883）重刻南城吴煊听雨斋本。内封题"唐贤三昧集笺注　光绪九年冬月/骆浩泉署首"；牌记题"翰墨园重刊"；下书口镌"听雨斋"。卷首有乾隆五十二年（1787）吴煊序。此书正文墨印，广东藏书家、诗人黄培芳评语用朱色，印刷精美。书为骆浩泉题耑，极为罕见。

①　叶德辉：《书林清话》卷8，中华书局1957年版，第215页。
②　孙微：《卢坤"五家评本"〈杜工部集〉考论》，载《杜诗学文献研究论稿》，河北大学出版社2010年版，第113页。

《昌黎先生诗集注》十一卷，唐韩愈撰，清朱彝尊、何义门评，顾嗣立删补。清光绪九年（1883）重刻膺德堂本。内封题"朱竹垞彝尊/何义门焯评/昌黎先生诗集注/秀野堂本"；牌记题"光绪癸未春三月/广州翰墨园开雕"；下书口镌"膺德堂重刊顾氏本"。是书初为顾氏秀野堂本，后膺德堂据以重刊，并用朱墨二色套印，翰墨园又据膺德堂本重刻，改为三色套印。正文墨色，何义门批点用朱笔，朱竹垞批点用蓝笔。刻印精美，套色灿然，开卷悦目，布局疏密有致，墨色浓郁，为清末套印本之精品。

（三）承刻：道光间卢坤总督两广，政事之暇，雅好铅椠，两广节署所刻《文心雕龙》《史通削繁》《苏文忠公诗集》等，此三书均与纪昀有关，又均由翰墨园承刻承印，并储藏诸刻书板。

《文心雕龙》十卷，梁刘勰撰，清黄叔琳注，清纪昀评。清道光十三年（1833）卢坤两广节署刻本。牌记题"道光十三年冬/刊于两广节署/粤东省城翰墨园藏板"。白纸大开本，天头地脚异常开阔。朱墨灿然，套印精准，开卷舒朗。除翰墨园外，广州芸香堂亦以朱墨色套印此书。

《史通削繁》四卷，唐刘知几撰，清纪昀削繁，清浦起龙注。清道光十三年（1833）卢坤两广节署刻本。此书为纪昀通读《史通》所摘录的精华精辟论述，为后来学者了解和掌握中国史典提供了方便。卷首有道光十三年涿州卢坤序："余从公之孙香林观察（树馨）钞得此本，移节两广，付吴石华学博（兰修）校刻之。旧用三色，笔取者朱，冗漫者紫，纰缪者绿。今止录朱笔，徐并删去。浦二田原注，诠释支赘者属石华汰而存之，庶读者展卷了然，亦一快也。"每卷终题"嘉应廪生陈士荃校"。牌记题"道光十三年冬/刊于两广节署/粤东省城翰墨园藏板"。字句之旁，加注红色断句、重点。眉批制版印刷特别费时费力，可见刻印者对此书的重视。是本纸白如玉，朱墨双色套印，刻印俱佳，洵为善本。除翰墨园外，广州芸香堂亦以朱墨色套印此书。

《苏文忠公诗集》五十卷目录二卷，宋苏轼撰，清纪昀评点。清道光十四年（1834）卢坤两广节署刻本。内封题"纪文达公评本/苏文忠公诗集/粤东省城翰墨园藏板"。纪昀以查慎行《苏诗补注》为底本，历时五年评点，其稿始成，是研究苏诗的重要参考资料。此本开头开阔，评点以朱色刊于书眉及行间，套印精美。上文提到的广州韫玉山房朱墨套印本，即据翰墨园藏板重刻。内封题与翰墨园承刻本同，而牌记则题"同治八年孟秋／刊于韫玉山房"。

上述翰墨园所刻套印各书，可为广东套版印书技术精湛的突出代表。骆氏殁后，广东套版印书者无人以继。翰墨园藏板后多转入登云阁，胡毅、陈融辈曾竭力抢救，"不意日寇侵入，付之一炬，书籍镂版，灰烬满目，粤中著名五色印本，此后将日少一日矣"①。

套印本色彩鲜明显目，十分精美，但刻印成本较高，所投费用极大，故叶德辉云："刻一书而用数书之费，非有巨赀大力不克成功。"② 套印技术工艺复杂，传世极少。物以稀为贵，时至今日，每一部套印古籍都堪称善本。自明闵齐伋以朱墨本得名，数百年后广东套版印书竟为之继美，这在岭南文化史乃至中国刻书史中都值得记上一笔。

（原载《图书馆论坛》2015 年第 10 期）

---

① 刘禺生撰，钱实甫点校：《世载堂杂忆·粤中文献之劫运》，中华书局 1960 年版，第 258 页。

② 叶德辉：《书林清话》卷 8，中华书局 1957 年版，第 215 页。

国外所藏中国古籍概观

中国是印刷术诞生的圣地，也是历史上书籍和文献累积最丰富的国家，文化发祥源远流长。但大量珍贵的典籍，尤其是最早的写本、印本和拓本却存藏在国外。这些流散在海外的中国珍本古籍，至今未被深入研究，不能发挥其应有的文献作用，造成后人整理研究上的困难。国内收藏部分，我国学者已编印了各种目录或索引，其有功于后人至大也。《中国古籍善本书目》的编纂出版，标志着我国古籍整理与研究进入了一个新的阶段，国外所藏古籍也随之得到相应的关注和重视。存藏在国外的古籍也是中国文化遗产中的一个重要部分，如果不包括这部分的古籍，就不能反映中国现存文化遗产的全貌。因此，当务之急是了解国外收藏中国珍本秘籍的状况，这不仅能弥补国内收藏和研究的不足，更可提供信息，作为研究者的指南。基于这种认识，本文根据有关文献和报道，对国外收藏中国典籍的状况作一粗略的归纳和概要介绍，收藏较少或有特藏的图书馆则列表附于文末。

一　国外收藏中国古籍概述

我国典籍流传到海外，以日本最多，美国次之，欧洲各国也有相当的收藏。朝鲜和越南与我国毗邻，文化上的交流比其他国家方便得多，收藏我国典籍应不在少数。

早在中国西晋时期，《论语》《千字文》等汉籍名著就已传入日本，此后，印刷术也在日本传播。随着中日友好往来的发展及中日文化的进一步交流，传入的汉籍越来越多，在日本出现了许多汉籍文库和汉籍收藏家。他们竞相珍藏，苦心经营，前后积累数十年，收藏甚丰。其数量之多，范围之广，质量之上乘，均在其他各国之上。虽然日本曾挑起多次战争，但其本土未遭到直接破坏，汉籍资料保存完好，对于研究者来说，无疑是十分珍贵的。日本人历代治汉学，珍视汉籍，同时十分重视汉籍的研究和整理，编制了大量的汉籍目录、索引，取得了丰富的成果，为日本的"汉学"研究奠定了坚实的基础。

随着"汉学"研究的发展，美国各图书馆在 1869 年便开始收藏中文书籍。此后的百余年间，美国先后有八十余所图书馆藏有中文图书资料。最初这些馆多半没有明确的收藏计划，主要是通过接受赠送，或交换，或由个人兴趣爱好而收藏。当时，读者寥寥无几，资料未被利用和系统整理。而今利用中文资料的读者越来越多，汉籍收藏数量增加百倍，且经费和人力的充足，以及检索和使用的便利，则远远超过了欧洲各国。目前美洲的中文图书，除中、南美的墨西哥、巴西、秘鲁等国几所重要大学有收藏外，其余皆集中在北美。美国和加拿大两国收藏中文资料的大小图书馆将近一百所，藏书总数达五百万册，其中三分之一为线装古籍。

欧洲收藏中国典籍与传教士的活动有密切关系。十六七世纪来到中国的欧洲传教士，他们学习汉语，收藏汉籍，回国时便把所藏的中国典籍带走。他们对中国典籍的研究开启了"汉学"研究之门。欧洲许多图书馆在 17—19 世纪便开始收藏中文书籍，不仅历史悠久，而且保存了许多罕见的珍品。同时由于资料来源大都是私人所藏，物主又大多是汉学家、传教士或外交家，因此，这些藏书都具有专业性的特色。就数量而言，欧洲各国收藏中国典籍的图书馆，至少有五十所以上，每一个国家都有一两所规模较大或颇具特色的汉学研究中心和图书馆。收藏数量在十万册左右的有十所，一万册以上十万册以下的有三十所，其余是一些数量较少的特藏或专门研究机构。如和美国比较，欧洲中文图书馆的历史较为悠久，收藏的罕见资料为美国所不及，但在数量方面却远不及美国之多。

由于历史的原因，朝鲜和越南收藏中国典籍的状况远不如日本和欧美各国之详。但历史上，这两个国家与中国山水相连，自古交往频繁。相传春秋战国时，朝鲜北部就与中国时有往来，到汉武帝执政时期，设四郡，汉学便大量传入朝鲜半岛。在以后的各个朝代，特别是唐、宋两朝，使臣、文士与商贾不断交流，传入的汉字、汉书越来多。"朝鲜国人最好书，凡使臣入贡限五六十人，或旧典，或新书，或稗官小说，在彼所缺者，日出市中，各写书目，逢人遍问，不惜重直购回，故彼国反有异书藏本也。"①足见朝鲜收藏中国典籍之富。

秦汉之际为汉学传入越南之胚胎时期。此后，中国历代官吏和移民到越南传播汉字、汉语、汉学，使当地人民"稍知言语，渐见礼化"②。自汉至晋一千多年，京语（越南京族语言）吸收了大量的汉语，汉字书面语言，在越南得到广泛应用。到了唐朝，越南士人中已经有不少人能熟练地掌握汉语。13世纪时，中国印刷术在越南也得到发展。自从北宋政府刊印儒家经典及《大藏经》后，越南屡次请求赐送这些印刷品。早在越南前黎朝时就向宋真宗索取《九经》及《大藏经》。李太祖时，又向真宗索取《大藏经》及《道藏经》。李仁宗又求释藏。不到八十年工夫，他们先后索取了三部《大藏经》和一部《道藏经》。元至元二十五年（1288）陈圣宗派遣使臣陈克用向元朝求取《大藏经》。之后，他们仿刻了大量中国儒家经典。所以，从中越两国悠久的文化交流史上看，越南收藏中国典籍应不在少数。

二 亚洲国家收藏中国古籍简介

（一）日本

1. 东洋文库

东洋文库是目前世界上著名的汉学研究机构，被称为研究亚洲资料的"世界性宝库"，也是日本国内关于"满洲学""西藏学""敦煌学"研究的资料中心。民国六年（1917），曾任中华民国大总统顾问的澳洲新闻记者乔治·A.莫里逊，在北京的住宅里，将搜集几近二十年有关中国问题的中文书籍、地图等，计三万余册，以三万五千英镑的价钱，出售给日本"三菱"创办人岩崎弥太郎的公子——岩崎久弥。岩崎氏即将这批图书运送到日本，当时此事成为世界性的一大新闻，备受各界瞩目。1924年，岩崎氏以莫里逊的藏书为基础，再捐赠二百万日币，建立"东洋文库"，战后则演变成日本国会图书馆系

①　姜绍书：《韵石斋笔谈》卷上，《丛书集成初编》本，中华书局1991年版，第3页。
②　范晔：《后汉书》卷86《南蛮西南夷列传》，中华书局2000年版，第1916页。

支部，而他个人也另购五千三百部的日本古书，以"岩崎文库"为名，特别典藏在东洋文库中。

东洋文库藏书达七十余万册，汉籍约占三分之一。主要是我国历代的文化典籍，其中善本达四百八十七种。在这些藏书中，被日本政府列为"国宝"级的有：我国唐写本《毛诗》，日本儒学家所传的《春秋经传集解》，我国南朝宋（420—479）时代的抄本《史记》，日本据《昭明文选》抄写而成的《文选集注》，我国唐代书写的《古文尚书》，等等①。还值得注意的是多达三千部六万余册的地方志，多达八百部的族谱，将近六千部的文集和近乎全部的缙绅全书，以及数千件拓本，八千件左右的甲骨片和世界各国所藏敦煌吐鲁番文书的缩微胶卷。另外还有相当数量的满文和藏文文献。

该文库编有《东洋文库汉籍分类目录》［昭和二十年（1945），四十年（1965）增订］、《东洋文库地方志目录》［昭和十年（1935）］、《岩崎文库和汉书目》［昭和九年（1934）］。

2. 内阁文库

内阁文库是日本内阁直属之国家文库。创设于日本明治六年（1873），原称太政官文库，翌年改称内阁文库。其继承了原日本实际统治者德川幕府的私人文库——红叶山文库（库存汉籍最多时达十万册）和曾经收藏汉籍较多的"官学"——昌平坂学问所的汉籍。经过近代以来的补充、扩展，现已藏汉籍达四千八百八十余种，其中宋刊本二十九种，元刊本七十五种，其余是明清刊本和抄本，数量已达三十余万册，居日本公私图书馆之首。所藏大部分是仅有或珍贵的中国古籍。另外还有朝鲜人的汉文著述和翻刻的中国书籍，以及日本人批点和改编的中国图书。

该文库编有《内阁文库图书第二部汉籍目录》［大正三年（1914）］、《内阁文库汉籍分类目录》（1956），《改订内阁文库汉籍分类目录》［昭和四十六年（1971）］。

3. 日本官内省图书寮

图书寮始设于日本大宝元年（701），属中务省，专事图书的搜

---

① 严绍璗：《日本藏汉籍珍本追踪纪实——严绍璗海外访书志》，上海古籍出版社2005年版，第183页。

集、誊抄和保存，以供中央各省查阅。所藏汉籍主要来自皇室贵族，名门世家的私藏，后实际成为皇家图书馆。明治二十三年（1891）改归宫内省，负责收集、保管宫内图书，掌管皇室皇族的记录。1949年与诸陵部合并为宫内厅书陵部。所藏宋、元、明刻本颇多，就善本计，经部一百一十七种、史部一百一十种、子部三百二十五种、集部二百一十六种，其中有唐抄本六种，宋刊本七十二种，元刊本、抄本七十四种。

编有《帝室和汉图书分类目录》［大正五年（1916）]、《增加帝室和汉图书分类目录》［大正十五年（1926）]、《图书寮汉籍善本书目》［昭和五年（1930）]、《图书寮宋本书影》［长泽规矩也编，昭和十一年（1936）]、《图书寮典籍解题》［昭和三十六年（1961）]。

4. 蓬左文库

"蓬左"是日本古代名古屋的别称。1912年，由德川家康（德川幕府的开创者）的十九代裔德川义亲在名古屋市正式成立"蓬左文库"。其所藏部分是德川家族三四百年来所收集的珍藏的汉籍。它仅次于尊经阁文库，在日本享有盛名。

该文库藏书有八万余册（1975年统计），其中汉籍占百分之四十，即三万二千余册。所藏我国古籍有庆长年间的"骏河文库"本二百九十部，三千八百六十一卷，一千七百零五册；元和、永宽间（明天启至崇祯间）买本三百九十一部，一万六千五百三十四卷，五千七百五十二册；同时期的献本三十五部，一千五百十六卷，三百五十八册。合计该文库所藏，仅我国明以前的古籍为七百一十六部，二万一千九百零七卷，七千八百一十五册。日本昭和二十九年至三十二年（1954—1957），日本政府决定将七种汉籍定为日本重要文化财（即日本国宝），其中我国古籍占三部：（魏）何晏撰《论语集解》二十编，日本元应二年（中国元延七年）写本。（后魏）贾思勰撰《齐民要术》十卷（缺第三卷）①，日本文永十一年（中国南宋咸淳十年）写本。这是现存最早的抄本，我国现存最早的是明嘉靖刻本，晚于这个抄本二百多年。（宋）王怀隐撰《太平圣惠方》一百卷目录一卷，

---

① 缪启愉：《齐民要术校释》，农业出版社1982年版，第812—814页。

宋刊十三行本，日本宽政十三年（清嘉庆六年）补抄，这在我国已刊行的目录中还没有见到，可能是仅存的最早刻本。

另外，据日本昭和五十年（1975）名古屋市教育委员会编《名古屋市蓬左文库汉籍分类目录》所列，其中有七部是我国元代的刻本：宋叶时《礼经会元》四卷，元赵汸《春秋师说》三卷附录二卷、《春秋属辞》十五卷，不著撰人《元贞新刊论语纂图》一卷释文音义一卷（《音义》唐陆德明撰），宋王应麟《玉海》二百卷附辞学指南四卷，宋杨齐贤集注、元萧士赟补注《分类补注李太白诗》二十五卷，元虞集《新编翰林珠玉》残四卷。除此之外，还有大量的明刊本，其中罕见的有七十余种。

5. 静嘉堂文库

业主为岩崎弥之助（1850—1908）。设在日本东京都多摩市内，是日本著名的私家藏书处。该文库收藏主要为汉籍，经、史、子、集俱全。其特点是少而精，专以搜罗古本、孤本为主。至明治四十年（1907），汉籍藏书已达八万余册。是年，又经日本汉学家岛田翰介绍，购得我国"皕宋楼""守光阁""十万卷楼"藏书五万余册，其中有十分珍贵的宋刊本《说文解字》《白氏六帖》等。① 卒后由河田罴、小泽隆八等进行整理。1949 年，该文库归国会图书馆。现藏汉籍已达一千一百余种，其中宋元刊本二百八十余种，已经审订为重要文化财的达十七种，② 是收藏宋元古本较多的文库。20 世纪 20 年代，我国著名版本学家张元济和傅增湘曾访书于静嘉堂文库，指出所藏善本颇多，并有中国本土已亡佚失传者。

编有《静嘉堂秘籍志》［河田罴撰，大正六年（1917）］、《静嘉堂文库汉籍分类目录》［昭和五年（1930）］、《静嘉堂文库宋元版图录》《静嘉堂宋本书影》［昭和八年（1933）］。

6. 东京大学东洋文化研究所图书馆

该所于 1941 年建立，前身是东方文化学院图书馆，主要研究中

---

① 黄云眉：《史学杂稿续存》，齐鲁书社 1980 年版，第 148—149 页。

② 严绍璗：《日本藏汉籍珍本追踪纪实——严绍璗海外访书志》，上海古籍出版社 2005 年版，第 242—313 页。

国的地方志和社会民俗，是日本国内研究中国文化的中心。现收藏汉籍十七万七千余册，善本八百余种，其中唐抄本七种、宋元刊本二十余种。所藏汉籍主要来自以下几家私人文库的捐赠。

①"大木文库"旧藏四万五千余册。业主大木干一，东京帝国大学毕业生，曾在中国担任律师四十余年。所藏包括中国法律、经济、文学、历史、地理、宗教等书籍。其中有元刻本《唐律疏义》《明法类说》残页，明刻本《大明律》十六种、《大明会典》等善本。

②"双红堂文库"旧藏三千余种。业主长泽规矩也，日本文献学家。所藏为中国明清文学、戏剧方面的书籍。

③"仁井田文库"旧藏五千余册。业主仁井田升，东京大学东洋文化研究所教授。所藏多为中国法律方面的古籍。

此外，还包括原日本外务省购买的中国浙江青田的"东海藏书楼"旧藏四万余册。① 最值得注意的是该馆藏有较多的丛书。

编有《日本东京大学东洋文化研究所汉籍分类目录》［昭和五十年（1975）］。

7. 京都大学人文科学研究所图书馆

该馆的前身是东方文化研究所图书馆，系 1938 年东方文化研究所以其在中国天津购得的武进陶湘氏藏书为基础建立的。后来通过收购或捐赠，又纳入了"村本文库""中江文库""松本文库""内藤文库""矢野文库"的旧藏。到 1989 年，该馆藏书总数达四十二万余册，其中汉籍达二十七万余册。② 其他日文书和欧文书中也有不少有关中国的著述。其珍本、宋板和元板等珍贵的版本并不多，但一般的中国古籍则收集得非常齐全。以注意一般、实用的古籍而闻名，此乃该馆的收藏特点。特别值得注意的是所藏历代奏疏、政书、地方志较多。另外，还有殷代甲骨片三千六百多件，石刻拓本一万余种，中国各地区地图五千余件，地理和民俗照片五万余件，以及世界各地所藏敦煌吐鲁番文书缩微胶卷和青铜器、陶瓷器等。

编有《京都大学人文科学研究所汉籍分类目录》［昭和三十八年

---

① 李桂兰、冀元主编：《世界出版业日本卷》，世界图书出版公司 1997 年版，第 39 页。

② 王桂平：《清代江南藏书家刻书研究》，凤凰出版社 2008 年版，第 227 页。

至四十年（1963—1965）〕。

8. 足利学校遗迹图书馆

该馆位于日本足利市，是日本最古老的学校图书馆之一。它藏有日本古抄写本、朝鲜的古书以及宋元明各朝代的中国珍贵书籍二千余册。该馆所藏中国古籍中，最古之文献是宋板《周易注疏》十三册，刊于南宋瑞平元年（1234）十二月至翌年一月。书上有南宋诗人陆游之子陆子遹的亲笔题识。[①] 是书我国久已失藏。

编有《足利学校秘本书目》〔长泽规矩也编，昭和八年（1933）〕、《足利学校贵重特别书目解题》〔长泽规矩也、川濑一马合编，昭和十二年（1937）〕、《足利校遗迹图书馆古书分类目录》〔长泽规矩也编，昭和四十一年（1966）〕。

（二）韩国

1. 国立汉城大学附属中央图书馆

该馆的前身是王室图书馆，1930 年迁至京城帝国大学，即后来的汉城大学，馆址在汉城（今首尔）特别市冠岳区新林洞。中文藏书达十三万余册，唐写经为其特藏。馆藏除私人捐赠和购买之外，主要包括朝鲜世祖"奎章阁"旧藏十七万册，书板一万八千片。分中国本和朝鲜本，大部分是韩国国内仅存的贵重图书，有的已被列为国宝。中国本凡五千六百余部，六千二百多册，其中有至正祖时，派遣使臣到中国购买的《古今图书集成》等巨著。所藏中国本大多是清代刊本，是研究近代以前之中国历史学术的宝藏。[②] 另外还有京城帝国大学时期附属图书馆收集的中文图书六万册、汉城大学图书馆收集的中文书一万一千余册。编有《奎章阁图书中国本总目录》（1972）。

2. 岭南大学中央图书馆

该馆设在庆尚北道庆山郡庆山邑。中文藏书三万四千余册，主要包括七个纪念文库的旧藏，其中不少珍贵的中国古籍，均为藏书家所捐赠。如"东滨文库"旧藏一万一千余册。1971 年金庠基博士捐赠。

---

① 严绍璗：《汉籍在日本的流布研究》，江苏古籍出版社 1992 年版，第 257 页。

② 张存武：《韩国研究中国近代史之现状》，《中国现代史论集》第 2 辑，联经出版事业公司 1980 年版，第 178—179 页。

其中中国典籍近七千册，包括宋本、复刻元刊本、明刊本和朝鲜古金属活字本、木板本。还有朝鲜与中国明清两代名儒文士交往之书札、笔帖、书画等。"汶坡文库"旧藏五千五百册。1974 年崔浚捐赠，大部分是儒学经籍、诸子百家和有关中国正史及地方志书。"陶南文库"旧藏七千册。1976 年赵润济博士捐赠，在三千六百册中文图书中，以《稗林》（二百）册及宋本《大般涅槃经卷第三》（一卷）最为珍贵。前者是朝鲜国内唯一的手稿本，后者是中国敦煌出土的手稿本。1973 年编有《藏书目录》（汉古籍篇）。①

三 北美洲国家收藏中国古籍简介

（一）美国

1. 美国国会图书馆

该馆是北美入藏中文书籍最早，也是西方收藏中文图书最丰富的一所图书馆。清同治八年（1869），清政府将明清刻本十种，共计九百九十三册赠送给该馆，这批典籍成为美国东方文库之祖。其后，美驻华公使及清廷陆续赠书，使该馆中文藏书日渐充实。其所藏中文书籍约六十五万册，其中线装古籍三十万册，还有上万种的中文期刊。包括中国地方志、丛书、类书、图谱、诗文集以及历史、文学、经济等当代论著。线装古籍中，有宋、元、明刊本二千余种，三万余册；抄本及稿本约二百种；方志三千七百五十种，约六万册；家谱三百种，约五千册；别集四千七百种；丛书三千种。另该馆法学图书馆藏有中国历代法制图书约三万册，国立农业图书馆有中文图书约两万册，国立医学图书馆有中文图书约一万册。

我国古籍专家沈津曾在该馆发现两千多部善本书是中国目前没有的。如明徐光启的《擘妄》以及宋刻《大般若波罗蜜多经》等。其中有一千六百余部尚未编书目，这些善本包括小说、印谱、类书等。②

① 崔桓：《韩国类书简简说》，《第十届中国域外汉籍国际学术会议论文集》，联合报系文化基金会 1999 年版，第 259 页。

② 张新民、孙清儒：《美国发现一批中国善本古籍》，《中华之光》，长春出版社 1990 年版，第 289 页。

1927 年，该馆成立东方部，先后编辑出版了《国会图书馆藏中国善本书录》（1972 年台北文海出版社影印本改名为《美国国会图书馆藏善本书目》）、《国会图书馆藏中国地方志目录》（1942 年美国政府出版局）。

2. 哈佛燕京图书馆

哈佛燕京大学自 1879 年起收藏中文图书，至 1927 年哈佛燕京图书馆成立时约有七千册。此后积极搜罗，所获精本甚多。目前该馆所藏中文图书在四十万册以上，其中宋、元、明刊本约　千四百种，二万余册；清初至乾隆朝刊本二千种，二万余册。另抄、稿本一千二百一十五种，四千五百余册；拓片五百余件；法帖三十六种，三百余册。又原版方志三千五百二十五种，约三万五千册；丛书一千四百种，约六万册。

该馆所藏明版、套版、画谱等亦很丰富。如明代朱墨套印本有五十五种。《十竹斋书画谱》有初印及后印本六种；《芥子园画传》初集原刊本三部，全套后印本六种。又明刊类书达一百一十七种。第二次世界大战后，该馆又陆续搜购有关中国文学、戏曲、小说、佛学以及许多稿本、残卷、唱本及商店账簿等资料。其中尤以齐氏百舍斋所藏明清戏曲小说七十二种最为珍贵，内多为当时之禁书。

我国古籍专家沈津曾在该馆看到三百多封明朝人的"尺牍"，这些"尺牍"有一百多人执笔，其中有王世贞、戚继光等。另还看到明朝万历年间的《京营巡视事宜》孤本和一部极为珍贵的清雍正六年的铜活字本《古今图书集成》，[①] 此版在中国内地流传甚少。

3. 耶鲁大学东亚图书馆

耶鲁大学从 1878 年开始收藏中文图书，现已达二十五万余册，其中宋、明刊本六十二种，明抄本三种，共八百四十九册。内有通俗小说二十种、图谱五种、方志一种、洪熙元年（1425）抄本《御制天元至历样异赋》六册。该馆所藏还有容闳赠书四十种，一千二百八十册；《古今图书集成》一部，五百零四十册；孔祥熙赠书　一千卷；简

---

① 张新民、孙清儒：《美国发现一批中国善本古籍》，《中华之光》，长春出版社 1990 年版，第 289 页。

又文旧藏有关太平天国书籍三百二十种，六百四十册。

4. 哥伦比亚大学东亚图书馆

该馆前身是东南亚史料馆，1905 年成立中文图书馆。1902 年清政府曾赠送《古今图书集成》一部给该校。现藏中文书籍二十余万册。其中宋、元、明刊本二百种，约四千册（另有三十三种年代未定）；抄、稿本四十三种，一百二十六册；拓片二百五十八件；原本方志一千六百余种，约一万七千册；原本族谱一千零四十一种，约一万册，为中国以外所藏族谱最为完备的图书馆。所藏明弘治十年（1497）铜活字印本《会通馆校正音释诗经》二十卷，① 为他处所未见。此外，该馆藏有丰富的明清各部则例和明人文集等。

5. 芝加哥大学东亚图书馆

该馆成立于 1936 年，迄今为止馆藏已逾四十万册，中文图书将近三十万册。其中以经部一千七百余种最为完备，为西方各馆收藏之冠。另有中国方志二千七百余种、丛书六百多种。该馆所藏包括 1943 年购入劳福于清末在华为纽布莱图书馆所收集的中、日、满、蒙、藏文书籍二万一千余册，大部分为中国古籍。所藏善本有元刊本二种，明刊本三百三十一种，二千二百三十册，《正统大藏经》万历增刻本全套，计七千九百二十册，汉封泥十一件，敦煌卷子《妙法莲华经》三卷，五代《宝箧印陁罗尼》一卷，翰林院旧藏《杭双溪（淮）先生诗集》八卷，嘉靖十四年（1535）刊本。其他明刊罕见本颇多，如王肯堂《尚书要旨》三十六卷、孙继有《尚书集解》十卷、国子监校刊《尚书注疏》十集、潘士遴《尚书苇签》二十一卷、王樵《书椎别记》四卷、刘三吾《书传会通》六卷、申时行《书经讲义会编》十二卷等。②

6. 加州大学柏克莱校区东亚图书馆

该馆成立于 1947 年，为美国西部创设最早而现藏古籍最丰富的图书馆。现有中文藏书约二十五万册。所藏包括英人傅兰雅在江苏江南制造局任职时所译中文科技书全套约一百种，江亢虎私人藏书一万

---

① 钱存训：《欧美各国所藏中国古籍简介》，《东西文化交流论丛》，商务印书馆 2009 年版，第 106 页。

② 同上。

三千册。善本书有周、秦、汉砖瓦拓本，唐代写本，以及甲骨、钟鼎、黑陶文献等。另加州大学其他地区分校亦藏有中文图书。如洛杉矶校区东方图书馆所藏约十万册，圣巴巴拉校区图书馆东方部所藏约三万五千册。

7. 普林斯敦大学葛斯德东方图书馆

该馆所藏中文图书约四千一百四十种，将近二十五万册。包括加拿大麦吉尔大学葛斯德藏书约十万册，善本书近三万册。其中宋、元刊本七种，二千八百余册；明刊本一千余种，两万四千册；内碛沙藏一部；医书五百种，一千七百册，最为名贵。另该馆藏有敦煌卷子三卷及绸袍一件，内录八股文七百篇，达五十万言，为科举考试之夹带。编有《普林斯敦大学葛斯德东方图书馆中文善本书目》（1974）。

8. 密西根大学亚洲图书馆

该馆为美国中西部另一所收藏中文书籍丰富的图书馆。中文藏书达二十余万册。其重点是基本史料方面的收藏，故所藏原版古籍不多，但复印本及缩微本颇为完备。如藏有北京图书馆甲库藏书的全部缩微胶卷，有台北"中央图书馆"善本古籍缩微胶卷六千多种，另还有日本所藏明版之缩微胶卷及三千多种地方志。

9. 监湖城族谱学会

这是西方收藏中国族谱和地方志最完备的一个机构。至1980年，该会收藏中国族谱二千五百九十四种，地方志五千一百一十二种，原本合十万册以上。该会入藏的第一部中国族谱是《兴宁刁氏族谱》。从1960年开始用缩微胶卷大规模地摄制中国、日本、韩国、马来西亚、新加坡以及欧洲和美国各处所藏的中国族谱、方志、登科录及其他有关家族研究的资料。

（二）加拿大

1. 加拿大皇家博物馆

该馆现藏中文图书八万余册。内有中国地方志约一千二百种，拓片五千余种，慕学勋旧藏约四万册。其中宋、元、明刊本约三百种，抄本稿本七十种，共四千一百八十二册。精品甚多，如稿本《宋明兵志备览》、抄本《三朝要典》（清禁书）、明永乐刊本《御纂神僧传》

等，极为稀见。1953 年，该馆除保留拓片及一部分艺术、考古的书籍外，其余均移交多伦多大学东亚图书馆。

2. 不列颠哥伦比亚大学亚洲图书馆

该馆成立于 1960 年，现藏中文书籍约十五万册，为加拿大收藏古籍最富的一所图书馆。所藏有澳门姚钧石蒲坂旧藏四万五千册，其中宋、元、明刊本三百余种，三千多册；抄本二十三种，五百六十余册。而又以广东省的地方志八十六种最为珍贵。又如陈澧手稿本《说文声统》、明成化刊本《张曲江集》、宋刊本《储光义诗集》等均为稀见之本。

四 欧洲国家收藏中国古籍简介

（一）英国

1. 英国国家图书馆东方部

该馆拥有世界上最早的中文写本、印本和拓本，保存最完整的敦煌卷子和收藏较多的《永乐大典》。这些都是稀世之珍，为他馆所不及。所藏包括大英博物院东方写本部和刊本部的中文藏书约七万册。其中有举世闻名的唐咸通九年（公元 868 年）王玠为其二亲施舍刻印的《金刚般若波罗蜜经》，还有三十余种太平天国所印书。

2. 伦敦大学亚非研究学院图书馆

这是英国最早设有汉学讲座的大学。所藏中文书籍十三万七千多册，主要来自莫里逊、庄士敦等人的私藏和大学院、英皇学院旧藏。其中善本有明版一百余种，《永乐大典》三册，抄本《清高宗实录》，以及中国方志一千一百三十九种。特藏有各省拳乱奏折、通商及外交文件、海关档案等。另外还有最早拓本欧阳询书《化度寺塔铭》（公元 632 年）。①

3. 牛津大学图书馆

该馆从 1604 年开始入藏中文图书，现藏达十万余册。所藏包括 1881 年伟烈亚力所赠约二万册，20 世纪初巴克豪氏所赠约三万册。其中"四部"书约占四万册，另有明版约二百部、旧抄本三百五十

---

① 钱存训：《欧美各国所藏中国古籍简介》，《东西文化交流论丛》，商务印书馆 2009 年版，第 93 页。

七部。《永乐大典》十九册、太平天国印书十九种五十册、丛书三十多种、方志一千六百七十种、基督教义书约两千册，以及18世纪及19世纪有关商业往来的资料，极为罕见。该馆还藏有18世纪清乾隆时代苏州桃花坞张星聚用西洋透视法所制作的版书，有西湖及苏州的风景和翻刻或模仿西洋作风的画片，均为他处所未见。

据向达所记，牛津大学图书馆藏书中，有明清戏曲书数十种，其中不乏善本。又所藏福建民间歌谣中有关台湾者二十一种，皆道光初年刊本。最引人注意的是台湾郑氏所刊《大明中兴永历二十五年大统历》二部（英国国家图书馆藏一部），内有"招讨大将军印"永历二十五年（即康熙十四年），①此时，郑氏孤悬海外，奉明正朔，所用历书与康熙《通书》推算不同。这一历书在国内未见收藏。

4. 剑桥大学图书馆

该馆坐落在剑桥河后面，是世界上最大的图书馆之一。中文藏书六万五千余册，其中最重要的是该校汉学教授威妥玛所赠旧藏。威妥玛是清末英国驻华公使，1886年，他把45年间居留中国收集的中文藏书赠送给剑桥大学图书馆。这批中文图书有很多版本和文献在中国是孤本和绝本，涉及中国的佛教、道教、艺术绘画、音乐、植物学、医学等，其中也有清朝乾隆皇帝命令编纂的百科全书《四库书》，还有不少敦煌莫高窟的贵重手抄本。此外，还包括1841—1851年的九卷通信手稿，内容涉及鸦片战争、南京条约和太平天国起义这些重大历史事件。该馆所藏还有不少文献由太平天国政府在1850年至1864年用大小不同的34个印刷体字母印刷发行的上帝赞美诗、祈祷文等。据此可以了解太平天国时期的印刷、发行等情况。馆藏中还有罕见抄本八十余部、《永乐大典》两部、明钟惺《古诗归》一部、蒙汉合璧《清实录》及方志三百种。②

有关威妥玛的中文特藏，编有《剑桥大学图书馆威妥玛的中文和满文图书目录》（格尔斯编订，1898年出版），《剑桥大学图书馆威妥

---

①　向达：《记牛津所藏的中文书》，《唐代长安与西域文明》，重庆出版社2009年版，第501页。

②　钱存训：《欧美各国所藏中国古籍简介》，《东西文化交流论丛》，商务印书馆2009年版，第98页。

玛的中文和满文图书补充目录》（格尔斯编辑，1915 年出版）。

（二）法国

1. 巴黎国家图书馆

该馆设有东方部，从 17 世纪开始收藏东方资料。其收藏重心是 1908 年伯希和从中国携回的中文书及三千七百卷敦煌卷子。其中有唐印本《一切如来尊胜佛顶陀罗尼》及其他早期印本。拓本有唐太宗书《温泉铭》（公元 654 年）、柳公权书《金刚经》（公元 824 年）。①

2. 法兰西学院汉学研究所图书馆

该馆 1919 年由私人建立，1929 年归附巴黎大学，后属法兰西学院亚洲研究院。收中文图书达四十万册，数量为全欧之冠。其中有丛书二千五百种，原版方志一千余种。1959 年又入藏由北京运回的中法汉学研究所图书馆原有藏书。

（三）德国

1. 慕尼黑图书馆

该馆所藏中文图书主要是汉学家牛曼于 1829 年在中国购得的图书六千卷，1831 年回国后赠送给慕尼黑图书馆三千五百卷，其余三千余卷归柏林图书馆收藏。

2. 巴威州立图书馆远东部

该馆是德国最大的中文图书馆，中文藏书达十三万余册，二万七千余种，② 多为清朝出版物。另还有杂志四百多种。

3. 科隆大学东亚研究所图书馆

该馆是德国收藏中文图书最多的图书馆之一。中文藏书三万五千余册，杂志一百余种，以收藏清初及中国东北资料为主。

（四）荷兰

莱顿大学汉学研究院图书馆

---

① 钱存训：《欧美各国所藏中国古籍简介》，《东西文化交流论丛》，商务印书馆 2009 年版，第 93 页。

② 马大任：《西欧中文图书馆的过去、现在与将来》，《冯平山图书馆金禧纪念论文集（1932—1982）》，香港大学冯平山图书馆 1982 年版，第 40—48 页。

该馆所藏中文图书十六万册以上，为西欧之冠。其中有高罗佩藏书二千五百种，约一万册。内有明版约五十种，明清小说一百一十七种及有关书画、古琴等，颇多稀见之本。其中一些禁书，如《花营锦阵》《秘书十种》《秘戏图考》等，系高氏从日本购得原版片印刷流传，而在我国则久已失传。[①] 该馆已将这批书籍制成缩微胶片出售。

（五）瑞典

戈斯德六世远东研究图书馆

该馆由瑞典皇家图书馆、斯德哥尔摩大学图书馆、东方语言学院图书馆、远东古物博物馆合并而成。所藏中文书籍约七万五千册，为北欧之冠。内有 1879 年入藏的劳登施高旧藏约五千册，马丁旧藏有关艺术图书数百种，以及五代显德三年（956）印本《陀罗尼经卷》，[②] 此经卷于 1957 年为瑞典国王购得一卷。

（六）西班牙

马德里图书馆

该馆藏有早期天主教教士的中文著作。其中最早的为伯希和发现的一部《明心宝鉴》（1596 年刊本），这是第一部介绍西洋科学的书。另有一部中文本《无极天主正教真传实录》（1593 年刊本），[③] 此本比利玛窦等人的著作要早十几年，仅比罗民圣的《天主实录》（1584年）稍迟。

（七）苏联

东方学研究所圣彼得堡分所图书馆

该所手稿部藏有大量珍贵的中国敦煌、吐鲁番和黑城文献（包括书、纸卷、手稿、图画等）。其中敦煌文献约一万二千件、黑城文献约九千件，这批文献堪称绝世珍品。如敦煌文献中有《维摩诘经变文》

---

① 钱存训：《欧美各国所藏中国古籍简介》，《东西文化交流论丛》，商务印书馆 2009年版，第 96 页。

② 同上书，第 101 页。

③ 张秀民：《中国印刷史》，上海人民出版社 1989 年版，第 751 页。

二卷，分别长五米多，正好是世界上其他地区藏品中所缺少的，尤其是长达五米的《维诘经》卷一变文，前半部分缺损，与伦敦所藏的一个卷子可以衔接。《王梵志诗》残卷，带有抄写者于唐大历六年（771）写的跋文，是最早记有时间的写本诗残卷。《玉篇》写本残页，可以同21世纪初在日本寺院发现的唐写残卷相印证，现在传世的刻本，是宋人改过的，与原书面貌相去甚远。黑城文献中有北宋吕惠卿的《吕观文进庄子义》（北宋本）、《孝经传》，前者中国现存最早只有南宋刻本，后者则长期以来已被认为不复存在。① 自明清以来，宋辽金刻本即已成为珍稀之宝，但是在列宁格勒所藏黑城文献中，居然有好几部。此外，还有在西夏刻的儒家、道家经典、医书、历书以及大量元代纸币等。

五　国外收藏中国古籍简表

地区	国名	馆名	备注
亚洲	日本	大东急记念文库	所藏汉籍有写本和刻本。在51件古写本中，有一件被称作"国宝"的写本是1194年的《史记》抄本。另外还有唐写本《玉篇》残卷、白居易的一些著作抄写本。在刻本中，有三部是南宋印本，其中最重要的是印于福建的类书《画一元龟》，该文库至少保存有117卷，还有8部元代的刻本，多属类书。编有《大东急记念文库贵重书解题》（1956）
		双红堂文库	所藏主要是日本法政大学教授长泽规矩也旧藏。其中有关中国明清时代之戏曲、小说书籍560余部，3150余册。编有《东京大学东洋文化研究所藏"双红堂文库"分类目录》（1961）
		大仓文化财团	所藏汉籍经、史、子、集俱全。其中宋刊本7部、元刊本15部、明刊本175部、明清抄本170部。编有《大仓文化财团汉籍善本目录》（1964）
		毛利元次公所	所藏汉籍1220余部，其中以史书及个人诗文居多。编有《毛利元次公所藏汉籍目录》（1965）
		楠本文库	所藏为日本楠本正继博士家三代：端山、海山、正继及端山之弟硕水收藏的汉籍。编有《楠本文库汉籍目录》（1973）
		怀德堂文库	所藏古籍66000余册，为西材天㸃先生、大江文城氏贵族、爱甲勇吉氏等旧藏。编有《怀德堂文库图书目录》（1976）

① 赵毓鼎：《敦煌宝藏被盗之谜》，时事出版社1998年版，第223页。

续表

地区	国名	馆名	备注
亚洲		国会图书馆	藏有中国、日本、朝鲜出版的汉籍23943种214445册，内有宋元版珍善本书数种，编有《国立国会图书馆汉籍目录》(1987)，《日本十四家主要图书馆和研究所所收藏的中国地方辞书联合目录》(1969)
		京都帝国大学图书馆	编有《京都帝国大学汉籍目录》(1938)
		龙谷大学图书馆	编有《龙谷大学图书馆善本目录》(1936)，《日本龙谷大学图书馆所藏敦煌遗书目录》《龙谷大学所藏敦煌古经现存目录》
		东方文化研究所图书馆	编有《东方文化研究所汉籍分类目录》(1945)
		爱知学艺大学附属图书馆名古屋分馆	编有《爱知学艺大学附属图书馆名古屋分馆汉籍目录》(1965)
		神户大学附属图书馆	编有《神户大学附属图书馆汉籍分类目录》(1975)
		京都大谷大学图书馆	编有《京都大谷大学图书馆所藏敦煌遗书目录》《大谷大学所藏敦煌古写经目录》《悠然楼汉籍分类目录》
		东福寺	藏有130卷的宋本《太平御览》
	韩国	延进大学中央图书馆	此五所图书馆藏有相当数量的中国典籍
		梨花女了大学图书馆	
		庆西大学图书馆	
		洞松文库	
		汉城大学韩国中国语文学会	

续表

地区	国名	馆名	备注
西欧	英国	牛津大学东方学院	藏有中国考古及美术书籍约 1500 册
		皇家亚洲学会	藏有中国方志、明清小说、满、蒙、藏文字典及其他中文书籍
		大卫中国艺术基金会	藏有中国美术、考古书籍多册。书画及瓷器大多精品
		伦敦大英博物馆	藏有敦煌汉文卷子。如佛教经文、道教著述、摩尼教经、古籍、世俗文书、古印本等。编有《大英博物馆敦煌汉文写本注记目录》(1957)
		不列颠博物馆	编有《不列颠博物馆藏敦煌汉文写本解题目录》(1957),所收为英藏品中较有价值的部分,而非英藏遗书之全部。包括汉文写本、汉文和少数民族文字相杂之写卷、刻本等
		伦敦博物院	编有《伦敦博物院敦煌书目》(1923)
	法国	巴黎图书馆	编有《巴黎图书馆敦煌书目》(1923),《巴黎图书馆敦煌写本书目》(1933)
		里昂大学中文系中法大学图书馆	藏有中文书籍约 10000 册
	德国	德国民俗博物馆	藏有蒙古西征时代传到欧洲的木刻印纸牌,是现存最早的样本
	意大利	梵蒂冈教廷图书馆	藏有明清旧籍 400 多种,1922 年由伯希和编成目录一册
	比利时	比利时汉学研究所	藏有中文图书约 40000 册
		鲁汶大学东方语文研究所	藏有中文图书 20000 册
	葡萄牙	里斯本档案馆	藏有 1200 种有关澳门的原始文献
北欧	挪威	奥斯陆皇家图书馆	收藏满、蒙、藏文书籍甚丰,是挪威最大的中文图书馆
		奥斯陆大学东亚研究所	有相当的中文藏书
	丹麦	丹麦皇家图书馆	是丹麦汉籍收藏较多的图书馆
		哥本哈根大学东亚研究所	丹麦主要的汉籍收藏机构
		斯堪的那维亚亚洲研究所	

续表

地区	国名	馆名	备注
东欧	苏联	亚洲民族研究所	藏有鄂登堡于 1914—1915 年所得敦煌卷子。已出 2 辑编目，第 1 辑 1963 年出版，收卷子至 1707 号，第 2 辑 1967 年出版，收至 2954 号，以后各辑正在编辑中。2 辑所收约为苏联所藏卷子的三分之一。内容包括佛典、儒道著作、地方志、史籍、律书、文字、文书等。编有《亚洲民族研究所藏敦煌汉文写本注记目录》
		苏联科学院图书馆	编有《苏联科学院藏敦煌汉文写本解题目录》
		亚洲人民学院图书馆	藏有敦煌卷子 10000 卷，已刊目录 2953 件
		列宁图书馆中文部	苏联主要的汉籍收藏机构
		莫斯科大学图书馆	
		海参威远东大学图书馆	
		中亚细亚大学图书馆	
	捷克	布拉格东方学院所属鲁迅图书馆	1970 年前藏有中文图书 62000 余册
	匈牙利	匈牙利科学院东方图书馆	藏有蒙、藏文资料及斯坦因所遗存的图书
北美	美国	纽约公共图书馆	藏有 24 种太平天国所印书，及斯宾塞特藏最早的佛像经咒印板
		柏克莱加州大学	藏有拓片 2000 余件
		芝加哥斐尔德自然科学博物馆	藏有碑拓 2014 件，编有《拓本聚瑛》一册
		印第安纳大学东亚图书馆	中文藏书 90000 多卷，以文史书籍为主
		波士顿美术馆	这些馆分别藏有五代印本、文殊菩萨及观世音佛像、宋元明刻本，十竹斋及芥子园画谱早期刊本及拓片，作为美术品样本
		纽约大都会博物馆	
		克里夫兰美术馆	
		印第安堡力斯美术馆	
		堪色斯美术馆	
		华盛顿佛里尔美术馆	
	加拿大	皇家安大略博物馆	藏有拓片 5000 件，多河南省碑铭

（原载《中国典籍与文化》1994 年第 1、2 期）

曲江集之整理及其海外传播

一 关于张九龄的著作

张九龄著述见于公私书目著录者有《曲江集》《唐初表草》《姓源韵谱》《珠玉钞》，参与编纂《唐六典》《朝英集》等，宋佚名有《张曲江杂编》，多已散佚。今存《曲江集》。所传《千秋金鉴录》，真伪混杂。《旧唐书》卷九十九、《新唐书》卷一百二十六、阮元《广东通志》卷三百零四有传。

现存最早的岭南别集，是刻于明成化九年（1473）的《张子寿文集》。张九龄是历史上著名的贤相，品德高尚的政治家，是唐代最杰出的岭南诗人，在中国诗坛上占有一席重要的地位。梁启超指出："《曲江集》最有研究价值者，为卷八至卷十二所与边将蕃国之敕书。若能细加考证，定有许多关于民族史之良资料。"[①] 后世研究其诗文，主要依据《曲江集》。《岭南文献》《广东文选》等粤人诗文总集，均列之于首。

《曲江集》宋代未见刻本流传。明清两代整理刊刻张九龄诗文集十分盛行。丘濬本之后，张九龄诗文集屡被整理刻印，其版本多达十余种，[②] 而翻刻、重印本更不计其数，足见其流播之广，影响之大。后人整理刊刻张九龄诗文集有二十卷本和十二卷本两个系统，二者只

---

① 《曲江集》，载梁启超《饮冰室书话》，浙江人民出版社1998年版，第13页。
② 岑仲勉：《张曲江集十刻表解》，《广东文征续编》卷9，广东文征编委会1987年版，第68页。

是分卷之差别，内容大致相同。此外，还有多种选本和丛书本行世。如单收诗赋者则有《张九龄集》六卷本，见明铜活字《唐人诗集》本和朱警辑《唐百家诗》本收录；又《张曲江集》二卷，见高叔嗣辑《二张集》本收录；又《初唐张九龄诗集》一卷，见毕效钦辑《十家唐诗》本收录。

张九龄的著作引起海内外学者的普遍关注。其著作（主要是《曲江集》）在 17—19 世纪就传播到了海外，并很快被收藏、注释、翻刻而广泛流传，其中包括美国、英国、俄罗斯、加拿大、日本、韩国等多个国家。

二　宋人整理曲江集

唐代以诗赋取士的科举制度，使一些出身贫寒的读书人有机会置身统治阶层，也直接促进了唐代文献，特别是唐诗的发展。自唐以后，诗文作品在岭南文献中占有相当重的分量。张九龄《曲江集》是一部内容丰富，体例完整的诗文集。包括诗赋 5 卷，敕书 11卷，碑铭 4 卷，内含文 250 余篇，诗 213 首，赋 6 篇。是研究盛唐政治史和文学史的重要资料。其诗"结构简贵，选言清冷，如玉磬含风，晶盘盛露"[①]"首创清淡之派"[②]，开孟浩然、王维、储光羲、常建、韦应物辈先河，被称作"岭南诗派"的创始人。张说论其文"文如轻缣素练，实济时用，而微窘边幅"[③]。《四库全书总目》称其"文章高雅，亦不在燕许诸人下""其感遇诸作，神味超轶，可与陈子昂方驾""文笔宏博典实，有垂绅正笏气象，亦具见大雅之遗"[④]。集中《开凿大庾岭路序》一文，成为岭南开发史上一份重要的历史文献。

---

① 胡震亨：《唐音癸签》卷 5，《续修四库全书》第 1620 册，上海古籍出版社 2002年版，第 546 页。

② 胡应麟：《诗薮·内篇》卷 2，中华书局 1962 年版，第 35 页。

③ 《杨炯传》引张说语。见刘昫《旧唐书》卷 190 上《列传》，清乾隆武英殿刻本，第 22 页。

④ 永瑢：《四库全书总目》卷 149，中华书局 1965 年版，第 1279 页。

宋人整理前代岭南文献没有卓越的成绩。史载唐五代岭南别集有十余种，唯张九龄诗文得到一定程度上的整理。《四库全书总目》叙张九龄《曲江集》源流云："徐九浩作九龄墓碑，称其学究精义，文参微旨，而不及其文集卷数。唐、宋二史《艺文志》俱载有九龄文集二十卷，其后流播稍稀。"《旧唐书·刘禹锡传》也提到刘禹锡曾读《张九龄文集》："禹锡积岁在湘、澧间，郁悒不怡，因读《张九龄文集》，乃叙其意曰：世称曲江为相，建言放臣不宜于善地，多徙五溪不毛之乡。今读其文章，自内职牧始，安有瘴疠之叹，自退相守荆州，有拘囚之思。托讽禽鸟，寄辞草树，郁然与骚人同风。"① 可见张氏诗文在唐代已结集，当时其稿是否刻板尚不能肯定。

　　《广东文征作者考》称："《曲江集》初无刻本，明琼山邱文庄公得诸馆阁群书中，授郡守苏铧序而刻之，乃传于世。"② 事实上，《曲江集》并非明代始有刻本，史载张九龄的诗文集在宋代已刊行。首先，从明成化刻印的本子来判断，"其卷目与《唐志》相合，盖犹宋以来之旧本也"③。确信宋人曾对张九龄遗著进行了整理。其次，宋代官修《崇文总目》、宋人所纂《新唐书》、宋晁公武《郡斋读书志》、陈振孙《直斋书录解题》、元人所纂《宋史》等均著录有《曲江集》二十卷。《四库全书总目》卷一百四十九《曲江集》："唐宋二史《艺文志》俱载张九龄文集二十卷。其后流播稍稀。惟明《文渊阁书目》有《曲江文集》一部四册，又一部五册，而外间多未之睹。成化间，丘濬始从内阁录出，韶州知府苏铧为刊行之。其卷目与《唐志》相合，盖犹宋以来之旧本也。"④ 可见张九龄文集至少在宋代已结集刻印。

　　陈振孙《直斋书录解题》十六称："曲江本有元祐中郡人邓开《序》，自言得其文于公十世孙苍梧守唐辅而刊之。于卷末附以中书舍人樊子彦所撰《行状》、会稽公徐浩所撰《神道碑》，及太常博士

　　① 刘昫：《刘禹锡传》，《旧唐书》卷160，中华书局1975年版，第4211页。
　　② 吴道镕：《广东文征作者考》卷1，民国三十年孙家哲校印本，第14页。
　　③ 《杨炯传》引张说语。见刘昫《旧唐书》卷190上《列传》，清乾隆武英殿刻本，第22页。
　　④ 同上。

郑宗珍《谥议》，蜀本无之。"① 据陈振孙所言，张九龄诗文在宋代有两种本子：一为曲江本，二为蜀本。邓开是第一个整理张九龄著述的岭南人。在张九龄诗文渐就澌灭之时，从张氏后人处搜得遗稿，加以编辑整理，刊刻行世。并搜集到樊子彦撰《行状》②、徐浩撰《神道碑》、郑宗珍撰《议谥文献状》诸文，附于卷末，使其集更趋于完备丰富。这也是曲江本与蜀本最大的区别。

二　明人整理曲江集

明人整理前代岭南文献取得了巨大的成绩，校理刊刻图书现存者超过 150 种，大大超越了宋代。首先是张九龄等唐宋名家的著作得到全面的整理。

张九龄别集在宋代虽然有两个本子，但是民间十分罕见，"惟明《文渊阁书目》有《曲江文集》一部四册，又一部五册。而外间多未之睹"③。可见宋以后，未见覆刻，渐就澌灭，今传各本，皆以明成化九年（1473）琼山丘濬序本为祖本。丘濬《曲江集序》略云：

予生公六百余年之后，慕公之为人，童稚时尝得韶郡所刻《金鉴录》读之，灼知其伪，有志求公全集刻梓以行世。自来京师，游太学，入官翰林，每遇藏书家辄访求之，竟不可得，盖余二十年矣。岁己丑始得公《曲江集》于馆阁群书中，手自抄录，仅成帙。闻先姚太宜人丧，因携南归，期免丧后，自备梓刻之。道韶，适友人五羊涂君暲倅郡，偶语及之，太守毗陵苏君䩰，同知莆田方君新，谓公此集乃韶之文献，请留刻郡斋。嗟乎，公之相业，世孰不知，其文则不尽知也。矧是集藏馆阁中，举世无由而见，苟非为乡后进者表而出之，天下后世，安

① 陈振孙：《直斋书录解题》卷 16，《武英殿聚珍版书》本，清光绪二十五年广雅书局刻，第 10 页。

② 樊子彦，一作"姚子彦"。见晁公武《昭德先生郡斋读书志》卷第四上，《四部丛刊三编》景宋淳祐本，第 14 页。

③ 永瑢：《四库全书总目》卷 149，中华书局 1965 年版，第 1279 页。

知其终不泯泯也哉①。

从这篇序文里可以想见当时张集几乎不传。苏辙《书文献张公文集后》也说在此之前"仅得诗文二十许篇而已",幸赖丘濬从内阁抄出,苏辙捐俸,始得梓行。丘氏抄录所据何本已不可考,以附录及旧序较之《郡斋读书志》《直斋书录解题》所录,出入颇大,当不出于曲江本。②元和顾广圻《张曲江集跋》云:"明黑口版,疑即成化九年邱琼山所刊,分二十卷,与《新唐志》及《宋志》合,或馆阁本为宋椠也。"③但也没有足够材料证明其出于蜀本。

丘濬是整理传播唐宋岭南文献的功臣。武遂曾说:"公之文诚足千古,由唐而来,年岁久远,其间亦甚缺微矣。不有琼山邱公起而采集之,后世无由读公之书。"④他不但从内阁录出《曲江集》,使之重见天日,同时从内阁抄录了宋代名儒余靖的遗著,使这部历元及明,几乎湮没的《武溪集》,始传于世。

另外,明人整理《曲江集》者有:朱警辑《张九龄集》六卷(《唐百家诗》本),高叔嗣辑《张曲江集》二卷(《二张集》本),诸选本仅录诗歌,大多收入丛书中。

四 清人整理曲江集

清代整理研究张九龄诗文集有了质的飞跃,其整理方式从校勘、翻刻、重印、选集等转向全面系统的研究,包括精校精刊以及对各种版本的梳理。其用力最精、最勤,成绩最大者当推顺德温汝适。他研究《曲江集》二十余年,著有《曲江集考证》二卷。

清人翁方纲曾遗憾地提到:"近时粤中所刻曲江公集,颇未精校,

---

① 张九龄:《唐丞相曲江张先生文集》卷首,《四部丛刊》本,民国十八年上海商务印书馆据明成化本景印,第2—3页。

② 万曼:《唐集叙录》,中华书局1980年版,第47页。

③ 顾广圻:《张曲江集跋》,《思适斋集》卷15,《春晖堂丛书》本,清道光咸丰上海徐氏刻同治中补刻本,第13页。

④ 武遂:《曲江公文集序》,《唐丞相曲江张文献公集》卷首,《四部备要》本,民国二十五年上海中华书局排印本,第1页。

即如开卷载苏子瞻一诗，其词之俚，不知出谁附会。"① 事实确如翁氏所言。《曲江集》自明至清，板刻众多，故"藏家著录，书肆贩鬻，无不有之"，"然版刻虽多，而向无精于雠校者，故读《曲江集》诗文，若与《文苑英华》《唐文粹》《全唐文》《全唐诗》等相勘，则疑义纷出，即以明清诸刻相勘，其疑误亦多"。《曲江集》善本不易得，久为藏书家公论。有鉴于此，温汝适据《文苑英华》《唐文粹》诸书，校正全集，将各本异同，列于书简之上，"朗若列眉，为历来刊《曲江集》者所未有"。② 又"广为会梓，自正史以及文集、说部，凡有足资考据者，一一编辑，以补其遗。传闻异辞，及省文脱误，即以管见，略为辨证，附于公集之后"。后辑研究成果为《曲江集考证》二卷，清乾隆五十七年（1792）刊行。不到二十年，书板已残缺，遂于清嘉庆二十二年（1817）"增入四十余条，以类相从，不复识别"③。后又访得《神道碑》附于卷末，洵为善本。

温汝适批校原本被番禺徐信符"南州书楼"收藏，《广东丛书》第一集收录的《曲江集》即以是本为底本。末附温氏所撰《曲江集考证》二卷年谱一卷，甚为珍贵。徐信符对温氏的校勘工作给予很高评价，并将它与朱熹的《韩文考异》并论："昔在宋代，《韩昌黎集》版本众多，而各本多有异同。朱子因有《韩文考异》之著，以诏后学。笥坡先生于《曲江集》略仿《韩文考异》，其体例良善，而又守不知盖阙之义，深明雠校之学。"最后指出："《曲江集》善本不易得，久为藏书家公论。……今于《丛书》第一辑取以影印，不惟令读者景仰曲江功业，亦可观温氏批校而知乡先哲治学之精神矣。"④

---

① 翁方纲：《石洲诗话》卷1，《丛书集成初编》本，中华书局1991年版，第3页。

② 以上所引见徐信符《温氏校本张曲江集序》，《唐丞相曲江张文献公集》卷首，《广东丛书》第一集，民国三十年商务印书馆（长沙）据清雍正十二年张氏祠堂刊本景印，第1页。

③ 以上所引见温汝适《曲江集考证序》，《唐丞相曲江张文献公集》附，《广东丛书》第一集，民国三十年商务印书馆（长沙）据清雍正十二年张氏祠堂刊本景印，第1—2页。

④ 以上所引见徐信符《温氏校本张曲江集序》，《唐丞相曲江张文献公集》卷首，《广东丛书》第一集，民国三十年商务印书馆（长沙）据清雍正十二年张氏祠堂刊本景印，第2页。

五 民国以来整理曲江集

民国以来，学术界对《曲江集》的刊刻整理取得了较大的成绩。早期在编辑出版《四部丛刊》《四部备要》《万有文库》《广东丛书》等大型丛书时，分别重印了《曲江集》，其中以二十卷本为多。同时，对《曲江集》版本研究也时有佳作问世。1935年，何格恩发表《张曲江著述考》①《张曲江诗文事迹编年考》;② 1937年，李景新发表《曲江集板本考》;③ 1949年，岑仲勉发表《张曲江集十刻之表解》;④ 2003年，陈建森发表《曲江集版本源流考》。⑤ 以上诸文，对《曲江集》知见的版本进行了全面的梳理，可见张九龄著作的传递情况及其版本源流。

徐信符是近代广东著名的藏书家、地方文献专家和教育家，谙熟版本、目录之学。他的藏书经历和实践，为其从事整理文献工作打下了坚实的基础，从而在整理岭南文献的实际工作中取得了突出的成绩。《广东丛书》第一集，收入唐、宋、明三朝广东名儒著作7种，其中《曲江集》等4种即为徐氏"南州书楼"旧藏。在付刊之前，均经徐信符整理，为各书一一撰写了序文。如在张九龄《唐丞相曲江张文献公集》的序文中指出："岭南文家，以张曲江为最古。"⑥ 经过认真细致的考证研究，指出由明成化以来，《曲江集》板刻可考者约略有八："初刻于成化。即邱文庄录自馆阁，留刻郡斋"；"再刻于嘉靖十五年丙申。湛甘泉重刻本"；"三刻于万历甲申"；"四刻于南雄"；"五刻于万历四十一年癸丑"；"六刻于清顺治丙申"；"七刻于雍正十二年韶郡裔孙振文"；"八刻于光绪十六年庚寅"。每种版本都注明有何人序，何人校勘等版本特征。徐信符在序文中还评论了其他

① 《岭南学报》1935第6卷第1期。

② 《广东文物特辑》，广东文物编印委员会1949年版。

③ 《书林》（半月刊）1937年第2卷第1期。

④ 《广东文物特辑》，广东文物编印委员会1949年版，第137页。

⑤ 《亚洲文化》（新加坡）2002年第6期。

⑥ 徐信符：《温氏校本张曲江集序》，《唐丞相曲江张文献公集》卷首，《广东丛书》第一集，民国三十年商务印书馆（长沙）据清雍正十二年张氏祠堂刊本景印，第1页。

版本的优劣得失，最后得出结论：《曲江集》易得，《曲江集》善本不易得。并指出清人温汝适用来校雠的底本为"雍正十二年张氏裔孙振文所刻之祠堂本"①。至此，徐信符已把《曲江集》的版本源流梳理得清清楚楚。

20世纪80年代末，《曲江集》的整理有了新的进展。刘斯翰首次对《曲江集》进行了校注，以《广东丛书》本为底本，但不以原本卷数编排，而分诗集、文集两部分，共录诗193题，文248篇。诗集编年重排，并有题解、注释、校订，而文集仅作标点，个加注释。1986年，校注本由广东人民出版社出版。1988年，李世亮有《张九龄曲江集选注》，只选文四五篇，发表在《韶关文史资料》（第十二辑）。② 之后又有李玉宏校注《曲江集》，③ 采用祠堂本《曲江集》为底本，参校了《文苑英华》《全唐诗》《全唐文》等古籍，并利用何格恩等人的研究成果，对诗文写作的相关背景和事典加以校释。可惜仍然是重诗轻文，全书由诗词和文章组成，其中诗词分为题解、注释、校对三部分，而文章只有题解、校对两部分，2004年由当代中国出版社出版。熊飞《张九龄集校注》以《四部丛刊》本为底本，参校《文苑英华》《唐文粹》《全唐诗》《全唐文》等权威性总集，还选择二十卷本和十二卷本中7个有代表性的版本加以对校，择善而从。④ 首次对全集二十卷全部诗文作全面校注，校勘精核，注解详瞻，辑补遗佚，洵为至今最善之本。此书已交中华书局出版。

六　曲江集在海外及台港地区传播

据日本向井富氏编《商舶载来书目》（日本国会图书馆收藏）记载，日本光格天皇宽政五年（1793），中国商船"几字号"载《曲江

<hr />

① 以上见徐信符《温氏校本张曲江集序》，《唐丞相曲江张文献公集》卷首，《广东丛书》第一集，民国三十年商务印书馆（长沙）据清雍正十二年张氏祠堂刊本景印，第2页。

② 《韶关文史资料》第12辑，中国人民政治协商会议广东省韶关市委员会文史委员会1988年版。

③ 书稿由其后人李励ID整理出版。

④ 金陵生：《潜心著述，厚积薄发——熊飞新著〈张九龄集校注〉序》，《韶关学院学报》2008年第4期。

文集》一部二帙抵日本。① 可见，与其他岭南文献一样，张九龄的著作在17—19世纪就传播到了海外，并很快被收藏、注释、翻刻而广泛流传，其中包括美国、英国、加拿大、日本、韩国等多个国家。

作为与本国文化传统有密切关系的外国文学，日本学者对张九龄的著作收藏、刻印、传播和研究倾注了最大的热情。据日本有关藏书目录，收藏有张九龄著作的藏书机构包括日本国会图书馆、内阁文库、静嘉堂文库、尊经阁文库、东方文化研究所、东京大学东洋文化研究所等。而在日本江户时代（1612—1856）②、日本宽政九年（1797）③、日本文化二年（1805）④、日本文化十年（1813）⑤，日本在本土或抄或刻或重印了十二卷本的《曲江集》。另外还出现了经日本汉学家训点（校点、注释）、翻译的《曲江集》，如日本江户时代京都采兰堂刊印《唐丞相曲江张先生诗集》二卷，即由日人久田犁（湖山）训点，⑥ 其后，此本有日本光格天皇宽政十一年（1799）大阪涩川与左卫门修订重印本。1952年，日本汉学家吉川幸次郎、三好达治编《新唐诗选》（日本岩波书店出版），其"后编"（说明欣赏与诗歌创作方法）就收录了张九龄等人的诗作。

《曲江集》主要是作为文学研究对象而被传播海外的。因为日本的学术传统一向以诗文为主要研究对象，在唐代文学研究的世界格局中，中国之外，日本无疑处于首屈一指的位置。日本的唐代文学研究，无论在文本翻译、注释、考订还是在作家、文学史研究上都占有领先地位。这种情况同样反映在对张九龄著作的研究上，如下几篇论文值得注意：植木久行《唐代诗人生卒年论据考三题——张九龄·李

① 严绍璗：《日藏汉籍善本书录》，中华书局2007年版，第1417—1418页。

② 《日本内阁文库汉籍分类目录》，日本内阁文库1956年版。

③ 王宝平：《中国馆藏和刻本汉籍书目》，杭州大学出版社1995年版。

④ 日本光格天皇文化二年（1805）尾张藩明伦堂活字刊印《唐丞相曲江张先生文集》12卷首1卷附录1卷。参见严绍璗《日藏汉籍善本书录》，中华书局2007年版，第1417页。

⑤ 《日本静嘉堂文库汉籍分类目录》，日本静嘉堂1930年版。

⑥ 《日本东京大学东洋文化研究所汉籍分类目录》，日本昭和四十八年发行，五十六年订正缩印版。

益·张说》，① 道阪昭广《四人の咏怀诗人——阮籍·陈子昂·张九龄·李白による连作诗集の索引》，② 齐藤达也《〈曲江集〉所收の西域关系敕书の起草时期》③、大野实之助《张九龄とその诗风》等。这些文章对张九龄的生平、诗风以及与其他诗人的比较、著作中的史料价值等方面进行了专门研究。

　　欧美对唐代文学的研究主要集中于大作家和人们关注较多的问题。如作家研究方面，被引起广泛关注者除李白、白居易、杜甫外，也包括张九龄在内。如英国赫伯特④有《张九龄的生平与著作》一文，对张九龄的生平及其著作进行了较全面的研究与推介。美国梅维恒编有《四位内省诗人——阮籍·陈子昂·张九龄和李白选诗语词索引》（*Four In—trospective Poets*：*A Concordance to Selected Poems by Roan Jyi，ChenTzyy—arng，Jang Jeouling，and LiiBor*）⑤，其中收录张九龄《感遇诗》十二首，翻译成英文并作分类词语索引，为研究张九龄《感遇诗》及与其他三位诗人的比较研究提供了有益的工具。

　　唐诗俄译本在苏联最流行的有两种，一种是 1956 年出版的《中国古典诗歌集（唐代）》，由费德林编选并撰写序言，亚历山大罗夫、马尔科娃、巴斯曼诺夫等 15 人译；另一种是 1957 年出版的《中国诗歌集》第二卷（唐诗），由郭沫若和费德林编选。这两种选集收录的诗人较多，是反映面最广的唐诗俄译本。前一种选入诗人凡 58 位，诗 181 首。后一种在前一种的基础上，增加了张九龄等人的诗作，扩大为诗人 62 位，诗 202 首。

　　我国台湾和香港地区由于地域上的便利，也多有收藏张九龄的著作。如台湾"中央图书馆"就收藏有张九龄诗文集的 7 个版本：明嘉

---

　　① 《中国文学研究》，No. 16（JAP024）。

　　② 《中国文学报》，Vol. 40（JAP025）。

　　③ 《早稻田大学大学院文学研究科纪要》别册（哲学·史学编）19，1992 年版。《汉文学研究》第 8 期，日本早稻田大学 1960 年版。

　　④ 据文献记载，1845 年出生的赫伯特·翟尔斯 22 岁即来中国，是英国驻宁波的第 13 位领事，于 1891 年离开宁波回国，1897 年进入剑桥大学任汉学教授。一生致力于汉学研究，曾翻译过至今唯一的英文版《聊斋志异》，他撰写的《中国文学史》被郑振铎赞为"一本比较完备的中国文学史"。

　　⑤ 美国亚利桑那州立大学亚洲研究中心 1987 年版。

靖十五年（1536）湛若水刊十卷本、明嘉靖二十四年（1545）南雄知府李而进重刊十二卷本、明翻刻成化九年（1473）韶州刊二十卷本、明万历十二年（1584）杨起元序蒋思孝刊明谢正蒙辑二十卷附录一卷本、明万历十二年（1584）曲江县刊四十一年（1613）李延大修补本十二卷附录一卷、明刊白口半叶十一行（二卷）本、明嘉靖十九年（1540）刊六卷本，可谓洋洋大观。其他如台湾师范大学图书馆、台湾大学图书馆、"中研院"傅斯年图书馆、香港大学图书馆、香港中文大学图书馆等也有数量不等的收藏。

　　台港地区鲜见单独整理张九龄诗文的出版物，只在编辑《国学基本丛书四百种》（第 271 册）、《人人文库》时收入了《曲江集》，还重印了《文渊阁四库全书》《摛藻堂四库全书荟要》（第 358 册）、《四部丛刊》《四部备要》等大型古籍丛书。但是，对传统的作家作品研究，仍是台港地区唐代文学研究的主流，关涉张九龄年谱、作家评传和研究类的著作较多。年谱主要有杨承祖《唐张子寿先生九龄年谱》。① 作家评传和研究类的有：Wah Yam Fook 的 *A study of Chang Chiu—ling*（678—740 A. D.）: *a prime minister of the T'ang dynasty*；② 叶嘉莹《唐诗系列讲座——论张九龄诗》；③ 吴元嘉《张九龄〈感遇〉组诗的主题思想与构篇艺术》④ 和《张九龄赠答诗与兴、观、群、怨之诗教》⑤、黄约瑟《读〈曲江集〉所收唐与渤海及新罗敕书》⑥ 等。杨承祖较早地系统地研究张九龄。20 世纪 60 年代初在台湾大学攻读研究生期间就着力于张九龄研究，其毕业论文即以《张九龄研究》为题。并围绕"张九龄"这一主题进行了系列研究，所撰《张九龄年谱》附有专论五种以及著述目录、作品年表。包括论张九龄时代背景、论张九龄之家世出身、论张九龄之性格风操、论张九龄之思想、论张九龄之文学、张九龄作品年表、张九龄著述目录等。⑦ 此外，台

① 《新编中国名人年谱集成》第 11 集，台湾商务印书馆 1980 年版。
② Hong Kong：University of Hong Kong，1966.
③ 《国文天地》2001 年第 12 期。
④ 《古今艺文》2007 年第 2 期。
⑤ 《吴凤学报》2007 年第 12 期。
⑥ *Journal of Oriental Studies*，26：2，1988，pp. 296–318.
⑦ 《张九龄年谱》附，《国立台湾大学文史丛刊·2 集》，台湾大学文学院 1964 年版。

湾地区以张九龄为研究对象的学位论文还有：徐华中《张九龄诗研究》①、陈乃宙《曲江诗"儒境"研究》②、吴宏哲《论君相政治理念的差异——以张九龄罢相为例》③ 等。

张九龄是盛唐前期重要诗人，尤其是他的五言古诗，在唐诗发展中有很高的地位和巨大的影响。清人王士禛认为，唐五言古诗"夺魏、晋之风骨，变梁、陈之俳优。陈伯玉（子昂）之力最大，曲江公继之，太白又继之"④。所以台港地区及海外学者翻译、选诗、推介和研究唐初文学（特别是唐诗）都离不开对张九龄作品的关注，其诗文因此得到广泛传播。从这个意义上说，张九龄研究不仅具有一般地域文化研究的意义，还具有全国乃至世界性的意义。

附录一：曲江集整理出版系年（略）
附录二：历代公私书目著录曲江集情况表（略）
附录三：海外及台港地区收藏曲江集简目（略）

（原载《张九龄学术研究论文集》，珠海出版社 2009 年版）

---

① 高雄师范大学中国文学研究所 1980 年版。
② 台湾大学中国文学研究所 1993 年版。
③ 中国文化大学史学研究所 2005 年版。
④ 王士禛：《带经堂诗话》卷 4，清乾隆二十七年刻本，第 2 页。

广东文献在国外的翻译、刻印和流传

一 国外翻译、传抄、刻印广东文献概观

所知见较早在海外流传的岭南文献，是日本室町时代（1336—1573）的写本《海琼白先生诗集》。是为摘录本，共三十九卷。作者是宋代的白玉蟾。① 据 16 世纪日僧策彦周良在华日记《初渡集》与《再渡集》记载，嘉靖十八年（1539）七月十八日，钓云（姓氏未详）曾赠其《白沙先生诗教》二册。稍后的有江户时代（1603—1867）的几种抄本和写本。参见下表：

书 名	著 者	版 本	资 料 来 源
海琼白先生诗集（摘录本）三十九卷	宋·葛长庚	日本室町写本	日本内阁文库汉籍分类目录
幼幼新书四十卷	宋·刘昉	日本宽政三年（1792）写本（多纪元坚手校，多纪元简手跋）	日本内阁文库汉籍分类目录

① 白玉蟾（1134 或 1194—1229），字如晦，号海琼子。世为闽人，生于海南，自号琼山道人。他吸取佛教禅宗及宋代理学思想入道，是道教南宗教旨的实际创立者。（清）郑方坤《全闽诗话》称："先生姓葛，讳长庚，字白叟。……弃家从师游海上，至雷州，继白氏后，改姓名白玉蟾。"《四库全书总目》卷 146《道德宝章》："长庚字白叟，闽清人。为道士，居武夷山。旧本题紫清真人白玉蟾。白玉蟾其别号，紫清真人则嘉定间征赴阙下所封也。"阮元《四库未收书目提要·重编海琼白玉蟾文集》："长庚字白叟，福之闽清人。七岁能诗赋，父亡母嫁，弃家游海上，号海琼子。至雷州，继白氏后，改姓白，名玉蟾，传以为仙去。"

续表

书　名	著　者	版　本	资料来源
群书钞方一卷	明·丘濬	日本天保十年（1840）写本	日本内阁文库汉籍分类目录
瑶石山房稿二卷	明·黎民表	日本江户写本	日本内阁文库汉籍分类目录
殊域周咨录二十四卷	明·严从简	日本江户写本	日本内阁文库汉籍分类目录
春秋正传三十七卷	明·湛若水	日本江户写本	日本内阁文库汉籍分类目录
世史正纲三十二卷	明·丘濬	江户写本	日本内阁文库汉籍分类目录
内阁藏书目录八卷	明·张萱	日本江户写本	日本内阁文库汉籍分类目录
疑耀七卷	明·张萱	江户写本	日本内阁文库汉籍分类目录、日本静嘉堂文库汉籍分类目录
新刻国朝白沙陈先生诗选六卷	明·陈献章/周谦山编	日本江户初写本	日本内阁文库汉籍分类目录
岭南杂记三卷	清·吴震方	日本江户刊本	日本内阁文库汉籍分类目录

　　与其他中国典籍一样，江户时代初期流传到日本的岭南文献，多以写本（抄本）形式出现，这与17世纪初，江户幕府（又称德川幕府）创始人德川家康为了限制外来影响，而采取的"禁信天主教"和"闭关锁国政策"有着密切的联系。在这种政治背景下，对海外的文化，特别是那些有可能对本国统治者带来不利影响的著作尚不敢公开刊行，只限于在民间传抄流传。17世纪末到18世纪，日本国内出现资本主义生产关系的萌芽，封建制渐趋衰落。19世纪中期，英、法、美、俄等国迫使幕府订约通商，取得在日特权，幕府统治动摇。随着日本门户的开放，一批介绍世界史地和论述鸦片战争的中国书籍传入日本，很快被翻译、翻刻而广泛流传，在日本有识之士中引起

了很大的震动和反响。这一时期在日本被翻刻的岭南文献如下表所示。

书 名	著 者	版 本	出 处
唐丞相曲江张先生文集十二卷附录一卷	唐·张九龄	日本文化二年（1805）活字本	台湾师范大学善本书目
唐丞相曲江张先生文集十二卷首卷附一卷	唐·张九龄	日本文化十年（1813）刊本	日本静嘉堂文库汉籍分类目录
幼幼新书四十卷	宋·刘昉/明·陈履端编	日本文政四年（1821）刊本	日本内阁文库汉籍分类目录
学蔀通辩前编三卷后编三卷续编三卷终编三卷	明·陈建	日本安政四年（1857）刊本（清顾天挺校）	日本内阁文库汉籍分类目录、日本静嘉堂文库汉籍分类目录、日本东京大学文学部中国哲学中国文学研究室藏书目录
陈白沙文钞三卷	明·陈献章/（日）桑原忱（鸳峰）编	日本文久四年（1864）京都越后屋治兵卫·大阪河内屋茂兵卫外九轩刊本	日本内阁文库汉籍分类目录
南京纪事（又名满清纪事）	清·罗森	日本安政二年（1855）刊本	近代中日文化交流史
二十七松堂集十六卷	清·廖燕	日本文久二年（1862）山田征点江户本	日本内阁文库汉籍分类目录
日本杂事诗二卷	清·黄遵宪	日本明治十三年（1880）早乙女要作铅印本	日本内阁文库汉籍分类目录
人境庐诗草十一卷	清·黄遵宪	清宣统日本铅印本	贩书偶记
日本杂事诗二卷	清·黄遵宪	日本昭和十八年（1934）刊本	日本东京大学文学部中国哲学中国文学研究室藏书目录

续表

书名	著者	版本	出处
戊戌政变记	梁启超	清光绪日本刊本	捐赠广东文献目录
饮冰室文集类编	梁启超	日本明治三十七年（1904）东京帝国印刷株式会社印刊	日本东方学会近百年来中国文献现在书目

　　最早在海外刻印的岭南文献，所知见者为日本承应元年（1652）刊刻的《孝经引证》一卷。作者为明归善（今广东惠州）杨起元。次年，明琼山（今海南省琼山县）丘濬的《学的》一书在日本翻刻，共二卷。日本天和二年（1682）京都长尾平兵卫又刻其《新镌详解丘琼山故事必读成语考》二卷，此书经清代卢元昌增补。

　　清季在日本刊刻的岭南文献在数量上有很大的增加：日本元禄九年（1696）林九兵卫刻明东莞陈建《新镌李卓吾先生增补批点皇明正续合并通纪通宗》十三卷。日本享保十年（1725）京都升屋孙兵卫刻丘濬《新刻丘琼山故事雕龙》二卷。次年，京都小红屋喜兵卫刻晋葛洪《全文抱朴子》内篇四卷外篇四卷。同年，京都梁文堂相叶轩（小红屋喜兵卫）先后两次刊刻辰巳泰斋重订的《全文抱朴子》。同年，京都林正五郎、井上忠兵卫亦刊刻了明慎懋官校的《全文抱朴子》。日本元文四年（1739）江户大和屋多兵卫刊刻明香山黄佐《惠德祠记》，此本为明人文徵明所书。日本宽政四年（1792）丹波筱山藩刻明丘濬的《大学衍义补》一百六十卷，此刻为明陈仁锡评阅本。①

二　异地文化的双向交流

　　在日本，为了使国人便于阅读和研究中国的历史和文化，早期出现了许多经日本汉学家训点（校点、注释）、翻译和刻印的汉籍。如日本天和二年（1682），明琼山丘濬所撰，清卢元昌补著的《新镌详

---

　　① 所引书目见《早稻田大学图书馆所藏汉籍分类目录》，日本早稻田大学图书馆平成三年版。

解丘琼山故事必读成语考》二卷，为日人中岛义方（讷所）训点翻刻。日本元禄九年（1696）林九兵卫刻明东莞陈建《新锲李卓吾先生增补批点皇明正续合并通纪通宗》十三卷，此书由明李贽批点，再由日人北村可昌（笃所）训点。到了日本宽政元年（1789），日人三宅元信辑成《明丘琼山故事必读成语考集注》一卷，由京都薯屋仪丘卫、菱屋孙兵卫刊行。在早期传入日本的汉籍中，有相当数量是关于宗教、历史以及文学方面的书籍。

在闭关锁国的时代，中国和日本的封建统治者以及一些守旧的知识分子，闭目塞听，坐井观天，产生了虚骄夸诞、唯我独尊的心理。他们以为只有自己的国家才是世界的中心，最伟大文明的"天朝"，而其他国家都不过是野蛮落后的"四裔""夷狄"而已。尽管如此，尚有一些比较有见识的中日知识分子，还是透过闭关锁国的厚重帷幕，利用一切缝隙机会，相互介绍与宣传海外知识。所以，这一时期传入日本的汉籍多以"实用"以及有关海外的政治形势等内容为主。

文献传播是文化交流的重要内容。由于广东特殊的地理环境，往往充当了传播介绍中华文化和第三种文化的重要途径。这一时期岭南学者著述以及在广东编辑出版的有关文献扮演了重要角色。

清咸丰元年（1851）在广东刊行的医学著作《全体新论》，是英国传教士医生合信的汉文译著，是关于人体解剖学的专著。至咸丰七年（1857），亦即日本安政四年，即由日本越智氏训点翻刻。

咸丰四年（1854），由广东南海人罗森（字向乔）作为美国培理舰队的汉文翻译来到日本时，曾带来自己写的一部记述太平天国的著作，名为《南京纪事》（又名《满清纪事》）。此书所记虽稍简略，但这是第一次向日本人提供了关于太平天国接近真相的详细介绍，引起了日本人的重视。幕府官员平山谦二郎看到后即向罗森借阅并抄录，他的抄本很快流传出来，辗转出现几种题为《南京纪事》的抄本，不久又有以《满清纪事》为书名的木活字改订本刊印。咸丰五年春（1855），即日本安政二年春，幕末著名思想家吉田松阴在狱中得到朋友送来的《南京纪事》抄本，便把它译成了日文，题为《清国咸丰乱记》，刊行后得到更广泛的传播。

日本文久二年（1862），广东曲江廖燕的《二十七松堂集》十六卷，由日人山田次郎八（吸霞）校点翻刻。此书在国内的影响并不大，但传到日本后，即受到日本学者前所未有的关注，积极撰文评论和推介其人其书。究其原因，除了此书的艺术价值之外，主要是该书所体现的作者思想中，有一种迎合19世纪日本社会思潮的东西。

清同治三年（1864），香港英华书院出版的西洋知识教科书《智环启蒙塾课》（英汉对照），三年后（1867）即为日人柳河春三训点，由日本江户开物社出版训点翻印本，书名改题《翻刻智环启蒙》。此书在日本明治初年得到迅速传播。同治九年至十二年（1870—1873），此书又被译成英日对照，被日本各地学校广泛采用为教科书，出现了《智环启蒙》（沼津学校版）、《启蒙智慧乃环》（爪生寅译述版）、《智环启蒙和解》（石川县学校版）等多种版本。①

此外，外国传教士在香港编辑出版的《遐迩贯珍》月刊（1853—1856）、《香港新闻》（1861—?）等也和其他报刊一样，成为当时日本人获得西洋知识的来源之一。日本幕府和各藩千方百计通过各种渠道收集这类报刊，从中了解世界新闻消息。幕府还把这些西方传教士办的汉文报刊加以翻印，以供官员们参考。因此有《官板香港新闻》等若干种翻印本。《遐迩贯珍》虽然没有官板翻印，但是也有人手抄传写。② 反映了当时日本学者和政治家渴求了解国际形势的迫切心情。

然而，这些西方传教士在中国编辑出版的汉文书刊，当时在中国国内不过是一般性的普及读物而已。传入日本之后，则被争相训点、翻印和广泛流传，给日本政治以及科学文化带来巨大的影响。对同一类文献的不同反应，恰恰说明了这一时期中日两国统治者与知识分子在对待和吸收异地文化时，采取了截然不同的态度，其对本地政治、文化影响的深度和广度上的差异也是不言而喻的。

日本明治十三年（1880），黄遵宪的《日本杂事诗》二卷，由日人饭岛有年训点，东京早乙女要作排印出版。清宣统间，其《人境庐

---

① 以上见王晓秋《近代中日文化交流史》，中华书局1992年版，第53页。
② 《早稻田大学图书馆所藏汉籍分类目录》，日本早稻田大学图书馆平成三年版。

诗草》亦在日本印行，共十一卷。① 日本昭和十八年（1934），其《日本杂事诗》再次在日本印行。

清季，朝鲜刊刻了不少汉籍，其中广东文献有唐释法海集《南宗顿教最上大乘摩诃般若波罗蜜经》（朝鲜李能和编刊）、宋赵善璙《自警编》四卷（清乾隆间朝鲜活字本，朝鲜朴世采重编）、《自警编四卷辑览》四卷、明陈琔《学蔀通辩前编》（林罗山、林鹅峰手校，林信胜补写续编）、明陈建《皇明启运录》八卷等。

清张深编纂的《新宁县志》有美洲华侨铅印本。②

在中国国内方面，人们也开始注意到宣传介绍海外历史地理知识以及了解国际形势的重要性和迫切的要求。通过出境公干和旅游的机会，留意观察，并与当地各界人士进行广泛的接触和交流。以日记、杂记、志书等形式，记录了当地的政治、文化、历史、地理、风俗、物产等亲历见闻，撰写了许多极具参考价值的文献资料。

清嘉庆二十五年（1820），嘉应杨炳南根据随外国商船航海十四年的广东海员谢清高口述，撰为《海录》一卷。记录了"西南海""南海""西北海"诸国的岛屿厄塞、风俗物产以及所见所闻。清道光十二年（1832），曾在粤海关供职、关心西洋情况的萧令裕，撰写了《记英吉利》一书。上面所述罗森的日本之行，除了正常的翻译公务之外，还进行了很多中日文化交流的活动。在日本期间广交日本各界人士，接触了许多日本文人、学者、僧人等。利用笔谈、书信及诗文进行广泛的交流，很多人与他唱和汉诗，互赠书画，与人题字，写扇面，进行书法交流。此外，罗森还向日本人士介绍了中国当时的政治形势以及中国太平天国革命的真相等。清咸丰四（1854），罗森回国寓居香港，把赴日期间所写的《日本日记》，③ 交香港英华书院主办的中文月刊《遐迩贯珍》分三期连载。这是近代中日文化交流史上第一部日本游记。此书要比光绪三年（1877）问世的、被称为近代第一部日本游记的《使东述略》（作者何如璋，首任驻日公使）早二

① 孙殿起：《贩书偶记》卷18，上海古籍出版社1982年版，第494页。
② 黄荫普：《广东文献书目知见录》，忆江南馆1978年版。
③ 有王晓秋校点《早期日本游记五种》本，湖南人民出版社1983年版。

十多年。

这些书所述之事，虽为个人亲身经历与见闻，范围较窄，有一定的局限性，但鸦片战争及战后闭关大门的开放，中国地主阶级知识分子中间一批爱国开明的有识之士，开始睁开眼睛看世界，了解国际形势，研究外国史地，总结鸦片战争失败的教训，寻找救国的道路和抵御外敌的方法，他们获得了一些了解西洋知识的途径。在这种背景下，中国近代出现了一批介绍和研究世界历史、地理和现状的著作。如林则徐的《四洲志》、魏源的《海国图志》、徐继畬的《瀛寰志略》等。比较系统、扼要介绍世界地理的著作，广东则有梁廷枏的《兰伦偶说》，此乃关于英国史地的著作，兰伦即指伦敦。其《合省图说》则是关于美国史地的著作。稍后的有黄遵宪的《日本国志》，是关于日本史地的著作。

此外，广东学者的诗文亦深受海外人士的喜爱。清人在《柳堂师友诗录》中描述了该书被海外争购的情况，"一卷英灵近百家，南园风雅让君夸。集如狐腋成非偶，购到鸡林价倍加"，注曰："是刻流传日广，海外诸国以重价购之。"[1]

附：国外翻译、传抄、刻印广东文献情况总表（略）

（原载《岭南文史》1998 年第 3 期）

---

① 文星瑞：《师友录题词》，载李长荣《柳堂师友诗录》卷首，清同治十二年刻本，第 3 页。

卷　三

史料与综述

中外交流的窗口：中国古籍中的
明清广州十三行[*]

冷东教授认为，目前"资料建设仍是制约十三行研究深入的瓶颈和障碍，国内外中文资料的发掘利用仍有很大的空间"①。2000 年以后，以十三行为中心的史料整理及索引编制取得了一定的进展，《清宫广州十三行档案精选》《清代广州"十三行"档案选编》《清宫所藏十三行潘氏商人档案》《十三行研究中文论著目录索引及内容提要》《广东方志与十三行：十三行资料辑要》相继出版、发表，但总体上对原始资料的整理和挖掘仍嫌不足，特别是对古籍文献中的史料有待进行深层次的整理。

一 历史由来及演变

（一）"十三行"创立时间、名称由来考

"十三行"之名的起始年代一直是学术界颇有争议的问题，目前主要流行三种说法：一是梁嘉彬提出的"始于明朝嘉靖年间（1522—1566）"说；二是彭泽益提出的"创立于粤海关设立（1685）之后"说；三是英国人摩斯、美国人亨特等西方学者主张的"始自康熙五十九年（1720），即广州洋货商人组织——'公行'建立之年"说。此外，屈大均的《广东新语》是讫今提及"十三行"一名最早的著作，赵立人、吴建新等学者又通过考订此书的成书时间来推

---

* 与罗诗雅合作。本人排第二。
① 冷东：《广州十三行历史人文资源调研报告》，广州出版社 2012 年版，第 115 页。

断十三行的起始时间。赵立人认为《广东新语》成书于开放海禁之前，当在 1678 年或 1677 年下半年，所以十三行应出现于康熙十七年（1678）以前。吴建新则认为《广东新语》成书于康熙二十六年（1687）或此年之后，然书中有关十三行的记载又未必写于此年，故还应"参酌各种记载加以分析"①。后来赵立人又通过考证，认为"综合屈、梁、裴三家之记，则十三行始于明代，殆为事实"②，"近年来越来越多学者主张或采信明嘉靖年间（1522—1566）的说法"③。

　　学术界对十三行的起始时间会有如此多的不同看法，除史料缺乏和学界对十三行定性不太明确的原因外，笔者认为，可能是因为十三行并非持续存在。它在一段时间衰落了，出现了时间断层，过后又再复兴，所以学界对其起始时间才会得出如此多不同的观点。据《粤海关志》记载："臣谨按国朝设关之初，番舶入市者仅二十余柁。"④ 清道光二年（1822）修《广东通志》中亦记载："国朝设关之初，船只无多，税饷亦少，有行口数家。"⑤ 但据《广东新语》记载："在昔州全盛时，番舶衔尾而至。其大笼江，望之如蜃楼屃赑，殊蛮穷岛之珍异，浪运风督，以凑郁江之步者，岁不下十余舶。"⑥《康熙字典》中解释"柁"设于船尾，与"舵"同，大概指代普通的船；"舶"指的是海中大船或蛮夷泛海之舟。二十多艘普通的船和十多艘大船相比，可谓悬殊。可见，在清朝初年，十三行的贸易并不兴盛，可能仅遗留个别行商，十三行几近不存在。

　　据目前所掌握的文献资料，"十三行"之名有明确时间记载的是清康熙十三年（1674）。同治十一年（1872）编修的《续修南海县志》（亦称《南海续志》）引《恭岩札记》云：

---

　　① 吴建新：《〈广东新语〉成书年期再探》，《广东社会科学》1989 年第 3 期。

　　② 赵立人：《广州古代海外贸易若干问题探索》，载王晓玲主编"哥德堡号"与广州海上丝路》，中国评论学术出版社 2008 年版，第 131 页。

　　③ 赵春晨：《有关广州十三行起始年代的争议》，载广州大学十三行研究中心、中共广州市荔湾区委宣传部《广州十三行研究回顾与展望》，广东世界图书出版公司 2010 年版，第 177 页。

　　④ 梁廷枏：《粤海关志》卷 25，清道光广东刻本，第 1 页。

　　⑤ 阮元修，陈昌齐纂：道光《广东通志》卷 180，清道光二年刻本，第 22 页。

　　⑥ 屈大均：《广东新语》卷 15，清康熙水天阁刻本，第 34 页。

怀远驿在西关十七甫，顺治十年暹罗国有番舶至广州，表请入贡。是年复有荷兰国番舶至澳门，恳求进贡。时盐课提举司白万举、藩府参将沈上达，以互市之利说尚王，遂咨部允行，乃仍明市舶馆地，而厚给其廪饩，招纳远人焉。康熙十三年，苏禄国王森列拍遣使三人，请受藩封，颁给驼纽银印，付以时宪，一时称荣。而侏僙白老群趋乎粤，此互市于西关十三行之所由昉欤。[①]

据《康熙字典》，"侏"指侏儒，即矮小之人，盖指儿童。"僙"通"俪"，伉俪，偶也，即夫妻。"白"有"白徒"一解，"犹白身"（未受过军事训练的人）盖指普通的男性。那么"侏僙白老"可能指的是儿童、夫妻、男丁和老人，代称普通百姓。从这则材料看，早在顺治年间，官方就已和外商通商，只是到康熙十三年（1674）方准许民间贸易，故"侏僙白老群趋乎粤"，此后作为民间贸易场所的十三行才开始存在。由此可见，清代十三行最初只是单纯的民间贸易场所。

然而在三藩之乱期间，贸易之利都由尚氏属下官员独占，"一闻藩下所属私市私税，每岁所获银两不下数百万"。当三藩之乱平定后，康熙曾下令要把被"藩下诸人"所占的百姓之利归还百姓，"广东所有大市小市之利，经藩下诸人霸占者无算，可会同巡抚详察。应归百姓者，题明仍归百姓，则广东人民得沾无穷之惠矣"[②]。可知藩府基本上垄断了广东的官私贸易。此后，清廷下派的广东官员都不直接参与贸易活动，但对外贸易不仅是经济问题，还涉及政治和外交问题，官府又必须加以管控。可能是这一政治局势的转变，促使民间贸易场所的十三行向半官方化方向发展。所以，或许正是因十三行的贸易地位存在变化，才使学界对其起始时间上存在多种观点。

（二）洋行数量、名称及其业务的变化

十三行是官府特许经营对外贸易的商行的总称，"十三"并不确

---

① 郑梦玉修，梁绍献纂：道光《续修南海县志》卷26，清同治十一年刻本，第4页。
② 蒋良骐：《东华录》康熙二十六，清光绪十年长沙王氏刻本，第5页。

切反映十三行里洋行数量。据《粤海关志》记载，"乾隆初年洋行有二十家"①，"道光九年监督延隆奏言，窃照粤省外洋行，从前共有十三家，在西关外开张料理各国夷商贸易，向称十三行街，至今犹存其名。惟近年止存怡和等七行……自应另招新商随歇随补，方可以复旧观"②。但清政府似乎又把"十三"作为洋行的理想数目，"道光十七年，总督邓廷桢、监督文祥会同奏言……至今已复十三行旧观……窃以洋商既已招补无缺，足敷办公，即当明立限制，应请嗣后十三行洋商，遇有歇业或缘事黜退者，方准随时招补，此外不得无故添设商，亦不必限年试办，徒致有名无实"③。可见，清政府是否添加行商是以"十三"为标准，不足十三则招补，已足十三则不无故添加。

洋行的名目也是变化的。"乾隆初年，洋行有二十家，而会城有海南行。至二十五年，洋商立公行，专办夷船货税，谓之外洋行，别设本港行，专管暹罗贡使及贸易纳饷之事。又改海南行为福潮行，输报本省潮州及福建民人诸货税，是为外洋行与本港、福潮分办之始。其后本港既分隶无常，总商章程亦屡易。"④"嘉庆五年，监督佶山奏言……现有外洋行、本港行、福潮行三项名目，外洋行专办外洋各国夷人载货来粤发卖、输课诸务，本港行专管暹罗贡使及夷客贸易、纳饷之事，福潮行系报输本省潮州及福建民人往来贸卖诸税。其外洋、本港一切纳饷诸务，乾隆十六年间，俱系外洋行办理，共有洋行二十家，并无本港名目，亦无福潮行名，止有省城、海南行八家。迨乾隆二十五年，洋商潘振成等九家呈请设立公行，专办夷船，批司议准。嗣后外洋行商始不兼办本港之事。其时查有集义、丰晋、达丰、文德等行，专办本港事务，并无禀定设立案据。其海南行八家改为福潮行七家，亦无案可稽。迨乾隆三十五年，因各洋商潘振承等复行具禀，公办夷船，众志纷歧，渐至推诿，于公无补。经前督臣李侍尧会同前监督臣德魁示禁，裁撤公行名目，众商皆分行各办。"⑤可见，从海

①　梁廷枏：《粤海关志》卷25，清道光广东刻本，第1页。
②　同上书，第18页。
③　同上书，第21页。
④　同上书，第1页。
⑤　同上书，第11页。

南行一行增加演变为福潮行、外洋行、本港行。各行所办理的业务也不断变化，早先海南行经营所有的对外贸易，后来外洋行不仅办理夷船货税，还兼办暹罗贡使及贸易纳饷之事直至本港行成立。但到乾隆三十五年（1770）洋商潘振成等又请求裁撤公行名目，众商又分行各办。洋行名目和办理业务的变化也反映了当时不同时期中外贸易发展的特点。

二　十三行夷馆的建筑特色及其居住者

外商来十三行贸易期间需有一个居住地，"即明于驿旁建屋一百二十间，以居蕃人之遗制也"①。但入清后外商的夷馆变得越来越华丽，"所谓十三行也，皆起楼榭，为夷人居停所"②，"十三行皆为重楼崇台"③。显然清代的夷馆已由简单的几间"屋"变成奢华的高楼。这些高楼连片而建，"广州十三行有碧堂，其制皆以连房广厦，蔽日透月为工"④，彼此之间相隔很近，"广州舶市十三行，雁翅排城蜂缀房"⑤，不仅装饰精美，还留下了各国的"烙印"，"粉壁犀帘鬼子楼，风荡彩旗飘五色"⑥。夷馆临水而建，"十三间夷馆近在河边，计有七百忽地（每忽八尺）"⑦，以利蕃舶上落货物。

夷馆本是外商的暂时居住地，但后来却成了他们长期居留之所。早年这些外商"互市常来澳门住"⑧，"年终事毕船归，各夷仍往澳栖止"⑨，但后来"碧眼番官占楼住，红毛鬼子经年寓"⑩，以至十三行的洋楼越来越多，"夷性不苦其渐奸而苦其渐近。近日宿冬夷人住省

①　印光任：《澳门记略》上卷官守篇，清乾隆西阪草堂刻本，第49页。
②　陈澧：光绪《香山县志》卷22，清光绪五年刻本，第23页。
③　印光任：《澳门记略》上卷官守篇，清乾隆西阪草堂刻本，第49页。
④　李斗：《扬州画舫录》卷12，清乾隆六十年自然盦刻本，第17页。
⑤　张九钺：《紫岘山人全集》外集卷9，清咸丰元年张氏赐锦楼刻本，第12页。
⑥　黄培芳：《香石诗话》卷2，清嘉庆十五年岭海楼刻十六年重校本，第26页。
⑦　魏源：《海国图志》卷83，清光绪二年魏光寿平庆泾固道署刻本，第4页。
⑧　乐钧：《青芝山馆诗集》卷9，清嘉庆二十二年刻后印本，第6页。
⑨　魏源：《海国图志》卷52，清光绪二年魏光寿平庆泾固道署刻本，第8页。
⑩　罗天尺：《瘿晕山房诗删》卷4，清乾隆二十五年刻三十一年罗天俊增修本，第19页。

竟不回澳，即在十三行列屋而居，危楼相望，明树番旗，十字飘扬，一望眩目"①。外商长期在十三行夷馆居住，又插上自己国家的国旗，大有安营扎寨之势，使清政府甚感不安。

夷馆中居住着来自各国的商人，有"英吉利、弥利坚、佛兰西、领脉、绥林、荷兰、巴西（即巴社白头回）、欧色特厘阿、俄罗斯、普鲁社、大吕宋、布路牙等国之人"②，其中又以英国人居多，"今广东贸易之夷，自大西洋外有英吉利、米利坚、荷兰、黄祈、佛兰西诸国，惟英吉利船较多，常年六七十艘"③。

夷馆建立初期并非所有外商都可入住。《澳门记略》记载，"舶长曰大班，次曰二班，得居停十三行"，"余悉守舶"④。"大班""二班"是英国人设立"在粤管理贸易事务"的人员，"该国来粤夷商、水梢及所属港脚等国来粤夷商、水梢均由大班管束"⑤。可见，夷馆只允许有一定级别的外商居住，其他随从人员都须守护货船。

此外，外国女性也不能入住十三行，"各处番夷就省投行交易，原无准带妇女到省之例"⑥。她们只能住在船上。但乾隆十六年（1751）发生了荷兰商人将妻子和两个女儿带至瑞丰行居住的事件。广东地方官员对此极为恼怒，最终迫使荷兰商人将妻女带至澳门居住。乾隆三十四年（1769），又有英吉利夷商带番妇来省居住，番妇又被押往澳门。迨道光时期，英吉利大班不仅携带番妇至省城，还坐轿进夷馆。"时十三洋行中有东裕行司事谢某，为置肩舆出入，乘坐久之，夜郎自大，翻不许行中人乘轿入馆。大府廉得之，立挐谢某究治，瘐死狱中。"⑦ 两广总督李鸿宾"谕饬洋商即将番妇驱令回澳，并饬嗣后夷商进馆不许乘坐肩舆"。这次驱逐番妇事件还差点导致中英双方兵戎相见。"该大班等因闻外间讹言，有派兵围逐夷商、番妇之说，心怀疑畏，通信黄埔湾泊各夷船，令水手百余人乘夜将炮位数

---

① 梁廷枏：《粤海关志》卷28，清道光广东刻本，第11页。
② 魏源：《海国图志》卷83，清光绪二年魏光寿平庆泾固道署刻本，第4页。
③ 魏源：《海国图志》卷53，清光绪二年魏光寿平庆泾固道署刻本，第32页。
④ 印光任：《澳门记略》上卷官守篇，清乾隆西阪草堂刻本，第49页。
⑤ 梁廷枏：《粤海关志》卷27，清道光广东刻本，第5页。
⑥ 同上书，第3页。
⑦ 夏燮：《中西纪事》卷3，清同治刻本，第9页。

座及鸟枪等件收藏小船舱内，偷运省城。"① 后来，官府派通事与外商沟通才化解了误会，并令外商撤兵炮，携番妇至澳门。但洋行却以"大班患病需人乳为引"为由，"请俟稍愈遣之……夷妇卒逗留不遣"，致使"数年之后，义律来粤，竟以挈眷为援例之常，而边衅亦因之起矣"②。清政府这一禁止夷妇入十三行居住的禁令直到鸦片战争签订和约后才废除。《中英江宁议定条约》第二款"自今以后，大皇帝恩准英国人民带回所属家眷，寄居沿海之广州、福州、厦门、宁波、上海等五处港口，贸易通商无碍"。《望厦条约》第三款"嗣后喘㗎国、哪啾国等民人，俱准其挈带家眷赴广州、福州、厦门、宁波、上海共五港口居住、贸易"③。

三　繁华的商业街区

十三行是明清广东对外贸易的主要场所，粤东富庶之源，"通洋舶，立十三行，诸番商贾粤东至今，赖以丰庶焉。"④ 尤其在乾隆二十二年（1757）宣布废除其他三个通商口岸，广州成为外商来华贸易的唯一口岸后，十三行的繁荣可想而知。古文献中不乏对十三行繁荣景象的描绘，其中最早的是屈大均的《广东新语》："洋船争出是官商，十字门开向二洋，五丝八丝广缎好，银钱堆满十三行。"⑤ 稍后的《冬夜珠江舟中观火烧洋货十三行因成长歌》吟诵道："广州城郭天下雄，岛夷鳞次居其中；香珠银钱堆满市，火布雨缎哆哪绒。"⑥ 乐钧的《青芝山馆诗集》也称赞"粤东十三家洋行，家家金珠论斗量"⑦。

到十三行贸易的外商"来以哔哒、哆啰哌、玻璃诸异香珍宝，或竟以银钱。其去以茶、以湖丝、以陶器、以糖霜、以铅锡、黄金，惟

① 梁廷枏：《粤海关志》卷27，清道光广东刻本，第4页。
② 夏燮：《中西纪事》卷3，清同治刻本，第10页。
③ 颜世清：《约章成案汇览》甲篇卷2、卷6，清光绪上海点石斋石印本，第2页。
④ 昭梿：《啸亭杂录》卷9，清钞本，第24页。
⑤ 屈大均：《广东新语》卷15，清康熙水天阁刻本，第29页。
⑥ 印光任：《澳门记略》上卷官守篇，清乾隆西阪草堂刻本，第49页。
⑦ 乐钧：《青芝山馆诗集》卷9，清嘉庆二十二年刻后印本，第6页。

禁市史书、硝磺、米、铁及制钱"①。为避免海上航行风险所带来的损失，外商所赚到的钱并非都拿回本国，部分也留在十三行，让行商放贷以赚取利息，故有英国人度路利"云至十三行公司夷馆，取其素所储蓄"②的记载。

十三行是鼻烟、鸦片的流入之地，"天宝洋行，南海梁氏开立。西商初次鼻烟入粤，天宝行尽收之。后该行歇业，遂将烟置高阁，至今藏犹富……怡和洋行，南海伍氏开立。西商二次鼻烟入粤，怡和行尽收之"③。且"嘉道间鸦片烟馆始设于广东"④，再加上鸦片贸易兴盛，十三行成了清政府禁烟的重地。"道光十九年己亥，西夷英吉利以粤西巡抚林公则徐尽焚十三行洋药丧赀兴变"⑤，"（林则徐）己亥正月，檄英吉利领事贰律等至十三行，督重兵作长围以困之，绝其饮食，命将各船阿芙蓉尽缴，沿珠江兵仗森然，木筏铁锁，贰律惧，乃缴入至二万余箱"⑥。

十三行之所以如此繁荣，得益于十三行在对外贸易上的垄断地位。"是时最大之举，莫若解散印度公司，盖彼虽名公司，实则庞然一垄断之商行而已（按其事正如嘉道间吾粤之十三行也）。"⑦"或谓商贩倾轧，不如仿淮盐之例，指定丝茶引地以限之，如有赀本万金者，始准报名投充，颁领部帖。不知洋人入内地可自行采买，本无须华商，如用盐商派引之法，情同抑勒，与粤东十三行无异，洋人岂肯失其约内之权，亦不可行也。"⑧史料指出洋人自可采办货物，不需要华商作中介，如果像粤东的十三行那样，指定资本雄厚的商人来专门经营丝茶贸易，洋人必不情愿。可见，十三行这一垄断的经营方式

---

① 印光任：《澳门记略》上卷官守篇，清乾隆西阪草堂刻本，第50页。

② 魏源：《海国图志》卷53，清光绪二年魏光寿平庆泾固道署刻本，第15页。

③ 张义澍：《士那补释》，载黄宾虹、邓实编《中华美术丛书》（二），北京古籍出版社1998年版，第232页。

④ 陈浏：《匋雅》中卷，《静园丛书》本，民国七年排印本，第53页。

⑤ 周炳麟：光绪《余姚县志》卷12，清光绪二十五年刻本，第20页。

⑥ 郑梦玉修，梁绍献纂：道光《续修南海县志》卷26，清同治十一年刻本，第4页。

⑦ 严复：《社会通诠》卷下国家社会三，《严侯官先生全集》本，清光绪二十九年石印本，第27页。

⑧ 陈忠倚：《清经世文三编》卷32，清光绪石印本，第5页。

让外商甚为不满。"嘧唲、哪喊约第十五条，一各国通商旧例归广州官设洋行经理。现经议定，将洋行名目裁撤，所有嘧唲国、哪喊国等民人贩货进口、出口，均准与中国商民任便交易，不加限制，以杜包揽把持之弊。"① 当时瑞典和挪威为同一国，在广州同着英签订中、瑞、挪《五口通商章程》中，便通过和约来摆脱行商的贸易垄断行为。

四 官府与十三行

清乾隆时期，行商之间曾实行联保制。"迨乾隆中定为十三行洋商，每一洋商出缺，则十二商联保，或有亏帑，则十二洋商摊赔，著为定例。"法令虽如此，但实际上并非每一次亏损行商都摊赔。《希古堂集》中便记载了一行商亏损，但各行商未均摊赔的事例：

> 有容阿华者，英吉利领事类地嬖奴也。尽告以洋商获利之厚，殖产之丰，类地闻而艳之，然自揣夷人断无能充中国洋商之理。时适有洋商阙额未补，类地令容阿华具禀承充而阴助赀本。诸洋商皆不肯，曰："容阿华流品不清，羞与为伍，且若固家徒四壁，万一亏帑，谁肯任之。"容阿华固诡谲，则挟赀饵秉文曰："若能为我关说，当以三万金相寿，而贿制府六万金。"翌日，制府符下，果严谕众洋商不得勒阻刁难，其阙额即令容阿华充补。众相视愕然。是时类地闻之，扬扬得意，恒踞坐洋楼大言曰："吾以为中国宰相总督如天帝，如尊神，不知若何严重，岂料才消六万金，便肯营私舛法耶。"于是始有轻中国官吏之意矣。后容阿华充洋商甫一年，买妓妾、建房屋、淫侈无度，亏帑累累，并类地之赀本亦消耗无余，辄逃往南洋。名捕弗获。李鸿宾既得贿内惭，而官帑又虚悬无著，则婉谕诸洋商曰："汝等前既未有联保，则此项亦无容摊赔，但设法弥补可也。"时洋商有以抽分之说进者（即如近年之抽厘），鸿宾遽允之。其实洋货入口甚多，

---

① 杞庐主人：《时务通考》卷4，清光绪二十三年点石斋石印本，第1页。

计一年抽分已足抵偿容氏亏项。而众洋商籍端渔利，恫喝侵牟，鸿宾又恐洋商发其覆，绝不敢过问。①

英吉利领事类地因羡慕行商所得之厚利，命其华奴容阿华补行商阙额，但遭到各行商的反对，却以六万金贿赂两广总督李鸿宾而成事。但容阿华充补行商后，生活奢靡无度，资本消耗殆尽，人也逃亡南洋。最后，容阿华所造成的亏额，行商并未摊赔。从这一事例中可看出，一旦出现亏损，由两广总督决定行商是否须摊赔。联保制所谓的摊赔定例是否实施，很大程度上取决于两广总督。值得注意的是，行商拒绝容阿华补缺，首先提及容氏"流品不清，羞与为伍"，后才考虑其经济实力。说明行商之间除以经济实力雄厚的商人自居外，更注重其官阶身份，这也是他们与普通商人不同的地方。

十三行的行商是由官府指定的，他们替官府处理对外贸易事务，具有官商性质。这些行商大多有一个带"官"字的称号："各洋商名浩官、茂官、启官、教官、经官、明官、海官、三官、贞官。"② 陈柏坚认为这一称号"其实只是一种尊称，如英语中之'先生'。它的字义是管理"③。不管带"官"字的称号是否代表行商的官员身份，但可以肯定的是，行商力图获得官员身份，哪怕仅是荣誉衔。以伍氏家族为例，"伍圣德以曾孙秉鉴晋荣禄大夫；伍章蕃以孙秉鉴、曾孙崇曜晋荣禄大夫；伍国莹以子秉鉴晋荣禄大夫，以孙元芝赠刑部员外郎崇曜晋荣禄大夫；伍秉鉴以子元芝赠刑部员外郎，以子崇曜晋荣禄大夫"④。

官商的身份使行商在外商面前高人一等，为此，英商曾试图通过标榜官员的身份，来重新定位中英贸易之间英商的地位。"道光十年，该（英吉利）大班忽称本国公班牙期满散局，嗣后无公司船来粤，将来本国差官来粤管事亦系大臣云云。"后来英商啤唠啤来华，总督

---

①　谭宗浚：《希古堂集》甲集卷 2，清光绪刻本，第 19 页。

②　魏源：《海国图志》卷 83，清光绪二年魏光寿平庆泾固道署刻本，第 4 页。

③　广州历史文化名城研究会、广州市荔湾区地方志编纂委员会编：《广州十三行沧桑》，广东省地图出版社 2001 年版，第 32 页。

④　史澄：光绪《广州府志》卷 58，清光绪五年刻本，第 8 页。

李鸿宾令行商伍敦元查询，"讵该夷目不肯接见"。李鸿宾又令广州协韩肇庆传谕，但"该夷目不遵传谕，声言伊系夷官监督，非大班可比。以后一切应与各衙门文移往来，不能照前由洋商传谕。伊亦不能具禀，祇用文书交官。"啡唠啤的要求没有得到清政府的准许，最后被"押逐出口"①。外商非常清楚行商有官府的势力作后盾，他们也试图使商人官员化来摆脱在中外贸易中唯命是从的处境，获得在贸易中平等对话的地位。

或许正因为行商背后有官府的支持，故"初，洋船到口，大班等恭请红牌来省馆，诘朝穿大服、佩刀剑，诣各洋行，行商或先辞以事不见，俟再来，然后往答，一惟行商言是听"②。魏源的记载更为详细："闻嘉庆年间，夷船到口，该大班等恭请红牌来省馆，诘朝穿大服、佩刀剑，到各洋行拜候，稍有名望之商必辞以事不见，俟其再来，然后往答，迎送如礼，一惟洋商言是听。"③ "嘉庆、道光以前……其时通商仅广东一口，各省茶务均须贩运粤东，由总商与西人定价。总商气焰薰灼，不惟华商趋承恐后，即西商亦惟命是从，所谓十三行者是已。"④ 可见，清初行商在十三行里的地位很高，大班诣见行商得"诘朝穿大服、佩刀剑"，外商对行商毕恭毕敬。但是后来"船益多，销茶益盛，洋商仰其厚润。于是夷船将到，洋商托言照应，过关即出远迎"⑤。行商的地位出现了一百八十度的大转变，行商反而要在洋船将到的时候出门远迎。有些行商甚至沦为外商的耳目："各商互相倾轧，倘有说夷人短者，大班必知，遇事挑斥。故虽贤有品者，问以事，亦谬为不知，而于天朝之用人行政及大宪之一举一动，夷人反无不知者。"⑥ 外商与行商的关系，由外商对行商唯命是从转变为行商倚仗外商。

行商与官府联系紧密，行商有向官府禀报十三行情况的义务，即

① 方东树：《考盘集文录》卷2，清光绪二十年刻本，第5页。

② 王之春：《国朝柔远记》卷8，清光绪十七年广雅书局刻本，第6页。

③ 魏源：《海国图志》卷52，清光绪二年魏光寿平庆泾固道署刻本，第12页。

④ 朱寿朋：《东华续录（光绪朝）》光绪一百三十，清宣统元年上海集成图书公司本，第18页。

⑤ 魏源：《海国图志》卷52，清光绪二年魏光寿平庆泾固道署刻本，第12页。

⑥ 方东树：《考盘集文录》卷2，清光绪二十年刻本，第4页。

便在《南京条约》废除了公行制度后，行商依旧要为官府效劳。同治时期，官府见英船在打击海盗时所发挥的作用，决定仿效西法，自造轮舶，"其时潘仕成捐造之船极为坚实，不惜以十万金出海购木。洋商伍秉鉴、潘正炜又捐买米利坚、吕宋船各一，悬以为式"①；"至前奉谕旨饬令粤海关监督，臣传谕洋商设法购买夷船。已据洋商伍秉鉴、潘正炜禀称，捐买米利坚、吕宋夷船各一只，臣等查验木料坚实，尚堪应用，惟船只尚小且亦略旧。现仍督饬洋商随时察访购办"②。

行商除要捐资造船外，还要筹军饷，"窃照咸丰八年间广东省军饷紧急，前督臣黄宗汉饬绅士伍崇曜筹借银三十二万两，每两月息银六厘，由粤海关发给印票……俟粤海关税续行征有成数，陆续给还"。官府还款是以粤海关所收的关税作抵押，但后因"粤海关征税入不敷出，久未给还"③。在商业上，行商又存在欠款的情况："又奏据原商伍秉鉴等禀称，积有夷欠，议明分年归款。自（道光）十九年停止英夷贸易至今未能归结，除商等自行筹措外，不敷银二百八十万两一时无可借贷，恳于库贮款内拨借交领，以清夷欠……当时诸商实欲以其行羡清还库项，及和约内已准英夷请裁去洋商，无羡可收，此项虽该商旧欠在先，终归悬宕，久而未清。"④ 在公行制度废除后，行商无法再收"行羡"来还欠款，加上还要捐资造船、筹军饷，在强大的经济压力下，行商渐渐走向衰落。

五　百姓与十三行

十三行里除行商外，普通百姓与外商也有商贸活动，他们主要向外商销售食物和生活用品。清代流行的笔记小说《咫闻录》记载了一个"屠板生珠"的故事，讲述屠夫与外商交易的事。外商欲重金买屠夫的屠板，屠夫以为至宝，打算待价而售。外商回国后，屠夫便

---

① 王韬：《瓮牖余谈》卷3，清光绪元年申报馆本，第6页。
② 魏源：《海国图志》卷84，清光绪二年魏光寿平庆泾固道署刻本，第8页。
③ 郭嵩焘：《郭侍郎奏疏》卷8，清光绪十八年刻本，第33页。
④ 梁廷枏：《夷氛闻记》卷3，清刻本，第18页。

把屠板藏于房中，不再使用。次年该外商来十三行时，屠夫欲把屠板卖与他，但该外商不愿买，并说明原因："内有大蜈蚣，日饮猪血，已有定风珠，诚希世之宝也，必得养之，斯不害。今藏日久，蜈蚣已死，珠亦韬晦。"① 屠夫劈开屠板发现果真有一只蜈蚣，可惜死了。故事虽不足为信，但表明了在十三行里普通百姓与外商也存在贸易往来。

百姓除与外商做生意，很多人还受雇于外商，充当其挑夫、守门等。"夷商来粤贸易，须用民人为挑夫、守门，所用不下数百丁……以十三行及澳门公司馆内，向来雇用挑夫守门、烧茶、煮饭、买物等项人等，均不可少，请照旧章准其雇用。"② "每年七八月，夷船到时，始至十三行夷馆，许雇唐人，买办食用。"③ 但官府对外商雇佣的工人有人数限制。"惟省城十三行及澳门公司馆，每处需用若干名，应请移知粤海关酌定名数，饬行遵照，俾易稽核。"④

民间贸易历来不受明清政府的重视，但在贸易上却受到诸多限制。古文献中可见清政府对百姓与外商接触立下的几项禁忌。

"不得搭盖夷式房屋""不得用夷字店号"。《粤海关志》记云："其住居澳门及省城十三行之贸易民人，不得搭盖夷式房屋，即售卖夷人衣履之铺户，亦不得用夷字店号，以杜勾通而严区别"⑤。说明十三行里的百姓为外商服役，以及提供食物、衣服、鞋子等日常生活必需品的生意也受到官方的限制，目的是"以杜勾通"。

"跟班沙文向例并未准行"。夏燮的《中西纪事》记云："佛山绅士闻之，谓中西之衅实起自汉奸。向来违抗封舱之案，必先撤其沙文，使之供应窘绝。"⑥ 沙文或为英语 servant 的译音，"跟班沙文"盖指受洋人雇用的华籍跟班。但"惟跟班沙文向例并未准行，请照旧章

---

① 慵讷居士：《咫闻录》卷1，清道光二十三年刻本，第2页。
② 梁廷枏：《粤海关志》卷29，清道光广东刻本，第11页。
③ 同上书，卷52，第8页。
④ 同上。
⑤ 同上书，第17页。
⑥ 夏燮：《中西纪事》卷13，清同治刻本，第8页。

禁止"，"其沙文名目，仍应严行禁止"。① 可见这种"跟班沙文"是清政府明令禁止的。

不准"私借夷人赀本及拖欠夷债"。《粤海关志》卷二十九有云："惟是怀柔驾驭，必当杜渐防微。粤民趋利若鹜，首在查禁汉奸。近年如私借夷人赀本及拖欠夷债之郑崇谦、吴士琼、沐士芳等，均经照例惩办。现复访有曾为夷人服役，积有家产，朦捐职衔，仍与夷人交结之李耀、李怀远二名，业经拏获查钞，审明定拟，具奏在案。臣等仍督饬地方官密加侦访，如有似此者均应逐一严惩。"②

十三行里是否存在威胁清朝统治的因素，才是清政府最为关注的问题。官府认为"粤民趋利若鹜"，所以"首在查禁汉奸"。再查"往者三元里之事，广东民勇曾将夷目围困，几不得脱。近者广州夷馆又被民人焚烧，彼逆皆算谁何，此亦足见吾民之可恃矣"③。可见在三元里事件之前，清政府是不太信任广东百姓的，尤其是有"跟班沙文"的存在。

综上可见，中国古籍文献中的十三行依旧展现了其繁荣的一面，中外商人在这里商贸往来频繁，连普通百姓也参与其中，进行商业活动或受雇于外商。官府则通过行商操控着十三行。古籍中也呈现出十三行处在一个变化的过程中。十三行的繁荣并不是一直持续的，它曾在一个时期处于萧条状态。洋行的数量、名目也在变化。十三行里的夷馆也并非一开始就是高耸的洋楼，而是简单的几间房屋。行商在外商面前的地位也经历了由尊转卑的过程。联保制亦非铁板一块，在实际执行中也受到人为因素的影响。借助古籍文献对十三行同一方面的不同记载，将十三行作为一个动态的对象去研究，或许可以更好地展示十三行的历史变迁。

（原载《岭南文史》2014 年第 4 期）

---

① 梁廷枏：《粤海关志》卷 29，清道光广东刻本，第 11 页。
② 同上书，第 17 页。
③ 王拯：《龙壁山房文集》卷 2，清光绪七年陈宝箴刻本，第 7 页。

地方志疍民史料考述*

——以广东地方志为研究对象

搜集和整理分散在地方志中的疍民史料，对研究广东疍民的历史由来、地域分布、政府管治、职业劳作、风俗习惯、生活变迁、文化遗存、社会贡献等，具有重要的现实意义。研究资料显示，我国疍民聚居之地，主要范围是从福建至东南亚沿海一带，其中广东人数最多，分布最广。据对现存广东地方志的调查，其分布主要包括番禺、顺德、东莞、中山、珠海、深圳、香港、三水、新会、台山、惠东、汕尾等地。本文通过全面系统调查、搜集和整理广东疍民的原始资料，为广东疍民研究提供参考资料和文献线索。以下是我们对现存97部元代至民国期间，广东地方志疍民史料的初步调查、整理和分析。

一 历史由来

关于疍民的起源，历史上众说纷纭。地方志中有的记载称："蛋其来莫可考。按秦始皇使尉屠睢统五军监禄，杀西瓯王，越人皆入丛薄中，与禽兽处，莫肯为秦。意者此即入丛薄中之遗民耶。"① 这种观点认为，疍民是被汉武帝灭国的闽越人后代，他们其实是广东历史上的土著民族。又有史料云："瑶人种类不一，负山阻谷，依木为居，

---

* 与刘艳艳合作。

① 杨宗甫：嘉靖《惠州府志》卷14，明嘉靖刻本，第15页。此外，在康善述的康熙《阳春县志》、陈裔虞的乾隆《博罗县志》、刘芳的乾隆《新兴县志》、李福泰的同治《番禺县志》、郑蒉的宣统《南海县志》等中，均有类似的记载。

刀耕火种，凿窟偷生。自言其先盘瓠之苗裔也，产于湖北、湖南溪洞间，即古长沙、黔中五溪之蛮，其后生齿日繁，流衍两粤。……一种居近山洞中及金、悦二乡山峒者，曰平瑶。……一种居水，以舟楫为家，捕鱼为业者，名蛋。"① 这里又认为疍民是苗裔人的后代。亦有记载称，疍民是东晋末期卢循率领的农民起义军的后人，因此也被称为卢亭人。光绪《广州府志》卷八十三："卢循故城在县南六里，状如方壶。《番禺志》云在郡南十里，与广州隔江相对，俗呼河南，又呼水南，今故堞隐然。南汉时以为仓廪，人呼为刘王廪。循子孙留居之，为卢亭，蛋户。"②

关于疍民的称谓亦有多种。"蛋户者，以舟楫为宅，或编蓬濒水而居，谓之水栏。见水色则知有龙，故又曰龙户。齐民目为蛋家，同姓婚配，无冠履礼貌，愚蠢，不谙文字，不自记年岁，此其异也。"③可见，疍户又被称为"龙户"，这源于疍民极好的水性。说到疍民的水性，史载"水栏有三种，入海取渔者为渔蛋，取蚝者名蚝蛋，取材者名木蛋，各相统率。鱼蛋、蚝蛋能入水二三日，亦谓龙户"④。然而疍民也称为连家船民，早期文献也称他们为游艇子、白水郎、蜒等。在蛋字的写法上，"蜑作蛋，今通用"⑤。

二　地域分布

据对现存广东地方志的调查，开建、高州、雷州、肇庆、四会、香山、海康、三水、遂溪、顺德、南海、阳江、琼州、琼台、万州、儋州等地均有疍家人的蛛丝马迹。说明明清时代的广东地区，疍民的分布还是比较广的，大凡有水的地方便有疍民的踪迹。叶显恩曾指出："明清时期，广东的内河和沿海湾澳皆有蛋民。"⑥ 道光《广东通

---

① 杨文骏：光绪《德庆州志》卷9，清光绪二十五年刻本，第43页。
② 戴肇辰：光绪《广州府志》卷83《古迹略》，清光绪五年刻本，第4页。
③ 康善述：康熙《阳春县志》卷18《瑶蛋》，清康熙刻本，第7—8页。
④ 屠英：道光《肇庆府志》卷2《舆地》，清光绪二年刻本，第88—89页。
⑤ 戴肇辰：光绪《广州府志》卷15《舆地略》，清光绪五年刻本，第3页。
⑥ 叶显恩：《明清广东疍民的生活习俗与地缘关系》，《中国社会经济史研究》1991年第1期。

志》卷三百三十："蜑户其种不可考，以舟楫为家，捕鱼为业。晋时不宾服者五万余户。自唐以来，计丁输粮。明洪武初，编户立里长，属河泊所，岁收鱼课。东莞、增城、新会、香山，以至惠、潮尤多，雷、琼则少。"①

在现存广东方志中，从对蜑民的记载大体可显示其地域分布，兹略举如次。正德《琼台志》卷五："东水港，在县西北十里多稔都。东水浦源，合澄迈、外桥、祥塘三水，会潮成港，可泊舟，蜑渔所在。"②"虎村山，在县之东北一百里水北都抱虎岭之下。山迹平易，民蜑杂处成村。"③嘉庆《雷州府志》卷二："调洲，城东二十里海中。周围三十余里，为蜑户泊息之所。"④道光《肇庆府志》卷二："湾雷海，在县南八十里。海势湾曲，潮声如雷，蜑户居之，非大海也。"⑤道光《万州志》卷三："会通都，州东北二十里。蜑户。"⑥宣统《南海县志》卷三："（平洲堡）堡内村，一曰平洲村，西南有上斜蜑户。"⑦不论是东水港，还是调洲、湾雷海、会通都，这些地方都与水关联，蜑民也一定出现在这些可以为生和泊船的水域。

有意思的是，地方志中与蜑民有关的地名俯拾皆是，如蜑场桥、蜑场墟、蜑家园、蜑家井、蜑家宫、蜑场岭、蜑家湾、蜑鲁桥等，这些地名的记载较为详细。另外还发现，蜑民居住较为聚集，他们基本不会脱离集体单独居住，而瑶蜑杂处的现象并不少见。

三　风俗习惯

蜑民世代以舟楫为居，赖水而生。由于他们终生漂泊在水上，其言语、习俗、礼仪都与陆地上的居民不一样，形成独具风格的特色。"人有民户、蜑户、东人、俚人之分，盖古有四民。……谓之蜑人者，

① 阮元：道光《广东通志》卷330《列传》，清道光二年刻本，第18页。
② 唐胄：正德《琼台志》卷5《山川》，明正德十六年刻本，第15页。
③ 同上书，第22页。
④ 雷学海：嘉庆《雷州府志》卷2《地里》，清嘉庆十六年刻本，第4页。
⑤ 屠英：道光《肇庆府志》卷2《舆地》，清光绪二年重刻本，第57页。
⑥ 胡端书：道光《万州志》卷3《舆地略》，清道光八年刻本，第7页。
⑦ 郑焌：宣统《南海县志》卷3《舆地略》，清宣统二年刻本，第50页。

则今之舟居捕鱼为生者也。其人嫁娶不避同姓，用腊月为岁首云。"①
在世人眼里，疍民"以船为家，以捕鱼为业"是其主要特征。就疍
民的姓氏而言，大概有五姓，即"麦、濮、吴、苏、何"②。方志中
记载了广东各地疍民的风俗习惯，如光绪《高明县志》卷十六："高
明蛋家，在大江则沿海以居，在小水则依河而处。性粗蠢，无冠履礼
貌，不谙文字，能入水不没，客舶有遗物于水者，必命此辈探取之。
且耐寒，虽隆冬霜霰，亦跣足单衣，无瘅瘃色。惟以江间风月，网鱼
多得为乐事。其捕鱼之利，春末夏初，四潦泛滥，稍可博一饱。贫乏
者，一叶之篷，不蔽其体；百结之衣，难掩其骭。岸上豪蠹复从而凌
轹之，则海滨之叫号无虚日矣。旧《志》谓高明无蛋，以其鱼课隶
三水也。"③ 上述记载中，可窥疍民生活之不易，只在春末夏初渔业
繁忙之时，疍民才能获得基本的温饱。若遇上青黄不接的时节，日子
真可谓苦楚至极，"百结之衣难掩其骭"，可见一斑。总之，舟居穴
处，采海为生，人性俭朴，不谙文字，入水不没，其俗朴野而畏法，
这基本构成疍民生活习俗的总体特征。

　　在语言方面，疍民亦有自己独特的方言。"语有数种，澄多闽人
寄居。语类：闽音者曰客语；土音者曰黎语；近海蛋人客、黎音参半
者曰蛋语。官语，惟缙绅士夫及居城市者能言之，乡落莫晓。"④ 可
见，"蛋语"是属于客音、黎音参半的一种方言。

　　谈到疍民的婚俗，史料有载："蛋家其男有未聘，则置盘草于梢；
女未受聘，则置盘花于梢，以致媒妁。婚时蛮歌相近，男歌胜，则夺
女过舟。"⑤ 这其中有两点是与陆地居民大有不同的：第一，男方如
果没有婚约，就在自家小艇船梢上放置一盆草。女方如果没有许配人
家，就会在自家船梢上放置一盆花。简单明了又落落大方地把家中男
女婚姻状况告知众人。虽说这是水上人家因受条件限制所形成的极为
简朴的婚约形式，但也不失得体和意境。第二，男女婚配时，以对歌

　① 戴璟：嘉靖《广东通志初稿》卷18《风俗》，明嘉靖刻本，第10页。
　② 刘抃：光绪《饶平县志》卷4《户口》，清光绪九年刻本，第33页。
　③ 邹兆麟：光绪《高明县志》卷16《杂志》，清光绪二十年刻本，第18页。
　④ 高魁标：康熙《澄迈县志》卷1《疆域风俗》，清康熙四十九年刻本，第20页。
　⑤ 郑葵：宣统《南海县志》卷4《舆地略》，清宣统二年刻本，第21页。

的形式助兴，亦是一种浪漫形式。"婚配以歌相赠答，无冠履礼貌，不谙文字，以舟楫为家，捕鱼为业，或编篷濒水而居，不敢与齐民齿。"① 这里说的亦是同样的婚俗。至于婚前的问名、纳采与聘礼等，疍民和陆上居民也有同样的程序，只是他们较为简单罢了，唯有嫁娶礼仪和陆地居民相差较大。疍民以舟为宅，婚礼也自然离不开艇了。"他们既没有大厦、宗祠、酒楼、菜馆等宴请亲朋，于是只好租赁一两只专备水上人宴会的楼船做招待戚友饮宴的处所；若果较富有的，则租赁装潢设备较华丽的紫洞艇做休息和宴会之用。"② "婚娶率以酒相馈遗，群妇子饮于洲坞岸侧。是夕两姓联舟，多至数十，男妇互歌。"③ 可见，酒文化无论是对陆地居民还是水上居民，都具有十分重要的意义。婚礼的进行，在租赁的楼船上举行，亲朋好友们驾船而来，男女相互对歌，颇为壮观。"婚时旗灯照耀，宴客则别驾方舟，谓之酒艇。小洲蛋户恒养童媳，长而结婚，谓之转髻。"④ 原来，在水上疍民中，也有蓄养童养媳的习俗。在关注疍民独特婚俗的同时也注意到，"土人不与结婚，近亦有土著服食视平民，间与下户通婚姻者，然亦鲜矣"⑤。显然，陆地土著之民是不愿意与疍民联姻的。另外，疍民"其人嫁娶不避同姓"，这或许与其水上居住、族群较小、生活圈较窄、"不谙文字"等有关系。

四 职业劳作

疍民其以舟为家，以艇为生的生活习惯，必然使其在职业劳作上也与陆地居民大不一样。长期的水上生活赋予疍民良好的水性，因而渔业也便成了疍民主要生活和经济来源。"又鱼蛋只捕鱼度活，随波上下。遇深阔处编舟联网，浅狭处孤舟独钓。大约春夏水潦鱼多，则

① 蓝荣熙：民国《阳春县志》卷13《事纪》，民国三十八年铅印本，第3页。
② 枫园：《蜑民的婚礼》，《人之初》1945年第1期。
③ 吴大猷：光绪《四会县志》编一《瑶蜑》，民国十四年刻本，第97页。
④ 马呈图：宣统《高要县志》卷5《地理篇》，民国二十七年刻本，第15页。
⑤ 刘湘年：光绪《惠州府志》卷45《杂识》，清光绪十年刻本，第9页。

资息稍裕，冬寒几难自存。"① 渔业并不能在一年四季都满足疍民衣食需求，因此，捕鱼之外，疍民还从事包括租渡运输、水军作战、为寇为贼等行当。俗话说，"靠山吃山，靠水吃水"。疍民以水为生，自然也就以捕鱼为业了。"长河都，俱蛋民。以捕鱼为生，以河为居，以水为家。"② 值得注意的是，在廉州、琼州、高州、雷州、吴川、海康、万州等地方志中均提到疍民捕获"海鳅鱼"（即鲸鱼）的绝技。光绪《吴川县志》卷二："海鳍鱼（鳍音鳅），《岭表录异》云：'海鱼之最伟者也'。……小者亦千余尺，声如雷，气如风，喷沫如雨雾。望之若阻海之山者，乃背脊耸嶙，逆激波涛之状，行海者遥见即避。每出多以子随之，子大亦若海中岛屿。蛋户聚船数十，用长绳系铁枪掷击之，谓之'下标'，三标乃得之。次标最险，盖首标尚未知痛也。末标后犹负痛行数日，船尾之。俟其困毙，连船曳绳至水浅处，始屠。无鳞皮，黑色。身有三节痕，首下标者得头节。一鱼之肉载十余船，货钱数十万。其肪可为油，骨可为器，筋为海错上品。"③ 可见，明清时期，疍民仅仅依靠铁枪就制服了庞然大物，这既是疍民在艰苦环境中逼出来的"绝活"，也是疍民集体智慧和勇敢的体现。

捕鱼之外，疍民还从事采珠之业。"凡采珠必蜑人，常业捕鱼。居海艇中，采弗以时。众裹粮，会大艇以十数环池左右，以石悬大缒，名曰定石。别以小绳系诸蜑腰，蜑乃闭气直下数十百丈摸珠。未移时气已迫，亟撼小绳，绳动，舶人绞取，人缘大缒上。出辄大叫死，久之，始苏。"④ 对以水为生、以渔为业的疍民来说，采珠也是一件十分危险的事情。乾隆《廉州府志》卷三载："永乐初，人没水，多葬鱼腹中，或绞绳上仅系手足存耳。最后法以木柱板口，两角坠石，用麻绳绞作兜，如襄状，绳系船两旁，惟乘风行驶，兜重则蚌满。然取蚌剖珠，千万中不得一颗，所费巨万，得不偿失。"⑤ 卷五又云："珠池在廉州凡十余处。接交趾者水深百尺而有大珠，蜑人往

---

① 石台：道光《恩平县志》卷15《风俗》，清道光五年刻本，第9页。

② 刘济宽：道光《英德县志》卷4《舆地略》，清道光二十三年刻本，第55页。

③ 毛昌善：光绪《吴川县志》卷2《地舆》，清光绪二十三年校订重印本，第50页。

④ 阮元：道光《广东通志》卷98《舆地略》，清道光二年刻本，第34页。

⑤ 周硕勋：乾隆《廉州府志》卷3《珠池附》，清内府本，第14页。

取之，多为巨鱼所害，人民愁怨。"① 可见，采珠的蛋民，不仅面临入水时间过长、被水呛死的危险，还身处随时可能被大鱼吞噬的危险，而剖蚌所得之珠却少之又少。

除了采珠，蛋民也兼采珠、种蚝之业。相对于采珠，采蚝似乎要安全些。蛋家人采蚝的地点大都在江口、沿海港口等处，如道光《广东通志》卷一百十："大洸港有潮，西通九河江，江口有赤羊塱，蛋人取蚝于此，又名赤蚝塱。"② 种蚝的方法，如道光《广州府志》卷十五载："（东莞县虎门）合兰海有蚝田，岁凡两种。其法：烧石令红，投海中，蚝辄生石上，千万相累，蔓延数十丈。潮退往取，渔姑蛋妇咸出，谓之打蚝。"③

可见，捕鱼、采珠、种蚝是蛋家人较为普遍的劳作和生活来源。这些捕获的鱼类、珍珠、蚝等，除了供蛋家人生活所需之外，还被蛋民用来和陆地居民进行交换，以获得其他生活必需品。而这些交换都在附近的市集进行，如"港口，去城北十五里，多蛋民，有市"④。

在租渡运输方面，大德《南海志》记载，"蛋家租渡（番禺县）"⑤。大抵这些租渡的蛋家人都十分勤劳敬业，如道光《新会县志》卷二称："江边有白沙钓台，双篷小艇多泊于此以载游客，蛋人唤渡声喧不闲昼夜。"⑥ 除了渡人之外，亦装载货物。"至蛋户以舟楫为宅，捕鱼为生。新邑河浅无鱼，大都驾船装客货，取资糊口。"⑦ 这些蛋民对于各自运输的范围亦有划分，"蛋户浮家泛宅为业，以县城分上水、下江之界。上水者只渡县河以上之货物，下江者专接县河以下之客商，不相涉也。"⑧ 可见，蛋民的租渡运输还形成了一定的行业规范。

蛋民长期漂泊水上，自然习得一身好水性，是水军作战的第一人

① 周硕勋：乾隆《廉州府志》卷5《世纪》，清内府本，第18页。
② 阮元：道光《广东通志》卷110《山川略》，清道光二年刻本，第16页。
③ 戴肇辰：光绪《广州府志》卷15《舆地略》，清光绪五年刻本，第25页。
④ 田明曜：光绪《香山县志》卷5《舆地》，清光绪五年刻本，第3页。
⑤ 陈大震：大德《南海志》卷10《河渡》，元大德刻本，第10页。
⑥ 林星章：道光《新会县志》卷2《舆地》，清道光二十一年刻本，第17页。
⑦ 刘芳：乾隆《新兴县志》卷26《瑶人》，民国二十三年铅印本，第1页。
⑧ 石台：道光《恩平县志》卷15《风俗》，清道光五年刻本，第9页。

选。"（洪武）十五年三月，籍广州蜑户万人为水军。时蜑人附海岛无定居，或为寇盗，故籍而用之。"① 一方面是发挥疍民的善战、懂水性的长处；另一方面也是为了防止疍民为寇为盗，与官府作对。天顺年间，东莞境内盗贼四起，县令吴中"即编蛋户为甲，各渔其海，遇贼舟则尾至其地，贼以其渔不忌也。既得其实，即遣人捕之，不阅月，贼亦屏息"。② 可见，疍民为保一方平安做出了贡献。然而，疍家人亦有为盗贼海寇的。"臣等伏查粤东洋面宁谧，而内洋以及沿海港口，间有奸渔穷蛋乘间为匪，亟须随时侦缉，庶不致萌蘖复滋。"③ 儋州亦有疍民为寇危害乡里的行为，"（隆庆元年）十二月，儋州沿海蛋户为寇，犯乡村。是月，贼曾一本驾巨舰突入白沙，劫推官郑廷璋家及颜卢、卢浓等村，掳千余人。自白沙至海五十里内焚掠无遗。"④ 更有阳江疍民石贵毁城的，"（康熙十六年）阳江蛋贼石贵，引海寇李积凤、谢昌等踞海陵，九月，石贵毁北津城"⑤。屈大均在其所撰《广东新语》第七卷人语中，称疍民为"蛋家贼"，指他们为广中各种无巢穴之盗中的一类。

五 政府管治

明清时期，朝廷初步建立起疍民的户籍制度、保甲制度和赋税制度，以此确保对疍民进行有效的管治。如前文所述"（蜑户）晋时不宾服者五万余户。自唐以来，计丁输粮。明洪武初，编户立里长，属河泊所，岁收鱼课"。可见，自唐代以来，朝廷就开始对疍民进行有限管理。至明代，在广东省属下各府均设有河泊所，专门负责管理疍户并征收鱼课。

明清时期的疍民被归入贱籍，至清代雍正年间，废除疍民贱户的身份，与普通良民一致对待。明清时期广东到底有多少疍户呢?

① 李福泰：同治《番禺县志》卷21《前事》，清同治十年刻本，第19页。
② 郭棐：万历《粤大记》卷12《宦绩类》，明万历间刻本，第20页。
③ 阮元：道光《广东通志》卷179《经政略》，清道光二年刻本，第20页。
④ 明谊修：道光《琼州府志》卷19上《海黎》，清道光修光绪补刻本，第6页。
⑤ 屠英：道光《肇庆府志》卷22《事纪》，清光绪二年刻本，第52页。

在部分的府州县志里，记载了基本的疍民户口信息，我们可据此做初步的统计。万历《雷州府志》卷九："天顺六年……蛋户二百九十一。"① 光绪《饶平县志》卷四："明成化十八年造册……蛋户一户。"② 记载较为详细的有正德《琼台志》，云："（正德七年户总数）蛋户一千九百一十三……（琼山县）蛋户一百八十三……（临高县）蛋户二百二十一……（文昌县）蛋户二百三十……（会同县）蛋户二百三十……（乐会县）蛋户一百一十二……（儋州）蛋户三百三十三……（昌化县）蛋户一十二……（万州）蛋户七十七……（崖州）蛋户三百四十九……（感恩县）蛋户五十六。"③

明清政府对疍民还实行保甲制度，其目的首先是杜绝疍户为盗为寇现象的出现，其次是更好地对这群水上人家进行管理。嘉庆《新安县志》记载，"编蛋甲以塞盗源……今议十船为一甲，立一甲长；三甲为一保，立一保长。无论地僻船稀，零屋独钓，有无罟朋，大小料船，俱要附搭成甲，编成一保。互结报名，自相觉察，按以一犯九坐之条，并绳以朋罟同艖之罪。"④

鱼课是明清政府针对疍民渔业所制定的税种。如道光《直隶南雄州志》记载："现征各欵……鱼蛋税银十五两。"⑤ 宣统《徐闻县志》称："雍正十三年，垦复鱼课米一百二十二石四斗五升八合二勺四抄，征银三十八两五钱七分四厘三毫。又鱼油料银五十八两六钱一分六厘二毫，遇闰加银一十三两，蛋户逃绝全荒无征，今仍之。"⑥

可见，朝廷加强了对疍民的管理措施，包括免除贱籍、实行较轻的赋税制度、鼓励水上疍民上岸居住、疍民受到自然灾害威胁时朝廷的帮助，以及疍民被掠夺时政府的保护措施等，这些都是中央王朝对世代以舟为宅，赖水而生的疍民做出的努力。在这一系列的措施以及疍民自身的积极回应下，疍民很快成为国家编户齐民的一部分。

---

① 欧阳保：万历《雷州府志》卷9《食货志》，明万历四十二年刻本，第2页。
② 刘抃：光绪《饶平县志》卷4《户口》，清光绪九年增刻本，第28页。
③ 唐胄：正德《琼台志》卷10《户口》，明正德十六年刻本，第12—14页。
④ 舒懋官：嘉庆《新安县志》卷22下卷《艺文志》，清嘉庆二十五年刻本，第250页。
⑤ 余保纯：道光《直隶南雄州志》卷16《经政略》，清道光四年刻本，第9—10页。
⑥ 王辅之：宣统《徐闻县志》卷4《赋役》，民国二十五年刻本，第26页。

六　诗词赋咏

地方志征引历代文人的诗词赋咏中亦有对疍民的记载，内容多描述疍家人以舟为家以及婚俗、经济活动等。多为文人士大夫观察疍家人生活、劳作的感慨，个中既包含对疍家人风雨漂泊的同情，也有对疍家人貌似"世外桃源"生活的羡慕。在这些诗词赋咏中，有不少描述疍民船艇的诗文："千叶蜑船沙岛上，几家橘柚晚风前。"① "雁翅城中涌怒涛，外洋水长蜑船高。莫言昨夜南风急，今日登盘有海蚝。"② 亦有对疍民捕鱼、卖鱼场景的描述："燕子飞来依雉堞，蛋人时复进鱼鲜。"③ "风雨初晴岁欲除，舟维海汊意何如。村墟易米盐为钞，蛋艇提壶酒换渔。"④

地方志所征引的竹枝词中亦有对疍民的记载，主要以疍民对歌的描述为主："迎亲蛋艇彩旗红，穿织如梭扬好风，夜半珠江平似镜，蛮歌争唱月明中。"⑤ "潮来濠畔接江波，鱼藻门边净绮罗，两岸画栏红照水，蜑船齐唱木鱼歌。"⑥

七　女性疍民

在文献调查中，有关疍家妇女的史料也引起我们的注意。把女性史料单列出来，不仅是为了突出地方志疍民史料的多样性，更是对女性疍民的一种尊重。方志中对疍家妇女的史料记载并不多，主要内容包括疍家妇女的称谓、疍家妇女的服饰以及疍家妹从事卖鱼等经济活动，也包含疍家女郎的婚姻习俗等内容。

史料所载，对疍家妇女的称呼有多种，如"疍户曰疍家，老疍妇

① 李书吉：嘉庆《澄海县志》卷26《诗》，清嘉庆二十年刻本，第41页。
② 阮元：道光《广东通志》卷92《舆地略》，清道光二年刻本，第14页。
③ 卢蔚猷：光绪《海阳县志》卷31《金石略》，清光绪二十六年刻本，第28页。
④ 田明曜：光绪《香山县志》卷4《舆地》，清光绪刻本，第9页。
⑤ 任果：乾隆《番禺县志》卷17《风俗》，清乾隆三十九年刻本，第13—14页。
⑥ 阮元：道光《广东通志》卷92《舆地略》，清道光二年刻本，第21页。

曰疍家婆，女曰疍家妹，男曰疍家仔"①。上了年纪的疍家妇女被称为"疍家婆"，年轻的疍家女则称为"疍家妹"。疍家妹还有细分，如"其女大曰鱼姊，小曰蚬妹，以鱼大而蚬小也。妇女皆嗜生鱼，能泅汋"②。可见，疍民妇女的称呼还是蛮讲究的。此外，"粤人多以水獭占水旱。水獭一名猵獭，类青狐而小，喙尖，足骈。能知水性高下为穴，善捕鱼。广人谓蜑家男曰獭公，妇曰獭婆，以其能入水取鱼也"③。由于疍民男女都懂得水性，而粤人又喜欢以水性极好的水獭占卜水旱，所以，也把疍妇叫作"獭婆"。

在服饰方面，疍家妇女亦与普通百姓不同，"妇人髻垂后，或插簪、包金。戴平头藤笠，负贩"④。此外，疍家妇女不裹足，"惟婢、仆及瑶、蛋、客民之妇，则终岁徒跣，视健步之男反欲过之"⑤。这种情形与陆地妇女缠足、足不出户的情景形成鲜明对比。

万历《儋州志》载："蛋人居海滨沙洲茅舍。男子少事农圃，惟缉麻为网罟，以捕鱼为生，子孙世守其业，岁办鱼课。妇女专事抓螺，纺织者少。"⑥ 明代的疍家妇女主要还是以捕鱼抓螺为主，像陆地妇女那样纺纱织布的十分少见。自雍正七年（1729），朝廷允许疍民上岸居住后，疍民的生活习俗也开始慢慢转变。就女性疍民而言，纺纱织布也开始成为主要劳作内容。如咸丰《琼山县志》所载，"时郡俗，村落盐、蛋小民家妇女，多于月明中聚纺，与男子歌答为戏。凡龙岐、二水、大英、白沙、海田诸处，俱有之。"⑦ 此外，在疍民妇女中也出现了贞节烈妇，民国《阳山县志》记载："陈永牛妻蔡氏，岭背疍女也。嫁二年而寡，仅一女。无近支亲，无立锥地，极人生之困苦。坚守至今，现年六十有八。"⑧ 这既是陆地生活环境对疍民妇女的影响，亦是疍民妇女向正统文化的积极靠拢。

① 孙铸：光绪《重修电白县志》卷3《舆地》，清光绪十八年刻本，第18页。
② 阮元：道光《广东通志》卷330《列传》，清道光二年刻本，第19页。
③ 戴肇辰：光绪《广州府志》卷16《舆地略》，清光绪五年刻本，第25页。
④ 胡端书：道光《万州志》卷9《谪宦录》，清道光八年刻本，第37页。
⑤ 赵俊：嘉庆《增城县志》卷1《风俗》，清嘉庆二十五年刻本，第29页。
⑥ 曾邦泰：万历《儋州志》天集《民俗志》，明万历四十六年刻本，第38页。
⑦ 李文恒：咸丰《琼山县志》卷30《杂志》，清咸丰七年刻本，第8页。
⑧ 黄瓒：民国《阳山县志》卷12《列女》，民国二十七年铅印本，第22页。

在历代文人的诗词赋咏中，亦可见有关疍家妇女的描述："数年梦想水云乡，景物萧萧五月凉。岸夹人家藏密竹，村留野艇系垂杨。平田谷秀农夫喜，细雨鱼多蛋女忙。独有沙禽无一事，呼群饮啄立苍茫。"[1] "清溪曲曲抱平田，芳草迷离着泠烟。蛋女卖鱼喧渡口，村人沽酒趁桥边。残阳明灭寒依犊，落叶萧条晚泊船。古庙背江唯有竹，中藏老鹤不知年。"[2] "蛋女泊来簌一湾之茉莉，玉娥过去飘十里之兰椒。"[3]

（原载《中国地方志》2015 年第 2 期）

---

[1] 吴宗焯：光绪《嘉应州志》卷 4《山川》，清光绪二十四年刻本，第 23 页。
[2] 毛昌善：光绪《吴川县志》卷 1《地舆》，清光绪二十三年校订重印本，第 85 页。
[3] 任果：乾隆《番禺县志》卷 19《艺文》，清乾隆三十九年刻本，第 26—27 页。

高力士研究现状及学术触角*

　　高力士（684—762）本姓冯，名元一，广东潘州（今茂名一带）人。唐朝玄宗时大宦官。幼时被岭南地方官阉割，贡入皇宫内，在武则天左右侍奉。因小过被责打以后赶出宫，由宦官高延福收为养子，改姓高。一年后复召入禁中，隶属司宫台。玄宗李隆基未立时，力士即"倾心奉之，接以恩顾"①，并随其参与宫廷政变。玄宗即位后，力士知内侍省事，进封渤海郡公，四方奏事都经他手，权力极大。将相如李林甫、杨国忠、安禄山、高仙芝等都借靠他而取得高位。安史之乱发生后，力士随玄宗入蜀。从驾返京后，于上元元年（760）被除名，流放至黔中道，两年后调赦北归，病死途中。

　　高力士是唐代著名的历史人物。由于人物背景的特殊性，历来是文学、史学及考古界研究的热门话题，也是社会学、戏曲、影视界的宠儿。高力士有时作为正面人物来褒扬，有时作为反面人物来批判，有时作为中性人物来看待。本文对高力士研究资料加以搜集、整理、归纳和总结，力图反映学界高力士研究之现状及学术之触角。

一　文学界对高力士研究的青睐

　　文学界对高力士研究的青睐，主要表现在三点：一是文学作品对高力士文学形象的描述；二是针对高力士文学形象的研究；三是有关高力士诗歌的研究。

---

　　* 与刘雯霞合作。本人排第二。

　　① 刘昫：《旧唐书》卷184《列传》，中华书局1975年版，第4757页。

（一）文学作品对高力士文学形象的描述

宦官之祸是李唐王朝覆亡的重要原因之一。唐代宦官权势之盛始于玄宗时期，而高力士则是唐代第一位有权势的宦官，因此，高力士在唐代宦官史上自然居于显著的地位。综观 20 世纪以来描写宦官的著作，基本上都有关于高力士的描述。据初步统计，20 世纪 80 年代以来描写宦官的著作中，涉及高力士的约有 28 篇（见下表）。

序号	篇名	书名	责任者	出版信息
1	假皇权作威福的高力士	太监史话	袁间琨、魏鉴勋编著	河南人民出版社 1984 年版
2	玄宗和高力士	中国宦官秘史	施克宽编译	常春树书坊 1985 年版
3	高力士其人	宦官大观	石硕等著	三秦出版社 1987 年版
4	高力士	历代名太监秘闻	邹律著	天津人民出版社 1988 年版
5	忠实家奴 非常宦臣 盛唐内官高力士	中国十太监外传	黄德馨等编著	荆楚书社 1988 年版
6	高力士	十大太监	江雄著	上海古籍出版社 1990 年版
7	陪伴君王六十载的高力士	宦官擅权概览	韩索林著	辽宁大学出版社 1991 年版
8	高力士	中国历代太监传	杜婉言、杜子明编译	国际文化出版公司 1992 年版
9	高力士	十大太监	张家林等编著	延边人民出版社 1993 年版
10	脱靴积怨，高力士进谗逐李白	阉宦秽史	王旭东编著	广西师范大学出版社 1993 年版
11	二兄·阿翁·爷·将军——唐玄宗的宠宦高力士	中国历代宦官	仝晰纲著	济南出版社 1993 年版

序号	篇名	书名	责任者	出版信息
12		一代忠宦：高力士	黄玉翠著	汉欣文化事业有限公司1996年版
13	高力士——与主子一同浮沉的"老奴"	中国十大宦官	水田月等著	三秦出版社1997年版
14	"善揣时事势"的高力士	中国历史上的宦官与宦政（之一）萧墙祸福	冯克诚、王海燕主编	青海人民出版社1997年版
15	甘露殿结缘成死地临淄王预言忠孝魂——皇帝的"红娘"高力士	褒褒贬贬说阉臣：中国历代宦官纪略	惟佳编著	华文出版社1997年版
16	高力士	中国历代宦官丛书	华强著	蓝天出版社1998年版
17	脱靴积怨，高力士进谗逐李白	阉宦秽史	王旭东编著	广西师范大学出版社1998年版
18	阳奉阴违，风流倜傥——高力士（唐朝）	太监故事集	至子编著	中国文联出版公司2000年版
19	高力士	畸形人生：中国历代宦官	廖晓晴著	辽海出版社2001年版
20	唐玄宗的宠臣高力士	天子脚下无品官 中国宦官史话	臧嵘等著	学苑出版社2001年版
21	阉海智谋枭雄——高力士	枭雄百传 第五部（第十九卷）阉海枭雄	申腾主编	克孜勒苏柯尔克孜文出版社2001年版
22	高力士	十大官宦	王波主编	喀什维吾尔文出版社2002年版
23	高力士	中国历代贪官	李春光、侯福兴	中国人事出版社2003年版
24		盛世奇宦高力士传	王志东著	香港教育出版社2004年版

续表

序号	篇名	书名	责任者	出版信息
25	阉枭高力士		周刚著	《章回小说》2004年第3期
26	高力士	中国历代宦官大传	王全成编著	中国长安出版社2006年版
27	谨慎精明的高力士	皇权中的大太监	孙建华编著	西苑出版社2007年版

以上著作主要是以高力士为主角，突出其宦官身份。其实在很多文学作品中，高力士也作为配角频繁出现，与唐玄宗、杨贵妃等重要人物形影不离，如褚人获著《绣像隋唐演义》，① 康巧玲编《大唐天宝遗事》，② 许道勋、赵克尧著《唐明皇与杨贵妃》③ 等。

在20世纪以来描述高力士的文学作品中，主要凸显了文学界存在的三种观点。

第一，认为高力士是反面人物。如袁闾琨、魏鉴勋编著的《太监史话》④ 把高力士归结为假皇权作威福的太监，李春光、侯福兴的《中国历代贪官》⑤ 一书也把高力士列在其中。

第二，认为高力士是正面人物。主要作品有黄玉翠的《一代忠臣高力士》，⑥ 直称为"一代忠臣"，王志东著《盛世奇宦高力士传》⑦ 则认为高氏是取得举世瞩目成就的"盛世奇宦"——"见识奇""能力奇""遭际奇"。

第三，认为高力士是亦忠亦奸的中性人物。其中胡传志著《忠奸参半高力士》⑧ 和华强著《高力士》⑨ 是此种观点的代表作。后者以

① 中国书店1986年版。
② 中国曲艺出版社1987年版。
③ 人民出版社1990年版。
④ 河南人民出版社1984年版。
⑤ 中国人事出版社2003年版。
⑥ 汉欣文化事业公司1996年版。
⑦ 香港教育出版社2004年版。
⑧ 春风文艺出版社1994年版。
⑨ 蓝天出版社1998年版。

纪实历史文学的形式，勾画了高力士亦忠亦奸的复杂的人生，并指出他是盛唐由盛而衰的见证人，也是责任者。

（二）针对高力士文学形象的研究

文学界对于高力士的青睐不仅仅限于文学作品的描述，在高力士文学形象的研究方面也颇有成就。谢海平的《高力士在唐代文学作品中的形象》① 一文，认为高力士在唐代文学作品中拥有较为鲜明的形象——开元、天宝年间最有权力、最富有的宦官，并且这些形象与他在历史上的形象相去不远。朱玉麒的《脱靴的高力士——一个文学配角的形成史》② 认为，高力士的知名无疑是因为脱靴传说中的反面角色而成就，因此本文的旨趣是以配角高力士为中心，从李白诗歌的接受和民众文化观念形成史的角度分析这一传说。

（三）有关高力士诗歌的研究

高力士一生中流传下来的诗歌只有一首（据说"烟熏眼落膜，瘴染面朱虞"句亦为高氏所作），即《感巫州荠菜》。这首诗歌在很多唐代诗集中多有收录，后人唱和之作也时有见报。刘法绥对此做过相关研究，所作《高力士及其诗》一文刊载于《龙门阵》1983 年第 3 期。

二 史学界对高力士研究的关注

虽然文学界赋予了高力士浓厚的文学色彩，但是高力士也是史学界关注的热门人物。他不仅在正史里面出现，在野史故事、历史人物传记、历史教科书和各种文史工具书中也多有提及。如开明书店编译所编《二十五史》③，任邱、王桐龄著《中国史》④，章嵌著《中华通史》⑤，

---

① 中国唐代学会编辑委员会：《第三届中国唐代文化学术研讨会论文集》，中国唐代学会 1997 年版。
② 载荣新江主编《唐研究》第七卷，北京大学出版社 2001 年版。
③ 开明书店 1934 年版。
④ 文化学社 1928 年版。
⑤ 台湾商务印书馆 1977 年版。

吴枫、刘乾先主编《中华野史大博览》①，本书编委会主编《文白对照二十六史人物全传》（干部读本）②，周涧秋编写《学生版〈二十五史〉》③，唐洪简编著《中华名人百传》④，申腾主编《枭雄百传》第五部（第十九卷）⑤等，再如《辞海》《中国大百科全书》《中国历代人名大辞典》《中国历史百科全书》《中国文学大辞典》等，都有专目专条介绍，对宣传、推介和普及高力士事迹起到了重要作用。

随着 1982 年高力士碑下半截的发现，人们从碑文对高力士的出身、经历，特别是晚年生活有了更详细的了解，也使得高力士的研究史料逐渐丰富起来，推动了史学界对高力士进行更加理性和深入的研究，学者开始从不同的角度重新审视和评价这位颇有争议的历史人物。

（一）重新评价高力士文章的涌现

葛承雍的《重评高力士》⑥从高力士在开元、天宝年间的具体表现和当时宦官所处的地位立论，对于学术界长期以来将高力士作为劣迹昭彰的反面阉贵的结论持否定态度。丁凤麟、金维新主编《历史悬案百题》⑦指出高力士是凭军功跻足政坛，不是马嵬驿事变的后台，并非恃宠得势独揽朝政。对于学术界历来认为他是一个劣迹昭彰的反面阉贵提出了质疑。1989 年茂名市政协文史资料委员会编辑的《茂名文史》第 11 辑，收录卢宁的《高力士史料》，指出高力士曾是唐代权势显赫的宦官，过去长期以来，由于戏曲舞台和小说中被丑化，给世人留下不良印象。1982 年高力士的墓碑下半截被挖掘出来，才使人们得以了解高力士的真面目。总的来说，高力士一生的所作所为，基本上没能超越封建时代忠君奴仆的范畴，他的言行是以皇帝的

---

① 中国友谊出版公司 1992 年版。
② 九州图书出版社 1998 年版。
③ 京华出版社 2004 年版。
④ 北方文艺出版社 2005 年版。
⑤ 克孜勒苏柯尔克孜文出版社 2001 年版。
⑥ 《人文杂志》1984 年第 1 期。
⑦ 齐鲁书社 1987 年版。

利益和好恶出发的。杨永福《权臣还是忠臣对高力士的再认识》① 认为在开元、天宝时期的政治生活中，他的政治表现可圈可点，积极面大于消极面，高力士不是擅权弄政的权臣，也不是影响当时朝廷大政方针的决策人物。

此外，马文良的《高力士的真面目》②、黄吉可的《为高力士辩》③、任凡的《高力士并非冼夫人的不肖子孙》④、姚博编著的《拨云见日，历史大追问》⑤ 等也对高力士的反面人物形象提出了疑问。

（二）对高力士世袭、亲友、家族的研究

这方面的论文主要以黄惠贤的《有关高力士和广东冯氏旧贯、世系的几点补证》⑥ 和《高力士亲友考》⑦，以及杜文玉的《高力士家族及其源流》⑧ 等为代表。

（三）对高力士的政治角色的研究

针对高力士是否是马嵬兵变的后台，司马严颐和黄永年、贾宪保曾经进行过商榷，文章发表于《河南师范大学学报》1988 年第 4 期。王寿南在《唐代人物与政治》⑨ 中论及高力士与开元天宝时期的政治。王志东的《论高力士在盛唐政治中的地位和作用》⑩ 认为高力士是唐玄宗时期的著名宦官，是坚定的皇权维护者、卓越的政治活动家和杰出的时代弄潮儿，对开元天宝盛世的形成做出了不朽的贡献，因而受到玄宗以及姚崇、张说等同时代人的敬重。贺闰《唐肃宗流放高

---

① 《文山师范高等专科学校学报》1999 年第 2 期。

② 《星期天》1991 年 3 月 9 日。

③ 《黔东南民族师专学报》（哲学社会科学版）1992 年第 2 期。

④ 《炎黄世界》1995 年第 2 期。

⑤ 西苑出版社 2006 年版。

⑥ 《魏晋南北朝隋唐史资料》第 14 辑，武汉大学出版社 1996 年版。

⑦ 朱雷：《唐代的历史与社会中国唐史学会第六届年会暨国际唐史学会研讨会论文选集》，武汉大学出版社 1997 年版。

⑧ 载荣新江主编《唐研究》第四卷，北京大学出版社 1998 年版。

⑨ 文津出版社 1999 年版。

⑩ 《湖南大学学报》（社会科学版）2004 年第 1 期。

力士原因浅析》①一文指出高力士在唐玄宗的宫廷政治中发挥了重要的作用，他与李、杨集团的关系是其早期取得玄宗信任的一个契机，也是他人生即将结束之际被肃宗流放巫州的一个主要原因，从高力士的人生经历亦可大略推知唐朝政治的某些阙如之处。

另外，还有陶冶的《唐玄宗的忠实家奴——高力士》②、穆渭生的《唐代宦官之祸始于开元——试说玄宗朝中宦官高力士》③均对高力士的政治角色进行了讨论。

（四）关于《高力士外传》的研究

《高力士外传》的作者郭湜在肃宗后期曾与高力士同贬流巫州，因此《外传》得高力士口述亲历旧事而撰成，是现存成书较早的、最接近真实的史料。其中载述玄宗朝史事，始自开元后期，迄于高力士客死黔中，内容多有关涉朝政大事者，且详述细节言辞。近年来，多有学者专注于《高力士外传》的研究。李云《唐高力士传记资料辨析》④通过近年考古出土的有关高力士的两种碑志资料，进而重审有关高力士的传世传记资料，与《旧唐书》《新唐书》《资治通鉴》等正史比勘汇校，尝试对唐玄宗一代政局的突变作出分析，对高力士以及唐玄宗的评价提出新的评判；穆渭生《〈高力士外传〉史料价值述评》⑤一文，经过与现存的唐代史籍逐一比对印证，证明了《高力士外传》记载的真实与可信，指出它是研治唐史（玄宗朝）的第一手资料。

（五）关于高力士其他方面的研究

黄永年著《树新义室笔谈》⑥论及宦官高力士与禁军；蒋长栋《高力士柳芳贬巫州共修〈唐历〉》⑦指出今日流传下来的新旧《唐

---

① 《宿州学院学报》2006 年第 3 期。
② 《文史知识》1987 年第 3 期。
③ 《陕西教育学院学报》1990 年第 2 期。
④ 《北京行政学院学报》2003 年第 4 期。
⑤ 《唐都学刊》2006 年第 6 期。
⑥ 上海书店 2000 年版。
⑦ 《怀化学院学报》1990 年第 4 期。

书》，许多资料（特别是开元开宝间的资料）实际上都是从高力士所提供、柳芳所记录的《唐历》上直录下来的，此功绩堪与历史共存。

三　考古界对高力士研究的贡献

考古界对于高力士研究的贡献，主要在于高力士碑的发现和高力士墓的发掘。这两大贡献使研究唐史的学者澄清了许多历史疑点，对高力士的生平及功过有了一个比较全面、准确、客观的结论。

（一）高力士碑

1963 年，陕西蒲城县文化馆工作人员发现了该碑的上半截。1971 年，又在一生产队饲养室发现了下半截。经修复后，于 1983 年发表了该碑下半截拓片及全部碑文。王昶所编的《金石萃编》[①] 卷一百收录有其残碑上半截文字。陶仲云、白心莹《陕西蒲城县发现高力士残碑》[②]、《全唐文补遗》第一辑[③]等，收有该碑全文。

此外，考古界关于高力士碑的介绍还见于：《唐高力士墓碑湮佚断碑出土》[④]、魏光《唐高力士碑的几个有关问题》[⑤]、马芳印《高力士碑及其人》[⑥]、陶仲云《高力士碑出土经过及其价值》[⑦] 和《关于高力士碑下截的发现》[⑧] 等多篇文章。

（二）高力士墓

1999 年的一场暴雨，帮助考古工作者在陕西省蒲城县境内发现了高力士的墓地，挖掘出土各类造型生动的陶俑 200 余件，同时出土两根腿骨被认为是高力士的遗骨。墓中最具文献价值的是高力士的墓

---

① 中国书店 1985 年版。
② 《考古与文物》1983 年第 3 期。
③ 三秦出版社 1994 年版。
④ 《史学情报》1982 年第 1 期。
⑤ 《考古与文物》1983 年第 2 期。
⑥ 《蒲城文史资料》第 4 辑，1989 年。
⑦ 《蒲城文史资料》第 5 辑，1991 年。
⑧ 《陕西地方志》1992 年第 4 期。

志，全文有 2000 多字，由唐代书法家张少悌书写，详细记叙高力士的生卒年月和主要经历，这对《旧唐书》等史书上的记载有了明确界定和更正。对此，赵社民《中华名人墓葬》① 记录了高力士墓的情况。邢福来、李明《唐史研究又一重要发现，陕西高力士墓发掘成果丰富》②，邢福来《唐高力士墓发掘简报》③，袁林《蒲城县保南乡唐高力士墓出土唐钱》④，冰星《高力士其人其墓》⑤，吴晓丛《我读高力士墓》⑥，曾石江《高力士墓志铭》⑦，牛致功《有关高力士的几个问题——读高力士的〈神道碑〉及〈墓志铭〉》⑧ 等多篇文章对此有详细的记述。

　　高力士墓的发现是考古界的一大盛事、幸事，但是对于是否需要修建高力士墓博物馆却存在争议。张培元曾先后发表《兴建高力士墓博物馆无必要》⑨ 和《兴建高力士墓博物馆真有那么必要?》⑩ 两篇文章，探讨兴建高力士墓博物馆是否具有必要性。

　　另外，关于高力士墓碑和墓志的书法价值近来也引起学者的关注，有武原《高力士墓志墓碑的书法价值》⑪ 和赵君平的《唐高力士墓志抉微》⑫ 两篇文章。

四　社会学、医学对高力士研究的补充

　　高力士是大唐一代最有权谋的太监之一，因此社会学有关谋略方

---

① 宗教文化出版社 2000 年版。
② 《中国文物报》2000 年 4 月 16 日。
③ 《考古与文物》2002 年第 6 期。
④ 宗教文化出版社 2000 年版。
⑤ 《陕西审计》2003 年第 4 期。
⑥ 《中国文物报》2006 年 7 月 28 日。
⑦ 《茂名日报》2007 年 3 月 16 日。
⑧ 《史学月刊》2003 年第 4 期。
⑨ 《合肥晚报》2004 年 4 月 17 日。
⑩ 《杂文月刊》2004 年第 7 期。
⑪ 《陕西史志》2001 年第 1 期。
⑫ 《书法丛刊》2002 年第 2 期。

面的研究也会涉及高力士。李奋起选注《马屁大观》①，海川、鸣洁主编《和稀泥》②，位同亮编著《特殊谋略 笑计》③，刘安泰主编《中华五千年奇谋秘计》④，张星久、陈必达主编《中外权谋趣典》⑤，葛谷、金华善主编《隋唐计谋鉴赏》⑥，许燕、张昕编著《读史防小人》⑦，照直言编著《溜须拍马术 奉媚》⑧，何嗣虎《御心有术》⑨，永成冰编著《用人·办事·处世哲学 你是最会说话办事的人》⑩ 等书，分析了高力士一生中的奇谋秘计及处世哲学。

此外，包佐义则从医药与保健的角度探讨了《高力士晚年为何变为"老妪"——谈雄激素对人体的作用》。⑪

五 戏曲、影视艺术对高力士研究的细化

高力士具有丰富的艺术形象，因此在传统的戏曲表演中往往成为和唐玄宗、杨贵妃共同出场的必不可少的人物，引起戏曲界的关注。如夏桢臣记谱整理《高力士前引路再回宫禁》⑫，李凤祥著《高力士并非弄臣》⑬，春雨著《万玉生演活"高力士"——浅谈万玉生丑角表演艺术》⑭ 一文。

在影视人物塑造方面，高力士这个人物也颇受器重，毕福生《我演高力士》⑮、马建光《如星烘月——谈电视连续剧〈唐明皇〉中的

① 河北人民出版社 1991 年版。
② 农村读物出版社 1992 年版。
③ 东方出版社 1994 年版。
④ 吉林文史出版 1995 年版。
⑤ 甘肃人民出版社 1995 年版。
⑥ 山东人民出版社 1997 年版。
⑦ 中国民航出版社 2005 年版。
⑧ 中国社会出版社 1998 年版。
⑨ 时代文艺出版社 2003 年版。
⑩ 甘肃文化出版社 2004 年版。
⑪ 《医药与保健》1995 年第 5 期。
⑫ 《京剧〈太真外传〉唱腔选》，人民音乐出版社 1987 年版。
⑬ 《戏剧人物面面观》，文化艺术出版社 1987 年版。
⑭ 《黄梅戏艺术》1992 年第 4 期。
⑮ 《大众电视》1983 年第 8 期。

高力士》①、李习文《再塑一个高力士——访李如平》②、《CCTV 发现之旅》栏目组编《太监军师——高力士》③ 等对影视中的高力士均进行了一定的探讨，有更加感性和细化的认识。

（原载《高力士史迹研讨会论文集》，广东省茂名市
政协学习文史资料委员会 2007 年版）

---

① 《电影评介》1993 年第 8 期。
② 《中国电视》1993 年第 12 期。
③ 《发现之旅：宠宦秘史》，科学技术文献出版社 2006 年版。

冼夫人文化研究成果及其
主题活动综述

——附冼夫人文化研究资料编年（1938—2005）[*]

　　冼夫人，公元522年阴历十一月二十四日出生于古高凉郡山兜丁村，经历了梁、陈、隋三朝。她的一生，为保持岭南安定和社会经济文化的发展，促进和维护国家统一，为岭南少数民族和汉族的融合和睦，做出了卓越的贡献，有"岭南圣母"之誉。在当代，周恩来总理称她是"中国巾帼英雄第一人"。江泽民巡视广东时，也称赞她是"我辈后人永远学习的楷模"。冼夫人的巨大历史功绩，在全国乃至全世界都具有广泛影响力，在广东历史文化版图中更具有特殊重要的地位。故为之研究者代不乏人，前人之研究各有心得，成绩显著，当今学术界也时有佳作面世。20世纪80年代以来，有关部门相继成立"冼夫人研究会"，以"冼夫人"为主题的文化活动如火如荼。进入21世纪，系列冼夫人历史文化建设工程陆续上马，打响冼夫人文化品牌的大型文化节、研讨会、比赛等高潮迭起，硕果累累，为广东建设文化大省，发展地方特色文化打下坚实基础。

　　本文在广泛搜集整理的基础上，对各时期冼夫人文化研究成果及其主题活动进行综述（以广东省为主，兼及海南省）。文末附冼夫人文化研究资料编年（1938—2005），以此展示冼夫人文化研究成果，考察冼夫人研究的历史、现状及其发展趋势。

---

　　* 与陈玉霜合作。

一 冼夫人文化研究论著

（一）史料整理

作为古代巾帼英雄，冼夫人为祖国统一事业做出了杰出贡献，为世代记载称颂。这些记载多散落于史籍之中，而对史籍资料的汇编整理，成为冼夫人研究的重要组成部分。

关于冼夫人的记载，最早见于《隋书·谯国夫人传》，魏征最早为冼夫人立传，而该《传》成为学者研究冼夫人的必备史料。唐贞观年间，李延寿撰《北史》，在《列女传》中再次为冼夫人立传。北宋司马光《资治通鉴》多次提及冼夫人，记载宣扬其事迹。明清时期，由于印刷术的普及和科学文化的繁荣发展，冼夫人研究形成热潮，为后人留下了大量的珍贵史料。同时，冼夫人逐渐被神化，冼夫人庙遍布高州府及海南岛，当时修庙建祠时留下的碑刻也成为不可多得的一手资料。例如《太平寰宇记》《广东通志》《高州府志》《电白县志》《化州志》《信宜县志》《茂名县志》《石城县志》，以及《琼州府志》《琼山县志》《儋县志》等对冼夫人、冼夫人庙及其碑刻都有记载。

近年来，随着对冼夫人研究的进一步深入，历代史料得以整理，各种专著陆续出版。

2001年4月，《冼夫人魂》系列丛书出版。其中《冼夫人魂（上）——冼夫人研究论文选辑》分两部分，第一部分为茂名市外的专家、学者的文选，第二部分为茂名市内学者的文章，借以互相交流、学习和吸收。《冼夫人魂（中）——冼夫人研究资料选辑》是重要的史料专集，内容涵盖古今，而以历史资料为主，又着重文献记载、文物古籍介绍，对同一历史事实的资料则选用较早的、真实可靠的记载，务求反映历史的本来面目。该书包括文献著述、传说习俗、冯氏世系、冯冼后代墓葬群、古电白郡、县城遗址、研究探索等部分。其中文献著述包括有正史、地方志（传略、职制、故里、祀典、墓地、墓碑）、笔记、著录和辞书。特点在于资料详尽，书后附有研究成果索引，成为研究冼夫人必备的史料集。这两本史料集，是为迎接"首届中国边境城市文化经贸旅游艺术节·冼夫人文化研讨会"（2001 年 5 月于茂名市）召开，由茂名冼夫人文化研讨会筹备组李爵勋等编辑出版的。

2001 年 5 月，由广东炎黄文化研究会、茂名市历史学会、电白炎黄文化研究会、电白冼太夫人研究会合编的《冼太夫人史料文物辑要》一书由中华书局出版。它是冼夫人史料整理的权威性著作，是冼夫人研究的必备资料。这部史料集，以科学求实的精神，用史籍原件、文物照片、碑文拓片、历史地图等，考证了冼夫人故里、墓城、庙宇和粤西、海南一带冼太夫人的历史遗迹，再现了冼夫人叱咤风云、流芳百世的一生，记录了中国人民特别是粤西和海南人民对冼夫人的热爱和崇敬。该书包括冼太夫人生平，冼太夫人故里与裔孙故居地，冼太夫人墓庙和裔孙墓葬群，粤西、海南冼太夫人文物古迹和高凉郡疆域沿革图五部分，包含了正史、地方志等绝大部分资料，可谓是冼夫人研究资料之集大成者，具有重要参考价值。同年，茂名教育学院内部出版李爵勋所编《冼夫人·高力士·"贡荔"研究汇编》，作为茂名地方史专题讲座的参考资料。其中有 20 多万字是关于冼夫人研究的争鸣集和资料集。

（二）研究专著

冼夫人生活在南朝梁、陈至隋初年间。南北朝时期，国家动乱不安，她致力于维护国家统一、促进民族团结、保障社会稳定。早在清代末年就有人为其编纂专著，但由于中国近代战乱不断，冼夫人研究相对滞后，研究成果并不多见。1949 年后，随着文化事业的发展，研究冼夫人的著作逐渐出现，成为冼夫人研究成果的重要组成部分，其中包括当代学者对冼夫人研究成果的汇集。

清末，茂名拔贡谭应详编《冼夫人全书》，成为我国首部研究冼夫人的专著，此书由高州城富文楼印书局刊印，可惜已散佚不存。

1962 年，王兴瑞在广泛收集史料的基础上，撰写了《冼夫人与冯氏家族——隋唐间广东南部地区社会历史的初步研究》一书，1984 年由中华书局出版。作者根据文献资料和实地调查材料，记述了冼夫人及其后代的生平事迹。书中对我国古代广东南部地区越族历史，提出了一些颇有见地的观点，可供民族史和地方史研究者参考。这部专著虽然部头不大，但贵在史料丰富，对冼夫人及冯氏家族世系做了深入而系统的梳理和研究。王兴瑞专著的出版掀起了一股研究冼夫人的文化热，研究冼夫人的学术专著陆续面世。1992 年，陈雄以冼夫人在海南的贡献为题，由广州中山大学出版社出版了《冼夫人在海南》一书，成为研究冼夫人在海南历史的最主要著作。其后，高州籍学者张均绍的《冼夫人考略》，莫伦、苏汉材的《冼夫人史略》等专著相继出版。1991 年、1995 年和1997 年，高州市缅茄树编委会、高州市冼夫人研究会在会刊《缅茄树》中，分别开设"冼夫人研究特辑"。1992 年、1994 年和1997 年，茂名市冼夫人研究会编辑出版专题性刊物——《冼夫人研究》（不定期刊物）。这些"特辑"或"专刊"的出版，实质上起到了汇集和整理冼夫人研究成果的作用，成为 20 世纪 90 年代冼夫人研究专门性著作和重要参考资料。

进入 21 世纪，冼夫人研究再掀高潮。在学术专著方面，有 2001 年黑龙江人民出版社出版的《岭南圣母的文化与信仰——冼夫人与高州》，作者为卢方圆和叶春生。此书从民俗学的新角度对冼夫人进行研究。全书大致分为三编，上编"有关冼夫人的重要历史文献辑录"；中编"诗文、戏曲与民间传说中的冼夫人"；下编"冼夫人信仰及其研究"。下编收录了从民间信仰角度研究冼夫人的文章。这部著作从信仰切入，有利于深化人们对冼夫人的认识，同时对冼夫人文化的研究内容，也是一个重要的补充。

2002 年，蔡智文等集各家之所长，与广东炎黄文化研究会、茂名市历史学会、电白炎黄文化研究会、电白冼太夫人研究会合编《冼太夫人研究》。书中选编了全国 30 多位专家学者的研究文章和近期政府相关批文等，是《冼太夫人史料文物辑要》的姐妹篇。全书由冼太夫人生平及其功绩、文化及其作用、冼太夫人故里、墓地、冼冯宗族等内容构成。该书体例完整，内容翔实，成为研究冼夫人较系统的专著。同年，张磊主编的《冼夫人文化与当代中国——冼夫人文化研讨会论文集》出版，这是"首届中国边境城市文化经贸旅游艺术节·冼夫人文化研讨会"会议论文的汇编，是冼夫人研究的最新成果，同时也是一部富有地方文化特色和时代气息的著作。

（三）学术论文

洗夫人维护统一，为岭南地区的社会经济发展建立了不朽功绩，被奉为"岭南圣母"。后人对其倍加推崇，热衷于探讨和研究洗夫人的生平事迹，学术论文是他们的最主要表达方式，这批论文成为洗夫人研究成果的重要部分。

20世纪30年代，洗玉清率先发表论文，颂扬洗夫人"妇女为国立德立功之第一人""妇女开幕府建牙悬肘之第一人""妇女任使者宣谕国家德意之第一人""妇女享万民祭祀之第一人"，她的论文《民族女英雄洗夫人》① 开了专文研究洗夫人的先河。

新中国成立后，随着思想文化的逐步发展，研究洗夫人的学术论文不断增加。纵观全国各报纸杂志发表的学术论文，洗夫人研究大致可分为三个阶段。

第一阶段：20世纪60年代至"文化大革命"前，洗夫人研究得到初步发展，并逐步深化。研究角度多从洗夫人英雄事迹或家族世系入手。

就数量而言，这一阶段洗夫人研究成果不算丰富，但由于1961年1月14日，著名学者吴晗在《光明日报》上发表《洗夫人》一文，对后来的洗夫人研究起着重大的启发作用。他的文章成为继洗玉清后，第二篇专文系统研究洗夫人的学术论文。

1962年3月11日，姚北全发表《古代女英雄洗夫人》②，同年8月6日，洗玉清再次发表《洗夫人非姓洗》③ 一文，推进了洗夫人研究。

20世纪70年代，由于内地受"文化大革命"的影响，洗夫人研究相对滞后，而这个时期，港台学者受到的影响相对较小，这些地区的洗夫人研究得到进一步发展。1971年，香港大学林天蔚发表《隋谯国夫人事迹质疑及其乡化与影响》④；1972年，学者简又文发表

① 《岭南专刊》1938年3月7日。
② 《南方日报》1962年3月11日。
③ 《羊城晚报》1962年8月6日。
④ 《史语所集刊》1971年9月第43卷第2期。

《广东两位民族女英雄——圣母冼夫人及陈子壮夫人张玉乔》。① 其后，台北学者王定华分别于 1973 年和 1979 年发表《冼夫人巾帼英雄》② 和《巾帼英雄南疆屏障——记述隋代谯国夫人冼氏的事迹》。③ 这一系列研究论文，或记载冼夫人的英雄事迹，或考证冼夫人的经历，对冼夫人研究的发展起了重大的推进作用。

第二阶段："文化大革命"后至 20 世纪 90 年代初，冼夫人研究进入高度发展阶段。这一阶段的研究成果，从数量和质量上，都大大超越了第一阶段，出现了许多从新角度研究冼夫人的学术论文，加深了冼夫人研究。

1980 年，陈凤贤在《民族研究》第 3 期发表《试论六世纪越族杰出的政治领袖冼夫人》一文，全面客观地从政治上对冼夫人的历史功绩作了系统评价，这篇文章是"文化大革命"后冼夫人研究的重要代表作之一。同年，黎国器在《随笔》第 11 辑发表了《漫话"冼夫人"》。其后，阮应棋的《关于冼夫人的几个问题》、何仲勉的《忠心报国的冼夫人》等文相继发表。另外，朱玉书的《冼夫人与海南》和白苗的《冼夫人和海南黎族》，是从冼夫人与海南关系角度进行研究的学术论文。

"文化大革命"后，冼夫人研究再受重视，主题活动增多，研究成果渐富。1983 年 12 月，"冼夫人学术研究交流会"先后在茂名、湛江、海口等地召开。大会收集论文 30 余篇，次年在《岭南文史》第 1 期开设专辑，刊登练铭志《关于冼夫人研究刍议》等十余篇论文。1984 年是冼夫人研究取得重大进展的标志性年份，这一阶段发表的系列文章大致可以分为以下几大类。

一是对冼夫人历史功绩的评价。包括周宗贤的《冯冼夫人维护祖国统一和民族和睦的贡献》、于城的《对冼夫人的历史评价》、胡希明的《冼夫人赞》④，还有 1985 年黄君萍的《谈冼夫人的评价问

---

① 《广东文献》1972 年 6 月第 2 卷第 2 期。

② 《海南文献》卷 4，1973 年 10 月。

③ 《丘海学术研究汇编》卷 3，1979 年 6 月。

④ 以上论文见《岭南文史》1984 年第 1 期。

题》①、练志铭的《谈谈冼夫人登上政治舞台的历史条件》②、万利生的《试论冼夫人促进汉越民族融合的历史功绩》③、张鸿达等的《维护国家统一的冼夫人》④、许宁英的《开发岭南的先驱（六世纪岭南越族的杰出首领——冼夫人）》⑤ 等文章。

二是从冼夫人出生地、故里、故址及其后裔等角度研究。包括1984 年黄君萍的《关于冼夫人若干问题的考察》⑥ 和《冼夫人生卒年代考》⑦、朱更新的《纪念冼夫人的电白霞洞晏宫庙》、刘明宽的《冼夫人出身地初探》、潘雄的《冼夫人的族属及俚人遗裔考》、练铭志的《关于冼夫人研究刍议》、阮应祺的《电白县白山兜村冼夫人墓调查》、李爵勋的《冼夫人墓地考》⑧ 等文章。

三是冼夫人在海南的研究。包括黎国器等的《在海南岛上的冼夫人古迹》⑨、麦穗的《冼夫人对海南的贡献及其影响》⑩ 等。

四是从历史地理角度研究冼夫人及冯氏家族。包括有钟绍益的《冯冼氏的地望州郡沿革及其故址调查》⑪、谭其骧的《自汉至唐海南岛历史政治地理——附论梁隋间高凉冼夫人功业及隋唐高凉冯氏地方势力》⑫ 和《粤东初民考》⑬ 等文。

此外，还有冼夫人研究综述性文章及资料索引。包括《广东民族研究通讯》1984 年第 3 期华史余的《冼夫人研究学术交流会综述》，同刊 1986 年第 8 期姜立兴、朱洪合辑的《1976—1986 年冼夫人研究资料索引》等，是这一时期具有总结性、资料性的文章。

---

① 《光明日报》1985 年 1 月 23 日。
② 《广东民族学院学报》1985 年第 1、2 期。
③ 《湖北师范学院学报》1985 年第 2 期。
④ 《妇女指南》1985 年第 3 期。
⑤ 《学术研究》1985 年第 4 期。
⑥ 《广东民族学院学报》1984 年第 1 期。
⑦ 《岭南文史》1984 年第 1 期。
⑧ 以上文章载《学术研究》1985 年第 4 期。
⑨ 《学术研究》1985 年第 4 期。
⑩ 《海口文史资料》1984 年第 1 辑。
⑪ 《学术研究》1985 年第 4 期。
⑫ 《清史研究》1988 年第 5 期。
⑬ 《长水集》，人民出版社 1987 年版，第 265 页。

第三阶段：20世纪90年代初至今，冼夫人研究百花齐放，研究高潮迭起，学术论文倍增。这一阶段对冼夫人研究的角度与第二阶段大致相同——主要是继续对故里、墓地、存年等问题的考证，没有实质上的突破。较重要的文章如：1990年1月10日，彭加瑾在《人民日报》上发表《"第一位巾帼英雄"——看电视连续剧〈冼夫人〉》；1992年，梁成材在《广东史志》第4期发表《冼夫人故里刍议》。此后，有杨光亮的《冼夫人与电白》①、任凡的《高力士并非冼夫人的不肖了孙》②、冯仁鸿的《丰碑洗雪古蛮荒：冯冼夫人在海南的贡献及其影响》③、王芹的《冼夫人在海南的历史功勋》④ 等文相继发表。

将冼夫人作为一种文化现象或文化品牌来研究，从对故里、墓地、存年等问题的考证，转入文化领域的研讨，是从20世纪末21世纪初开始的。

1997年9月，湛江师院刘佐泉等在《冼夫人研究》第3期发表《俚女·蛮妇·圣母·冼夫人》一文，首次提出了"冼夫人文化"的新命题。责任编辑湍流表示赞同和支持，撰写"编后记"——《我赞成"冼夫人文化"的话题》。

2000年2月，国家主席江泽民视察高州冼太庙。他盛赞冼夫人在维护国家统一、增强民族团结、保障地方安宁和发展岭南经济等方面的历史功绩，并指出冼夫人是我辈和后人永远学习的楷模，还指示要把高州冼太庙建成爱国主义教育基地。这有力地推动了冼夫人的研究，也为次年在茂名市举行的冼夫人文化研讨会做了理论上的准备，直接引发了又一次冼夫人文化研究高潮的到来。

2001年5月25—28日，"首届中国边境城市文化经贸旅游艺术节·冼夫人文化研讨会"在冼夫人的故乡茂名市隆重举行。这次研讨会的主题是"冼夫人文化与当代中国"，首次打出"冼夫人文化"旗号。会议收到论文35篇，印发交流的专著、专辑、资料13部。大会

---

① 电白政协，文联1995年版。
② 《炎黄世界》1995年第2期。
③ 《海南史志》1997年第3期。
④ 《海南师范学院学报》（人文社会版）1999年第2期。

围绕总主题，就"冼夫人文化的内涵""冼夫人文化的外延""冼夫人文化的特征及实质""冼夫人文化的渊源""冼夫人文化与妈祖文化的比较""冼夫人文化与当代中国"等问题做了非常有益的探讨。不少文章找到了新的切入点，拓展了冼夫人研究的领域。这次研讨会，大大丰富了岭南文化、炎黄文化的研究内容。

近年发表的文章主要有：叶春生的《民间信仰的升华与超越——冼夫人信仰透析》①，以信仰的全新角度研究冼夫人；陈水润的《俚人文化概论》②《试论冼夫人文化》③，黎国器的《试谈冼夫人文化与妈祖文化》④，叶秀峰的《试论冼夫人文化与祖国的统一》⑤ 等文从冼夫人文化的角度研究，或是与妈祖比较，或是在统一大背景下研究冼夫人文化。另外，杜衡的《军坡节：海南民俗展示台》⑥、伊秋雨的《浅论"军坡节"在海南文化生活中的重要意义》⑦ 等文，则从冼夫人文化在地方形成的特色文化角度入手。这些学术论文的发表，为2004年冼夫人研究高潮的再次到来做了很好的铺垫。

2004年2月9日，为全面贯彻党的十六大精神和"三个代表"重要思想，认真落实胡锦涛总书记视察广东重要讲话精神，实施省委九届二次全会关于加快建设文化大省的战略部署，有关部门制定了《广东省建设文化大省规划纲要》（2003—2010年）。在这个背景下，2004年2月20日，中共茂名市委制定"弘扬冼夫人文化，打造冼夫人文化品牌"的战略。"冼夫人文化品牌"的提出，为冼夫人研究注入了新的内涵，研究的深度和力度都得到了加强。研究成果方面，已见发表者主要有许木咏《共同打造冼夫人文化品牌》⑧《开掘冼夫人文化内涵》⑨ 等。这一年，围绕"弘扬冼夫人文化，

---

① 《广西民族研究》2001年第3期。
② 《湛江师范学院学报》2001年第1期。
③ 《茂名学院学报》2002年第2期。
④ 《岭南文史》2002年第1期。
⑤ 《广东教育学院学报》2002年第1期。
⑥ 《海南日报》2003年3月13日。
⑦ 《琼州在线》2003年7月8日。
⑧ 《茂名日报》2004年5月19日。
⑨ 《人民日报》2004年7月23日。

打造洗夫人文化品牌"的系列报道以及论文数量剧增，据不完全统计，仅《茂名日报》就刊发了30篇之多，足见洗夫人文化研究之兴盛。

（四）话剧、影视、小说、诗文

历代的文人学士感于洗夫人功业和品德情操，用戏剧、诗词、小说等文艺形式，谱写了一曲曲动人心魄的颂歌。话剧、影视、诗文和小说方面所取得的成果也颇为丰富。

戏剧影视方面，具有代表性的有清代剧本《临春阁》，作者吴伟业。该剧据《隋书·谯国夫人传》，并牵合《陈书·张贵妃传》的史实再加虚构而成。剧作内容写张丽华和洗夫人共同为陈后主料理军国大事，无奈文武大臣误国，颓势难挽，最后张丽华自杀，洗夫人入山修道。作者反对女宠祸国之说，表现了他对历史的看法，又借古讽今，以洗夫人之口讥刺了南明小朝廷君臣的无能。

20世纪60年代的粤剧《岭海风流》、话剧《洗夫人》、琼剧《洗夫人》，80年代的电视剧《洗夫人》，90年代的粤剧《锦伞夫人》《洗太夫人》，21世纪初的电视剧《洗夫人》等，这些戏剧、话剧和影视作品，都以丰富的艺术手段，展示了巾帼英雄洗夫人的风采。其中不少作品曾荣获全省乃至全国大奖。如广东粤剧院二团，1997年演出《锦伞夫人》一举荣获中国第五届戏剧节的优秀剧目奖，1998年第七届广东艺术节再度蝉联"优秀剧目奖"和优秀编剧、导演、表演、音乐设计等九个奖项。后在文化部少数民族题材剧本评奖中获银奖。

小说方面，1980年，万绳楠所著《洗夫人》，收入中华书局出版的《中国历史小丛书》中，成为第一部以洗夫人为题的小说。1993年，钟万全所著《高凉女杰洗夫人》（长篇小说），由广州花城出版社出版。同年，文新国所著《洗夫人》（传记小说），由解放军文艺出版社出版。2002年，宋其蕤著《岭南圣母洗夫人——中华巾帼第一人》（传记小说），由广州出版社收入"少数民族女政治家系列"丛书。

诗文方面，宋苏轼《咏冼庙》① 开历代文人咏冼夫人及冼庙之先河。诗中高度赞扬冼夫人的功勋政绩，表达了作者对冼夫人的高度崇敬之情。在苏轼的引领下，明清两代文人学士歌咏冼夫人或冼庙的诗词大量出现。如明代有李东阳《古乐府·高凉冼》②、宋应升《冼庙怀古》③ 和《冼庙添募小引》④ 等，清代则有屈大均《冼夫人（二首）》⑤、翁方纲《冼夫人庙》⑥、王士祯《送耿承哲赴高州推官二首》⑦、戴锡纶《冼夫人庙》、百顺《次前韵》、秦沅《次前韵》、韩是升《题傲霜吟集三首之一》、李文泰《冼夫人庙》、谭莹《高凉冼太庙 神弦曲》、韩對《冼太庙》、许景邵《冼夫人庙》、谭敬昭《冼夫人歌》、陈准《冼夫人庙》等，都是著名的诗篇。近年来，学者们对这些诗词歌赋加以辑录整理，出版诗词选辑。2000 年 11 月，茂名市政协委员会汇编了《冼夫人礼赞——历代歌颂冼夫人诗词歌赋楹联碑记选》⑧，2003 年 4 月，茂名"当代歌颂冼夫人诗词选辑组"编辑了《冼夫人魂——当代歌颂冼夫人诗词选辑》⑨，洵为颂扬冼夫人的代表作。这些丰富的史料，构筑成庞大的文字宝库，成为世代相传的文献资料。

二　冼夫人文化主题活动

茂名市提出"弘扬冼夫人文化，打造冼夫人文化品牌"的战略，并出台了许多新举措。在《冼夫人文化研究发展规划》（2004 年 2 月 20 日）⑩ 中提出"对历史悠久、规模较大的高城冼太庙、高凉山冼太

---

① 苏轼：《和陶拟古九首》，《苏轼诗集》卷 41，中华书局 1982 年版，第 2262 页。

② 李东阳：《怀麓堂集》卷 1 诗稿一，《文渊阁四库全书》本，第 16 页。

③ 宋应升：《方玉堂集》续诗稿卷 6，清乾隆刻本，第 2 页。

④ 宋应升：《方玉堂集》续文稿卷 2，第 42 页。

⑤ 屈大均：《翁山诗外》卷 13，清康熙刻凌凤翔补修本，第 19 页。

⑥ 翁方纲：《复初斋诗集》卷 3，清刻本，第 15 页。

⑦ 王士祯：《渔洋山人精华录》卷 6，《四部丛刊》本，第 11 页。

⑧ 《茂名市政协文史资料》，广东省茂名市政协委员会 2000 年版。

⑨ 《当代歌颂冼夫人诗词选辑》，该书编辑组 2003 年。

⑩ 中共茂名市委宣传部：《冼夫人文化研究发展规划》，载白雄奋编《冼夫人文化全书》第二卷，中山大学出版社 2009 年版，第 625—629 页。

庙、旧城冼太庙进一步修葺充实，着力建好高品位、小而精的冼太文化主题公园和冼夫人主题博物馆，建设一条仿隋冼太文化街"，定期举办"中国茂名冼夫人文化旅游艺术节暨经贸洽谈会"等，冼夫人文化研究及其主题活动正全面展开。

（一）修建庙堂亭馆

冼夫人的英雄形象深深地刻在中国人民心中，被陈、隋皇朝敕封为"石龙郡太夫人""宋康郡夫人""谯国夫人"，死后谥为"诚敬夫人"。后来，又被明太祖和清朝同治皇帝分别谥封为"高凉郡太夫人""慈佑太夫人"。别的尊称还有冼太夫人、圣母娘娘、清福夫人、显应夫人、郡主冼太夫人、懿美夫人、正顺夫人、梁沙婆、儋耳婆等。纪念冼夫人的庙宇，有的直称冼夫人庙，有的则称宁济庙、柔惠庙、慈佑庙等。

广东、海南、广西、香港和台湾都建有冼夫人庙，甚至越南、新加坡和马来西亚等也有冼夫人庙。在冼夫人故里的广东电白县山兜丁村，"谯国夫人墓"与"娘娘庙"已被列为省级文物保护单位，并拟申报国家级保护单位。海南及粤西的高州、阳江、阳春等地，许多庙堂亭馆甚至路名都与冼夫人有关，冼夫人庙及其他遗址也得到很好的保护和利用。

广东全省的冼夫人庙尚无确切的统计数字，但仅高州境内就超过200座，[①] 其中尤以高州冼太庙为最大、最有影响力。该庙始建于明嘉靖十四年（1535）。全庙分前殿、中殿、正殿和冯公庙四部分。殿内冼太夫人雕像、石刻、碑刻等有较高的历史文化价值，为省级重点文物保护单位。2000 年 2 月，江泽民曾到冼太庙参观，指出要把冼太庙办成爱国主义教育的基地。现在，冼太庙与潘洲公园连成一体，称为冼太文化公园，该公园将建成历史文化旅游区。

电白县电城镇北山兜丁村"娘娘庙"，为纪念冼夫人所建。据说该庙始建于隋代，至今庙内仍保存着一只隋代虎头纹香炉。有专家介

---

① 庄昭、高惠冰：《巾帼英雄第一人——冼夫人》，广东人民出版社 2005 年版，第102—103 页。

绍，现在该庙墙体基部仍保留隋时的建筑特征。在每年冼夫人诞辰和忌辰期间，当地善男信女都会聚该庙，举行"冼太夫人回娘家"纪念活动。近年，电白县规划总投入1.2亿元，高起点、高品位地保护和开发冼夫人历史文化遗产。除按原貌修葺冼夫人墓城、娘娘庙及配套设施外，还将系统开发娘娘故居遗址、娘娘井、娘娘塘、娘娘洞、娘娘船只遗址和娘娘练兵场等配套景点。此外，在冼夫人夫家的电白霞洞，计划修复"冯家村"及曾为历史上规模最大的"诚敬夫人庙"等。在电白县城，已建成冼太夫人文化广场，矗立着面朝大海的冼夫人巨型铜像。

海南全省有50多个冼庙，① 以海口新坡镇的冼太夫人庙规模最大。新坡冼太夫人庙，俗称"梁沙婆庙"，始建于明万历三十年（1602），原址位于梁沙村坡橙荫地，现址历经清康熙二十一年（1682）和嘉庆十五年（1852）两次大规模修建，是有名的古代庙宇。1989年，冼夫人纪念馆在冼夫人庙旧址建成并对外开放。由于冼夫人的丰功伟绩及其在民间流传的灵验，每年前来纪念和朝拜的人以十万计。

（二）主题文化节

电白冼夫人文化节：每年农历十一月二十四和正月十七前后数日，即冼太夫人诞辰和忌辰，是电白人民纪念冼太夫人最集中、最隆重、规格最高、人数最多的两个节日。除进行祭祀活动外，各地都演大戏、唱俚歌、舞龙、舞狮、舞麒麟、舞鳌鱼、舞凤鸡，举行武术表演，人山人海，热闹非常。当中又以正月十七至正月二十二，冼太夫人出生地——电城山兜的冼夫人圣诞乡傩和正月十七冼太夫人夫家——霞洞冯家村的纪念冼夫人辰忌迎神演戏活动，规格最大，影响最广。

2002年12月27日（农历十一月二十四日），中共电白县委、电白县人民政府举行了隆重纪念冼太夫人诞辰1480周年庆典系列活动（包括集会、巡游、冼太夫人文化研讨、文体活动等），故里人民和

---

① 陈雄：《冼夫人在海南》，中山大学出版社1992年版，第47页。

来自省市县各级党政领导、全国各地冼太夫人研究专家和冼冯后裔数千人参加了有关活动，共同缅怀冼太夫人的丰功伟绩。自此之后，每年冼太夫人诞辰和忌辰各地均组织类似的活动。

另外，茂名市也统一把每年的十一月二十四日（即冼夫人诞辰）定为"冼夫人文化节"，组织开展一系列以弘扬冼夫人文化为主题的纪念活动，逐步使之成为各地群众每年一届的民间文化艺术盛会。

海南冼夫人文化节——军坡节：每年的农历二月初六至十二日，海南新坡镇和全省不少地方都要举行为期七天的"闹军坡"活动（俗称"军坡节"）。这是纪念冼夫人而举行的民间奉祀活动，相传已经有1300多年的历史了。1990年，新坡镇政府把由民间自发组织的"闹军坡"纪念活动改造为"军坡节"，2002年原琼山市政府将"军坡节"改名为"冼夫人文化节"，意在更好地弘扬冼夫人的爱国主义精神，并把节日办成集纪念瞻仰、文化娱乐、旅游观光、经济贸易于一体的富有文化意蕴的大型群众性活动。从2003年开始，每年3月8—14日，海口市都要举办冼夫人文化节。

（三）学术研讨会

1983年12月2日，"冼夫人学术研究交流会"在茂名市、湛江市和海口市召开。大会由广东省民族研究会、海南行署民族事务委员会、湛江市文化局、茂名市文化局联合举办。与会学者50余人，提交论文、调查报告、历史剧本等共30多篇。《岭南文史》1984年第1期以专辑形式刊载了10余篇。

2001年5月25—28日，"首届中国边境城市文化经贸旅游艺术节·冼夫人文化研讨会"在广东省茂名市举行。由文化部所属的中国少数民族文化艺术基金会和中共茂名市委、茂名市政府共同主办。会上赠发由冼夫人文化研究会筹备组编辑出版的《冼夫人魂（上）——冼夫人研究论文选辑》和《冼夫人魂（中）——冼夫人研究资料选辑》，电白县也赠发由广东省炎黄文化研究会、茂名市历史学会、电白县炎黄文研究会、电白县冼太夫人研究会合编，中华书局出版的《冼太夫人史料文物辑要》，是冼夫人文化研究到达了一个划时代的新里程碑的象征。2002 年 11 月，《冼夫人文化与当代中国——冼夫人文化研讨会论文集》① 出版，它是"首届中国边境城市文化经贸旅游艺术节·冼夫人文化研讨会"的学术论文汇编，收录了全国各地的冼夫人研究专家向大会提交的 30 多篇佳作。

2002 年 3 月，海南举行"冼夫人文化节"，与此同时，召开了首届全省冼庙负责人联席会议、首届海南冼夫人文化研讨会等。

2004 年 8 月 24 日，海口市委宣传部和广东电白冼太夫人故里管理委员会在海口联合举办"广东—海南共同打造冼太夫人文化品牌研讨会"。以"泛珠三角"区域合作为契机，加强琼、粤两地在文化领域的交流合作。琼、粤两地携手打造冼太夫人文化大品牌，是顺应"泛珠三角"经济合作和历史潮流的新举措。

2005 年 1 月 3—6 日，"冼夫人文化与建设广东文化大省学术研究会"在电白县召开。大会由广东省社会科学联合会、广东炎黄文化研究会、茂名学院、茂名市社会科学界联合会、电白炎黄文化研究会主办，由电白县冼太夫人故里建设及管理管理委员会、电白县冼太夫人研究会承办。与会者 250 余人，提交论文 80 余篇。大会期间，举行了冼太夫人铜像揭幕仪式、冼太夫人故里景区牌坊揭幕仪式、弘扬冼夫人精神书法展览以及纪念冼太夫人诞辰 1482 周年庆典活动。会后，将结集出版学术论文集。

（四）主题大赛

"冼夫人文化大使"选拔赛：2004 年 3 月 13 日，由海口市龙华区人民政府主办、海口阳光文化艺术有限公司协办的第二届海南"冼夫人文化大使"选拔赛决赛在新坡镇举行。20 多位参赛选手参与角逐，比赛将选出 10 名优秀选手，并授予其"冼夫人文化大使"的荣誉称号。

"冼夫人奖"书法大赛（茂名市）：2004 年 5 月，共青团茂名市委员会举办"冼夫人奖"茂名市青年书法大赛，参赛作品要以"弘扬冼夫人文化"为主题，内容健康，分毛笔和硬笔两类。

---

① 张磊主编，广东人民出版社 2002 年版。

"冼夫人奖"书法大赛（全国）：2004年8月，广东省茂名市举办全国书法艺术大赛"冼夫人奖"。大赛由中国书法家协会和政协广东省委员会联合主办，广东省书法家协会、《中国书法通讯》社、《中国书画报》社、《书法报》社、《书法导报》社、《青少年书法报》社等协办。

三 冼夫人文化媒体专栏及研究机构

（一）主题网站

茂名市制定的《冼夫人文化研究发展规划》中有"建设冼夫人文化网站"的内容。可见冼夫人文化研究发展到今天，呈现出多渠道、多角度、全方位的局面，与之相适应，其研究成果也是多种类、多层次的。除报刊、影视、话本戏剧外，也充分利用了现代化手段，其中网络是主要形式之一。目前已建成并正常开放的主题网站有三个：

1. 冼夫人文化网

网址：http：//www. lnsm. cn/lnsm_ index. asp

主办方：中华文化艺术事业有限公司。主要栏目：相关新闻、冼夫人生平、古迹文物、歌咏诗抄、雕塑绘画、文化照片等。

2. 冼太夫人文化网

网址：http：//www. xtfr. com/docc/profile. asp

主办方：冼太夫人故里建设及管理委员会，是电白县政府为进行冼夫人故里建设及管理而专门设立的机构。其职能是弘扬冼太夫人爱国爱民精神，发掘研究冼太夫人文化史料，打造冼太夫人文化品牌，开发冼太夫人文化旅游资源，全面负责冼太夫人故里景区的开发、建设、管理、推广及相关联络工作。

冼太夫人文化网是冼太夫人故里建设及管理委员会与社会各界人士进行信息互动的平台，是冼夫人研究专家及学者进行学术交流的纽带。主办方希望通过本网站的建设和推广，使冼太夫人忠心爱国，以民为本的思想深入人心，并希望以此为契机深入发掘冼太夫人历史文化内涵，打造冼太夫人文化旅游大品牌，加强爱国主义教育，加速广东建设文化大省的步伐，发展地方文化经济。

主要栏目：生平简介、敕封赞誉、文史研究、冼太夫人文化、岭南圣母、旅游景区、电白风情、故里精英等。另有电子报纸《冼太夫人文化报》（2004 年 7 月 26 日创刊，11 月 8 日出版总第 2 期）。

3. 冼太夫人纪念网

网址：http：//www.chinaxfr.com/

主办方：电白炎黄文化研究会、电白冼太夫人研究会。主要栏目：冼夫人生平、古迹与文物、史料记载、专家文章、封号与公文、冼夫人歌赞、弘扬冼夫人文化等。

另外，高州冼夫人网、海南冼夫人文化网正加紧筹建中。

（二）报刊专栏

《岭南文史》1984 年第 1 期"冼夫人学术研究交流会专辑"（广东省文史研究馆编）。

《阳江文史资料》1984 年第 2 期"冼夫人研究专稿"（阳江县政协文史委编）。

《缅茄树》1991 年第 3 期"冼夫人研究专辑"（高州市《缅茄树》编委会、冼夫人研究会编）。

《冼夫人研究》（不定期专业刊物）1992 年第 1 期（茂名市冼夫人研究会编）。

《文史撷英》1992 年第 11 辑"冼夫人研究资料专辑"（电白县政协文史委编）。

《冼夫人研究》（不定期专业刊物）1994 年第 2 期（茂名市冼夫人研究会编）。

《缅茄树》1995 年第 5 期"冼夫人研究专辑"（高州市《缅茄树》编委会、冼夫人研究会编）。

《冼夫人研究》（不定期专业刊物）1997 年第 3 期（茂名市冼夫人研究会编）。

《缅茄树》1997 年第 6 期"冼夫人研究专辑"（高州市《缅茄树》编委会、冼夫人研究会编）。

《文史撷英》1999 年第 15 辑"冼夫人研究资料专栏"（电白县政

协文史委编）。

《炎黄风韵》2000年创刊号"冼夫人研究资料专辑"（电白县炎黄文化研究会、冼夫人研究会编）。

《炎黄风韵》2001年第2—3期"冼夫人研究资料专栏"（电白县炎黄文化研究会、冼夫人研究会编）。

《南方日报》2004年4月19日"广东历史文化行第四篇——冼夫人：巾帼英雄第一人"。

（三）研究机构

茂名市冼夫人研究联络站：1984年4月5日正式成立。办公室设在茂名市文化局。联络站成员由茂名、电白、湛江和海南的有关人员组成。联络站的成立，首次把分散的研究力量组织起来，制订计划、分工协作、共同攻关。主要成果有：编辑出版《冼夫人研究联络通讯》（1985年6月）、拓印《冼夫人记》（碑刻）。1989年，由于经费不足，联络站结束。该联络站的成立和所开展的活动，对冼夫人研究起到了积极的推动作用。

化州冼太夫人研究会：1988年成立，与化州历史学会是一套人马，两块牌子。会员约80人。发表论文一批，编辑出版《冼夫人在化州》《冼太夫人诗文集》等。

茂名市冼夫人文化研究会：1990年9月23日，茂名市历史学会于高州举行年会，宣布"茂名市冼夫人研究会"成立。1991年4月16日，经茂名市民政局和茂名市社科联批准，该会升格为覆盖全市各县（市）区的市一级学会，会员发展到59人。研究会组织会员撰写学术论文、定期评奖优秀社科成果；多次组织对冼夫人遗迹、文物进行实地考察；收集整理材料；举办交流研讨活动；编辑出版会刊《冼夫人研究》（1992、1994、1997），刊载发表各类文章近60篇。1997年，由于社团整顿等原因，该研究会与茂名市历史学会合并。

中共茂名市委宣传部《冼夫人文化研究发展规划》（2004年2月20日）："我市要整合现有的冼夫人研究力量，恢复茂名市冼夫人文化研究会（可挂靠市杜科联或单独设置），负责牵头组织各界人士广泛开展研究，从政治、经济、文化、军事等角度，以爱国爱民为主线，深入挖掘整理冼夫人有关史料，全方位进行研讨论证，争取出一批成果，以进一步扩大冼夫人文化在全国的影响，打响冼夫人文化品牌。每年要召开一至两次冼夫人文化研讨会；创办冼夫人文化研究学术期刊，适当时候重新出版一部《冼夫人文化研究专集》，赠送给各界知名人士和海外热心华人参阅；待条件成熟，在茂名召开冼夫人文化国际研讨会，把冼夫人这一文化品牌推向世界。至于冼夫人出生地、墓地等问题，要尊重史实，从大局出发，把主要精力集中到冼夫人文化的研究上来。"冼夫人研究会有望在近期恢复。

高州市冼夫人研究会：1995 年 3 月成立，会员有 38 人。1996 年 1 月 14—17 日，该会第一届年会与高州市冼夫人诞辰节同时举行。主要研究成果有：撰写有关学术论文 40 余篇；出版《冼夫人考略》（专著）、《冼夫人史略》（专著）、《试剑传奇》（专著），并拍摄有《冼夫人传奇》（电视连续剧），编有《铜鼓记》（粤剧）等。

电白冼太夫人研究会：1995 年 12 月 15 日正式成立，1999 年加入"广东省炎黄文化研究会"，成为团体会员。至 2001 年，共有会员 108 人。在《岭南文史》《茂名日报》等报刊上发表论文近 40 篇。与广东炎黄论研究会等合编《冼太夫人史料文物辑要》（2001 年）。

附：冼夫人文化研究资料编年（1938—2005）（略）

鸣谢：本文得到广东茂名学院李爵勋教授的指导并提供大量参考资料，谨以谢忱。

（原载《冼夫人文化全书》第 2 卷，中山大学出版社 2009 年版）

附录　集外论著索引

说明

一、本索引分论文、著作两部分。收录本书之外的论著目录，以备检索作者在其他研究领域的学术成果。

二、所收录之论著涉及图书馆学、古籍整理、古典文献学、学术史和文化史诸方面内容。以年系之，截止时间 2017 年。

三、同一篇论文被多次收录而出版者、出版地、出版时间不同者，仍予收录，旨在提供多条线索。

四、发表时若用笔名，前冠"署名"字样；合作编撰的论著，保留原作者排序。

五、著录格式参考《中国社会科学出版社图书编辑体例规范（试行)》(2009 年 9 月版)。

一　论文

1989

1. 罗志欢：《浅谈高校图书馆管理工作的改进》，《广东图书馆学刊》1989 年第 3 期。

2. 罗志欢：《高校图书馆古籍管理中的新问题——谈古籍新印的管理》，《广东图书馆学刊》1989 年第 4 期。

1990

3. 罗志欢：《图书馆界几大热门话题初探》，《广东图书馆学刊》

1990 年第 3 期。

4. 罗志欢：《第一部为藏书家立传的地方志——〈常昭合志稿〉》，《江苏地方志》1990 年第 6 期增刊。

5. 罗志欢：《岭南最早的藏书家——丘濬》，《历史大观园》1990 年第 10 期。

1991

6. 罗志欢：《新辑羊城竹枝词四十四首》，《羊城古今》1991 年第 3 期。

7. 罗志欢：《近代东莞藏书二大家》，《历史大观园》1991 年第 4 期。

8. 罗志欢：《丁日昌藏书逸事》，《历史大观园》1991 年第 12 期。

1992

9. 罗志欢：《三部稀见粤人著作述要》，《广东史志》1992 年第 2 期。

10. 戚培根、罗志欢：《〈四库书目家族〉补遗——兼与胡道静、林申清两先生商榷》，《古籍整理研究学刊》1992 年第 2 期。

11. 戚培根、罗志欢：《一部"晦而复显"的粤人诗稿——〈掷余堂吟草〉》，《广东史志》1992 年第 4 期。

12. 罗志欢：《钱大昕著述中所记藏书家述略》，《文教资料》1992 年第 6 期。

13. 罗志欢：《三部稀见番邑近代先儒诗作述要》，《番禺县文史资料》1992 年第 10 期。

1993

14. 罗志欢：《日本汉籍目录知见录》，《中国典籍与文化》1993 年第 1 期。

15. 罗志欢：《"湛家园"几变迁》，《羊城今古》1993 年第 3 期。

16. 署名仲宽：《清代广州书坊及私人刻书拾萃》，《羊城今古》1993 年第 6 期。

17. 罗志欢：《"湛家园"考略》，载关步勋等主编《湛甘泉研究文集》，花城出版社 1993 年版。

18. 罗志欢：《湛若水著述及其研究资料总索引（初编）》，载关步勋等主编《湛甘泉研究文集》，花城出版社 1993 年版。

1994

19. 罗志欢：《社会名流与丛书汇刻》，《羊城今古》1994 年第 1 期。

20. 罗志欢：《番禺先哲遗著述略》，第二次岭南文化研讨会论文，番禺，1994 年 11 月。

1996

21. 罗志欢：《明清广东藏书刻书业与蒸蒸日上的岭南文风》，载广东炎黄文化研究会编，丁希凌主编《岭峤春秋 岭南文化论集 3》，广东人民出版社 1996 年版。

22. 罗志欢：《崔与之著述及其传记资料述略》，载骆小民主编《崔与之研究文集》，广东高等教育出版社 1996 年版。

23. 罗志欢：《古籍新印的发展、特点及其管理初探》，载辛希孟主编《中国图书情报工作文库 》第 1 卷，中央编译出版社 1996 年版。

1997

24. 罗志欢：《屈大均著述被禁考》，载广东炎黄文化研究会编《岭峤春秋 岭南文化论集 4》，广东人民出版社 1997 年版。

1999

25. 罗志欢：《新印古籍管理》，《大学图书馆学报》1999 年第 1 期。

2001

26. 罗志欢：《明清广东雕版质量辩白与重估》，载程国赋主编《历史文献与传统文化 》第八集，江西教育出版社 2001 年版。

27. 罗志欢：《文献检索课中计算机检索教学的五大论题》，载马海群、王洪滨、赵桂荣主编《21 世纪创新信息素质教育研究——全国高校信息素质教育学术研讨会论文集》，黑龙江人民出版社 2001 年版。

2002

28. 罗志欢：《谭莹整理岭南古文献的业绩和成就》，载范立舟主编《历史文献与传统文化》第九集，南方出版社 2002 年版。

29. 署名仲宽：《清代广州书坊及私人刻书拾萃》，载广州市地方志办公室编《广州话旧〈羊城今古〉精选 1987—2000 下》，广州出版社 2002 年版。

2003

30. 易淑琼、罗志欢：《暨南大学图书馆藏章太炎先生藏书及手迹》，《图书与情报》2003 年第 3 期。

31. 罗志欢：《入粤人士及其说粤文献》，载张其凡主编《历史文献与传统文化》第十集，兰州大学出版社 2003 年版。

32. 罗志欢：《阮元〈广东通志·艺文略〉文献信息概说》，载广东炎黄文化研究会、广州炎黄文化研究会编《岭峤春秋 广府文化与阮元论文集》，中山大学出版社 2003 年版。

33. 罗志欢：《黄节搜藏整理古文献述略》，载广东炎黄文化研究会、顺德市政府文体局编《岭峤春秋 广府文化与阮元论文集》，中山大学出版社 2003 年版。

2004

34. 罗志欢：《徐信符搜集整理广东古代文献的业绩和成就》，载广东炎黄文化研究会、番禺炎黄文化研究会编《岭峤春秋 徐信符研究文献集》，广东人民出版社 2004 年版。

2005

35. 罗志欢：《袁崇焕研究资料索引》，载东莞市政协编；罗志欢编选《袁崇焕研究论文选集》，广东人民出版社 2005 年版。

36. 罗志欢、魏珂：《丘逢甲著述及研究资料编年（1892—2004）》，纪念丘逢甲诞辰 140 周年学术研讨会论文，广州，2005 年 1 月。

2006

37. 罗志欢：《地方志修纂对整理传播文献的作用——以岭南地区为例》，《中国地方志》2006 年第 1 期。

38. 罗志欢：《地方志纂修与地方文献整理——以岭南地区为例》，载国家图书馆分馆编《2005 年地方文献国际学术研讨会论文集》，北京图书馆出版社 2006 年版。

39. 罗志欢、刘文霞：《高校图书馆古籍管理服务理念的探索与实践》，广东图书馆学会 2006 年年会，中山，2006 年 5 月。

2007

40. 罗志欢：《冼玉清著述及研究资料索引》，载广东省人民政府文史研究馆编《冼玉清研究论文集》，中国评论学术出版社 2007 年版。

41. 罗志欢、刘文霞：《高力士传记及研究资料索引》，载广东省茂名市政协编，罗志欢、刘文霞、李爵勋选编《高力士传记及研究资料选辑》，广东省茂名市政学习文史资料委员会 2007 年版。

2008

42. 罗志欢：《近代东莞藏书二大家》，载东莞市政协编《东莞历史文化论集》，广东人民出版社 2008 年版。

43. 罗志欢：《简朝亮著述及研究资料总索引（初编）》，简朝亮学术研讨会论文，顺德，2008 年 10 月。

2009

44. 罗志欢：《广东地方文献整理研究：历史与现状》，载国家图书馆古籍馆编《第二届地方文献国际学术研讨会论文集》，北京图书馆出版社 2009 年版。

45. 罗志欢：《张九龄传记及研究资料总索引》，载巫育明主编《张九龄学术研究论文集》，珠海出版社 2009 年版。

2010

46. 张纹华、罗志欢：《简朝亮著述版本馆藏述略——附简朝亮诗文刊载索引（1904—2008）》，《图书馆论坛》2010 年第 5 期。

2011

47. 罗志欢、易淑琼：《章太炎未刊藏书批校题跋辑录》，《文献》2011 年第 1 期。

48. 罗志欢：《明代东莞别集遗存及其版本述略》，载东莞市政协、暨南大学历史系主编《明清时期珠江三角洲区域史研究》，广东人民出版社 2011 年版。

2012

49. 罗志欢：《章太炎论著及其再版书目索引（初编）》，载罗志欢主编《章太炎藏书题跋批注校录》，齐鲁书社 2012 年版。

2013

50. 罗志欢：《中国近现代藏书大家伦明》，《东莞日报》2013 年
9 月 23 日第 A08 版。

51. 罗志欢：《明季东莞"五忠"研究资料索引》，载九龙真逸
（陈伯陶）著，罗志欢、郑丽华点校《明季东莞五忠传》，广东人民
出版社 2013 年版。

2014

52. 罗志欢、戴程志：《惠州先贤著述及诗文集之遗存述略》，载
刘正刚主编《历史文献与传统文化》第十九集，暨南大学出版社
2014 年版。

53. 罗志欢：《伦明：中国近现代藏书大家》，载中共东莞市委宣
传部主编《影响中国的东莞人》，广东经济出版社 2014 年版。

54. 罗志欢、刘艳艳：《广东地方志中的疍民史料——附广东地
方志疍民史料分布一览表》，载林有能、吴志良、龙家玘主编《疍民
文化研究》（2），香港出版社 2014 年版。

55. 罗志欢：《中国土地契约文书研究资料索引（初编）（1904—
2012）》，载罗志欢、李龙潜主编《清代广东土地契约文书汇编》，齐
鲁书社 2014 年版。

56. 罗志欢、俞诚：《朱杰勤著译编及研究资料编年》，2014 年 3
月完成（未发表）。

2015

57. 罗志欢、黄李霞：《〈坛经〉现存版本及其研究资料编年（初
编）》，载林有能、李尧坤主编《六祖慧能与岭南禅宗历史文化研究
文集》，香港出版社 2015 年版。

58. 戴程志、罗志欢：《"哈佛模式"对我国中文善本书志编撰的
启示——附中外图书馆中文善本书志知见录》，载程焕文、沈津、王
蕾主编《2014 年中文古籍整理与版本目录学国际学术研讨会论文
集》，广西师范大学出版社 2015 年版。

59. 罗志欢：《容肇祖著述及其学术成就述略——〈容肇祖全集〉

编后》，载东莞市政协、莞城区办事处编《东莞地方文献整理与东莞学人研究文集》，齐鲁书社 2015 年版。

60. 罗志欢：《顺德"两龙"先贤著述整理与遗存》，载龙江宣办编《两龙文化研讨会论文集》，花城出版社 2015 年版。

61. 罗志欢：《历代典籍中顺德"两龙"史料辑存》，载龙江宣办编《两龙文化研讨会论文集》，花城出版社 2015 年版。

62. 黄李霞、罗志欢：《优势与不足：从学术成果看广东海上丝绸之路研究》，广东建设 21 世纪海上丝绸之路学术研讨会论文，广州，2015 年 11 月。

63. 李志博、罗志欢：《海上丝绸之路与环南海地区中外社会文化史研究热点及论著述略——附海上丝绸之路与环南海地区中外社会文化史研究资料索引》，海上丝绸之路与环南海社会文化史学术研讨会论文，广州，2015 年 12 月。

2016

64. 罗志欢、刘强：《陈乐素与章太炎藏书》，《图书馆杂志》2016 年第 9 期。

65. 罗志欢：《暨南大学图书馆创立及沿革考》，2016 年 9 月 21 日，中国知网（http：//www. cnki. net/default. htm）。

66. 罗志欢、李志博：《历代诗文集中的疍民史料——附历代诗文集涉疍篇目索引》，第三届疍民文化学术研讨会论文，中山，2016 年 9 月。

67. 罗志欢、李志博：《近八十年中外社会文化史研究文献述略——以海上丝绸之路与环南海地区为中心》，载刘正刚主编《历史文献与传统文化》第二十一辑，暨南大学出版社 2016 年版。

68. 罗志欢：《暨南大学图书馆创立及沿革考》，《图书馆论坛》2017 年第 2 期。

69. 罗志欢、李志博、戴程志：《〈棣垞集〉稿本及其文献价值》，《图书馆论坛》2017 年第 8 期。

70. 罗志欢：《民国时期暨南学术演讲演词索引》，载刘正刚主编《历史文献与传统文化》第二十二辑，暨南大学出版社 2017 年版。

二　著作

1. 罗志欢选编：《袁崇焕研究论文选集》，广东人民出版社 2005 年版。

2. 罗志欢：《岭南历史文献》，广东人民出版社 2006 年初版。

3. 罗志欢、刘文霞、李爵勋选编：《高力士传记及研究资料选辑》，广东省茂名市政学习文史资料委员会，2007 年。

4. 罗志欢主编：《章太炎藏书题跋批注校录》，齐鲁书社 2012 年版。

5. 容伊、罗志欢、李炳球编：《容肇祖全集》，齐鲁书社 2013 年版。

6. 罗志欢、郑丽华点校：《明季东莞五忠传》，广东人民出版社 2013 年版。

7. 罗志欢：《伦明评传》，广东人民出版社 2013 年版。

8. 罗志欢：《岭南历史文献》，广东人民出版社 2013 年版。

9. 罗志欢、李龙潜主编：《清代广东土地契约文书汇编》，齐鲁书社 2014 年版。

10. 史小军、罗志欢：《金瓶梅版本知见录：图文版》，国家图书馆出版社 2016 年版。

11. 罗志欢：《中国丛书综录选注》，齐鲁书社 2017 年版。

12. 罗志欢主编：《章太炎全书·眉批集》，上海人民出版社 2017 年版。

13. 罗志欢、戴程志选编：《张寿祺集》，广东人民出版社 2017 年版。

后　记

　　能为母校暨南大学服务数十年，这是我的荣幸。自 1978 年从粤北新丰县城郊中学毕业后，我进入暨南学习、工作和生活，从此我的人生得以升华。在近四十年的时间里，学校供给生活所需，使我生存生活，立业成家；提供学习和发展空间，让我进步成长，从普通教工晋升高级职称并被遴选为研究生导师。从这个意义上说，父母而外，暨南于我有养育之恩大矣。古人云"知恩图报，善莫大焉"，人的一生最难忘、最需要感念的是养育之恩。

　　目前，我在暨南大学有两个岗位，一个在图书馆古籍部，职务为部主任、研究馆员，主要从事古文献的整理与研究，为教学科研提供文献和咨询服务；另一个在中国文化史籍研究所（原古籍所），职务为兼职研究员、硕士生导师，主要从事历史文献学的教学与研究，为研究生讲授"古代文献检索"和"版本与校勘研究"两门课程。我的科研活动也大致围绕这两个岗位工作内容来展开，经过多年的历练，学业小有所成。主要成果，关于地方文献有《岭南历史文献》《清代广东土地契约文书汇编》（主编）；关于藏书题跋有《章太炎藏书题跋批注校录》（主编）；关于历史人物有《伦明评传》《明季东莞五忠传》（合作）；关于版本目录有《金瓶梅版本知见录：图文版》（合作）、《中国丛书综录选注》《伦明纂续修四库提要稿》；关于史料汇编有《暨南大学与华侨教育》（合作）等。除了上述著作外，我还独立或与师友、同事、学生合写过一些论文，其内容仍以古文献为主。由于本书篇幅所限，有关图书馆方面的论文暂不收录，现谨将若干关于古文献方面的论文收集于此，取名《古文献散论》，表明我这些年来的大致研究方向。

　　我学习的是汉语言文学专业，因为工作需要，研修了中国古代史专业和信息管理专业研究生课程，从事图书馆工作以及历史文献学教研纯属半道出家，学无专师，自辟户牖。毛庆耆教授为拙著《岭南历史文献》撰序有言"其为人也平和谦逊，为学则勤勉笃实"，好学、执着是我自强不息的精神动力。尊师李龙潜先生时为点拨，颇受启发，自是在学中做，从做中学，以躬行践履来获取经验，故而今天的进步实赖以勤补拙，杂取诸家之长而相辅相成。本人学识有限，国学功底较薄弱，以现在眼光来看，选编的论文中还存在一些学术规范问题，如有的观点值得商榷，有的资料收集不完整，有的论证不够充分，有的言辞还欠准确，甚至有的内容有较大的交叉和重复，但本着历史主义的态度，除了纠正错误外，其他一般不做大的修改，因为它真实反映了我在治学中从比较幼稚到逐渐成熟的成长过程。

　　借本书出版之际，首先要感谢我生命中的知遇和贵人：古籍所所长刘正刚教授一直以来给予大力支持和无私帮助，于我有知遇之恩；文学院院长程国赋教授、图书馆馆长史小军教授、国际关系学院陈斌书记的理解、信任和关怀，犹如一缕阳光，让我感受到春天的温暖。其次要感谢许起山、刘艳艳、戴程志、罗诗雅、黄李霞、李志博、徐玉玲诸位研究生，他们不仅与我合作撰写文章，而且部分同学还帮助录入文字，校对书稿，使本书能够顺利完成编辑任务。责任编辑刘芳为本书订正错讹，规范体例付出了辛勤劳动，在此一并致谢。

　　本书得到暨南大学高水平大学建设基金的资助，特致谢忱！

罗志欢

2017 年春于广州暨南大学图书馆